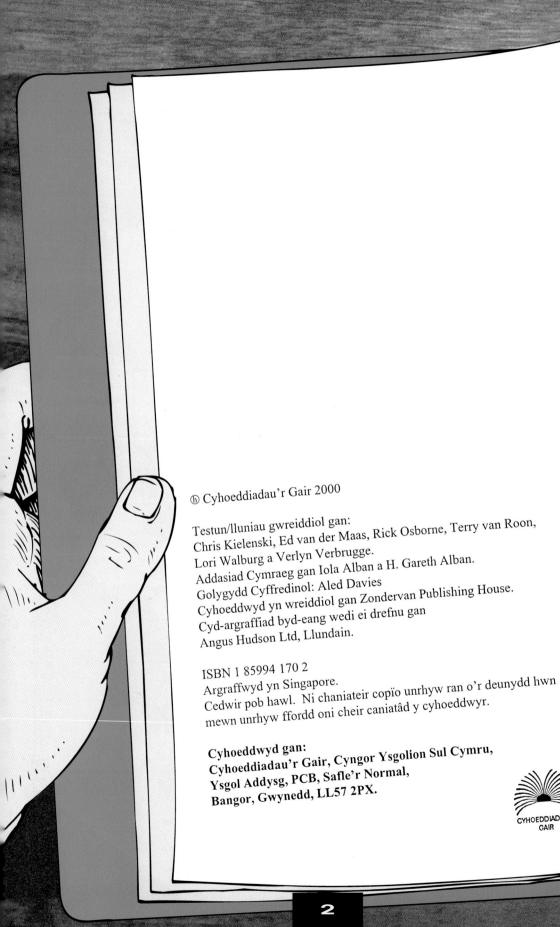

ⓗ Cyhoeddiadau'r Gair 2000

Testun/lluniau gwreiddiol gan:
Chris Kielenski, Ed van der Maas, Rick Osborne, Terry van Roon,
Lori Walburg a Verlyn Verbrugge.
Addasiad Cymraeg gan Iola Alban a H. Gareth Alban.
Golygydd Cyffredinol: Aled Davies
Cyhoeddwyd yn wreiddiol gan Zondervan Publishing House.
Cyd-argraffiad byd-eang wedi ei drefnu gan
Angus Hudson Ltd, Llundain.

ISBN 1 85994 170 2
Argraffwyd yn Singapore.

Cyhoeddwyd gan:
Cyhoeddiadau'r Gair, Cyngor Ysgolion Sul Cymru,
Ysgol Addysg, PCB, Safle'r Normal,
Bangor, Gwynedd, LL57 2PX.

CYHOEDDIADAU'R
GAIR

ANTUR
TRWY'R BEIBL

Adroddiad gan
Beti, Sglod,
Bob, Beca
a Gwyn

A Brogo!

CYHOEDDIADAU'R GAIR

Beti'n egluro geiriau mawr Sglod

(Weithiau mae Sglod yn gwneud ei eiriau ei hun. Dwi'n meddwl mai geiriau felly ydi rhai o'r rhain!)

Hologram - Fe all hologram fod un ai yn llun fflat sy'n edrych fel llun tri dimensiwn, neu fe all fod yn llun tri dimensiwn wedi'i gynhyrchu gan laser ac yn ymddangos fel petai'n nofio yn y gofod. Pan fydd lluniau holograffig o'ch cwmpas ymhobman rydach chi mewn rhith holograffig sy'n rhoi'r argraff mai'r peth go iawn ydi o, ond nid dyna ydi o o gwbwl. (Enw arall ar rith holograffig ydi 'rhith realiti').

Prosesydd llun holograffig - Enw Sglod ar y rhan yn y cyfrifiadur sy'n creu rhith holograffig.

Toddwybodaeth - Dwi ddim yn deall hwn chwaith, ond mae o fel rhoi pentwr o wybobaeth mewn cymysgydd a gwneud ysgytlaeth moethus iawn. Pan fydd Sglod yn rhoi'r holl wybodaeth yn y cyfrifiadur a'i gychwyn, mae'r holl wybodaeth yn cael ei doddi i'w gilydd i greu rhith holograffig.

Gwifrau penglog niwristor - gwifrau yn cysylltu'r cyfrifiadur â helmed; tra byddwch chi'n gwisgo'r helmed, fe fyddwch yn teimlo fel petaech chi tu mewn i rith holograffig.

Blits atmosfferig - Pan fyddwch chi'n gwisgo'r helmed hefo'r gwifrau niwristor fe fyddwch yn teimlo eich bod tu mewn i rith holograffig. Pan fyddwch chi am symud i ran arall o'r rhith holograffig (er enghraifft, i gyfnod gwahanol mewn amser), rhaid i'r cyfrifiadur aildrefnu'r wybodaeth, a thra bydd yn gwneud hynny, mi fyddwch chi'n teimlo bron fel petaech chi mewn cymysgydd!

Blits - 'R un peth â blits atmosfferig.

Trosglwyddydd amlgyfrwng - anghofiwch o, does dim rhaid i chi wybod beth ydi hwn.

Ble i gael hyd i Lyfrau'r Beibl

Rhai Uchafbwyntiau ar Ein Taith

Dydi Sglod ddim yn colli arni, Beti. Mae o'n athrylith! Os llwyddwn ni mi fydd yn gan mil gwell na mynd i'r sinema neu chwarae gemau compiwtar - mi fydd fel bod yno go iawn!

Hei, Sglod, fydd dy dad yn fodlon i ni gael benthyg ei siwper compiwtar a'i brosesydd delwedd holograffig ar gyfer y project?

Bydd siwr. Mi fu'n ein helpu ni i gynllunio'r rhaglen ar gyfer y rhith holograffig. Yr unig beth fydd angen i ni 'i neud fydd weirio pob un ohonon ni i'r banc data trwy'r gwifra penglog niwristor.

Gwifrau penglog? Hei, dydi fy mrên i ddim ar fenthyg i wyddoniaeth!

Does dim i ti boeni amdano, Crad. Hi, hi!

Ie wir. Doniol iawn, Beti!

Pwyll, Crad. Fyddwn ni ddim yn cyffwrdd dy frên di. Dim ond gwisgo helmed wedi'i chysylltu i'r cyfrifiadur fydd raid i ti...

...ac mi fydd yn codi dy brên wêfs di ac yn gneud i dy ddelwedd holograffig neud beth wyt ti'n feddwl. Mi fydd yn gyffrous iawn!

Rhaid i mi fynd adra i ginio. Mi ddof yn ôl yn nes ymlaen.

Iawn 'ta, mi gytuna i. Ond gadwch i mi ddeud ta-ta wrth y teulu'n gynta.

Dowch inni ddechra rhaglennu'r cyfrifiadur heno...

Iawn. Os byddwn nîn lwcus mi fydd gynnon ni ddigon o wybodaeth i gael toddwybodaeth mewn wsnos. Wedyn 3-2-1 a thân 'dani!

Gardd Eden

Genesis

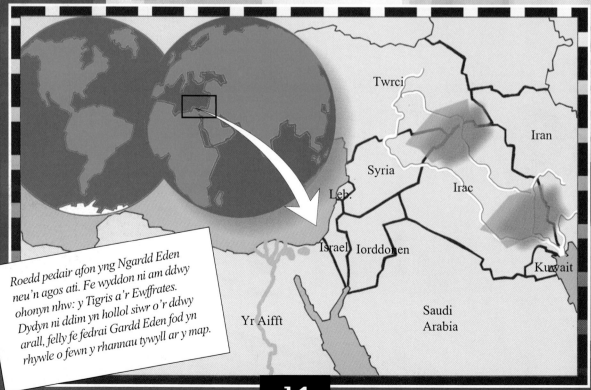

Roedd pedair afon yng Ngardd Eden neu'n agos ati. Fe wyddon ni am ddwy ohonyn nhw: y Tigris a'r Ewffrates. Dydyn ni ddim yn hollol siwr o'r ddwy arall, felly fe fedrai Gardd Eden fod yn rhywle o fewn y rhannau tywyll ar y map.

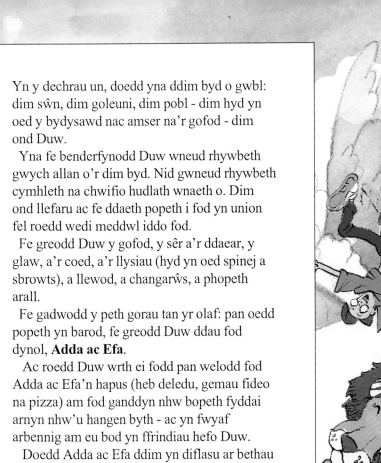

Yn y dechrau un, doedd yna ddim byd o gwbl: dim sŵn, dim goleuni, dim pobl - dim hyd yn oed y bydysawd nac amser na'r gofod - dim ond Duw.

Yna fe benderfynodd Duw wneud rhywbeth gwych allan o'r dim byd. Nid gwneud rhywbeth cymhleth na chwifio hudlath wnaeth o. Dim ond llefaru ac fe ddaeth popeth i fod yn union fel roedd wedi meddwl iddo fod.

Fe greodd Duw y gofod, y sêr a'r ddaear, y glaw, a'r coed, a'r llysiau (hyd yn oed spinej a sbrowts), a llewod, a changarŵs, a phopeth arall.

Fe gadwodd y peth gorau tan yr olaf: pan oedd popeth yn barod, fe greodd Duw ddau fod dynol, **Adda ac Efa.**

Ac roedd Duw wrth ei fodd pan welodd fod Adda ac Efa'n hapus (heb deledu, gemau fideo na pizza) am fod ganddyn nhw bopeth fyddai arnyn nhw'u hangen byth - ac yn fwyaf arbennig am eu bod yn ffrindiau hefo Duw.

Doedd Adda ac Efa ddim yn diflasu ar bethau am fod Duw wedi eu rhoi i ofalu am Ardd Eden i gyd a'r holl anifeiliaid. Roedd bywyd yn braf a heddychlon.

Genesis 1:1-2:3   Genesis 2:4-25

Darllen cyffrous: Salm 148

Mae hen arysgrif o Babilon yn dweud: 'Roedd Eridu yn ardd lle roedd hen goeden gysegredig hynod, goeden bywyd wedi'i phlannu gan y duwiau.'

Hei, 'drychwch! Dacw Adda ac Efa. Maen nhw ar fin cael cinio!

O, na!

Y Cwymp

Ond pharodd pethau ddim felly. Mae Satan, gelyn Duw, yn hollol anfodlon pan fydd popeth yn braf ac yn dda a phobl yn fodlon eu byd. Fe benderfynodd Satan geisio gwneud i Adda ac Efa fod yn anufudd i Dduw, am ei fod yn gwybod y byddai hynny'n difetha'r harmoni yng nghreadigaeth Duw ac yn gwneud Adda ac Efa yn anhapus iawn.

Felly fe aeth Satan ati i'w guddio'i hun ar ffurf sarff ac fe lithrodd i goeden - yr unig goeden yng Ngardd Eden doedd Adda ac Efa ddim i fod i fwyta ohoni - ac fe arhosodd i Efa ddod heibio.

Fe berswadiodd Satan Efa i fwyta o ffrwyth y goeden, ac yna fe berswadiodd Efa Adda i wneud yr un peth (ac felly Adda oedd y cyntaf i ildio i berswâd ei gyfoedion!).

Felly yn awr roedd Adda ac Efa wedi bod yn anufudd i Dduw, eu Creawdwr a'u Ffrind, ac roedden nhw'n ofni Duw. Fe aethon nhw i guddio y tu ôl i lwyni pan oedd Duw yn cerdded drwy'r ardd y noswaith honno.

Genesis 3:1-24

Effaith Pechod ar y Cread

Fe all anufudd-dod Adda ac Efa ymddangos yn beth bach - dim ond bwyta tamaid o ffrwyth. Ond fe newidiodd y pechod cyntaf hwnnw bopeth yn y cread. Yn lle bod popeth yn cyd-fyw'n braf, roedden nhw'n tynnu'n groes. Roedd pobl wedi colli'r cysylltiad â Duw a doedden nhw ddim yn ymddiried yn ei gilydd nac yn caru'i gilydd. Ac fe aeth y byd yn lle anodd byw ynddo.

Beth Ydy Pechod?

Pechod ydy gwneud rhywbeth dydy Duw ddim eisiau i ni ei wneud (neu weithiau *beidio* â gwneud beth mae Duw *am* i ni ei wneud). Ond nid mynd ati i wneud pentwr o reolau i weld a fydden ni yn ufuddhau iddyn nhw a wnaeth Duw.

Pan gewch chi Nintendo, mae'r bobl sydd wedi'i wneud yn dweud wrthych chi sut i'w gael i weithio a sut i'w chwarae. Os na fyddwch chi'n cymryd sylw o'u cyngor ac yn meddwl eich bod chi yn gwybod yn well, fe allwch chi falu'r gêm.

Yn yr un ffordd yn union, Duw sydd wedi'n gwneud ni a fo sy'n gwybod beth sydd orau i ni - hyd yn oed os na fyddwn ni'n deall pam y dylen ni wneud neu beidio â gwneud rhywbeth.

Fe fedrwn ni ei anwybyddu a bod yn anufudd iddo fel Adda ac Efa pan fwyton nhw o ffrwyth y goeden, ond fe fyddwn ni'n teimlo'n euog ac fe fydd arnon ni ofn Duw, yn union fel Adda ac Efa.

Ac os byddwn ni'n anufudd i Dduw yn ddigon aml, wrth fynd i arfer teimlo'n euog fe awn i beidio â theimlo'n euog ac i beidio â chymryd sylw o Dduw. Dyna beth wnaeth llawer o bobl y Beibl - a dyna beth mae llawer o bobl yn ei wneud heddiw.

Pwy Ydy Satan?

Mae'r rhan fwyaf o Gristnogion yn credu mai angel wedi'i greu gan Dduw oedd Satan (enw arall arno ydy Diafol) ar y dechrau. Ond yn wahanol i'r angylion eraill, fe drodd Satan yn erbyn Duw.

Unig fwriad Satan ydy dinistrio popeth da a greodd Duw. Mae arno eisiau i holl greaduriaid Duw droi yn erbyn Duw a phechu. (Yn union fel Satan, mae pobl sydd wedi troi yn erbyn Duw yn ceisio cael eraill i wneud yr un peth â nhw a phechu hefyd: fe berswadiodd Satan Efa i bechu, ac yna fe berswadiodd Efa Adda i bechu, ac mae llawer o bwysau yn cael ei roi gan gyfoedion heddiw i geisio cael pobl i bechu).

Mae Satan yn dal ati i geisio cael pobl i fod yn anufudd i Dduw - er ei fod wedi cael ei drechu'n barod am fod Iesu wedi marw ar y groes. Os ydych yn awyddus i wybod beth sy'n mynd i ddigwydd i Satan yn y diwedd darllenwch Datguddiad 20:10

Heddiw, fe all llew ac oen orwedd hefo'i gilydd, ond chaiff yr oen fawr o gwsg.

PBSST

Be oedd hwn'na?

Dowch o'ma!

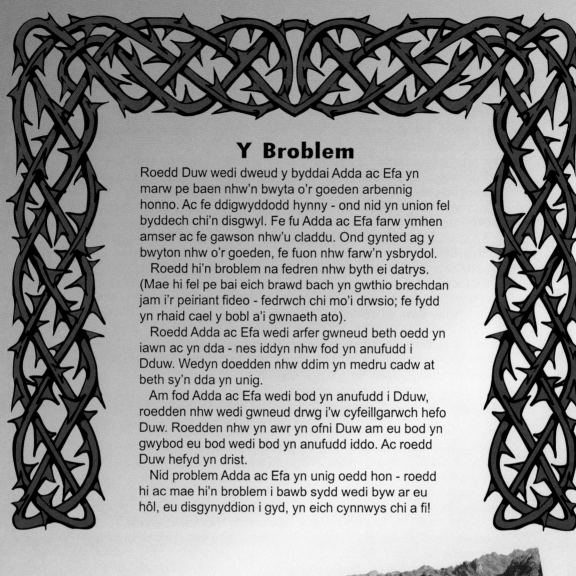

Y Broblem

Roedd Duw wedi dweud y byddai Adda ac Efa yn marw pe baen nhw'n bwyta o'r goeden arbennig honno. Ac fe ddigwyddodd hynny - ond nid yn union fel byddech chi'n disgwyl. Fe fu Adda ac Efa farw ymhen amser ac fe gawson nhw'u claddu. Ond gynted ag y bwyton nhw o'r goeden, fe fuon nhw farw'n ysbrydol.

Roedd hi'n broblem na fedren nhw byth ei datrys. (Mae hi fel pe bai eich brawd bach yn gwthio brechdan jam i'r peiriant fideo - fedrwch chi mo'i drwsio; fe fydd yn rhaid cael y bobl a'i gwnaeth ato).

Roedd Adda ac Efa wedi arfer gwneud beth oedd yn iawn ac yn dda - nes iddyn nhw fod yn anufudd i Dduw. Wedyn doedden nhw ddim yn medru cadw at beth sy'n dda yn unig.

Am fod Adda ac Efa wedi bod yn anufudd i Dduw, roedden nhw wedi gwneud drwg i'w cyfeillgarwch hefo Duw. Roedden nhw yn awr yn ofni Duw am eu bod yn gwybod eu bod wedi bod yn anufudd iddo. Ac roedd Duw hefyd yn drist.

Nid problem Adda ac Efa yn unig oedd hon - roedd hi ac mae hi'n broblem i bawb sydd wedi byw ar eu hôl, eu disgynyddion i gyd, yn eich cynnwys chi a fi!

Yr Ateb

Fe roddodd Duw orchymyn i Adda ac Efa i adael Gardd Eden. Fe osododd angel yn cario cleddyf ar dân wrth y fynedfa, fel na fedren nhw byth fynd yn ôl.

Ond roedd Duw yn dal i'w caru, ac roedd arno eisiau ateb y broblem, a fedrai neb ond fo'i hun wneud hynny. Doedd arno ddim eisiau i Adda ac Efa (na ni chwaith) gael eu gwahanu oddi wrtho fo am byth.

Dyna pam y gwnaeth Duw gynllun i drechu pechod ac i ddod ag Adda ac Efa yn ôl ato fo.

Mae pechod yn achosi marwolaeth y corff a'r ysbryd. Ond does ar Dduw dim eisiau i bobl farw. Mae o'n ein caru ni, a dyna pam iddo ateb y broblem trwy gael rhywun arall i farw yn ein lle ni: Mab Duw ei hun, yr Arglwydd Iesu.

Ac felly, ddwy fil o flynyddoedd yn ôl, fe ddaeth Mab Duw i lawr i'r ddaear yn faban bach mewn preseb, ac yn ddiweddarach fe fu farw ar groes ac wedyn dod yn ôl yn fyw. Yr unig beth mae'n rhaid i ni ei wneud ydy diolch i Dduw am anfon ei Fab i farw droson ni, ac fe fyddwn ni yn blant i Dduw unwaith eto.

Fe fydd ein cyrff yn dal i farw, wrth gwrs, ac yn cael eu claddu ond fe gawn ni ein codi ac fe fyddwn fyw am byth hefo Duw, ein Tad a'n Ffrind!

Wyt ti'n deud y gwelwn ni Iesu? Fedra i ddim aros! Dowch, giang – **dowch i ni blitsio!**

19

Y Dilyw

Roedd gan Adda ac Efa ddau fab, Cain ac Abel. Doedd Cain ddim yn hoffi Abel (mae brodyr yn aml yn anghytuno â'i gilydd), felly fe laddodd Abel (mynd dros ben llestri braidd!). Dyna ganlyniad amlwg cyntaf pechod Adda ac Efa yn bwyta o'r goeden doedden nhw ddim i fod i fwyta ohoni.

Genesis 4:1-16

Yn ddiweddarach fe gafodd Adda ac Efa lawer rhagor o blant. Roedd pobl yn yr oesoedd cynnar hynny yn byw yn hen iawn, iawn; fe fu Adda fyw am 930 o flynyddoedd, a Methwsela, gor-gor-gor-gor-gor-gor-ŵyr Adda am 969 o flynyddoedd!

Roedd y byd yn mynd yn waeth. Roedd pobl yn gwneud pethau treisgar a chas i'w gilydd, ac yn y diwedd fe aeth pethau mor ddrwg nes i Dduw benderfynu cael gwared o bawb a dechrau eto hefo un teulu yn unig. Fe ddywedodd Duw wrth **Noa** am adeiladu cwch mawr mawr (yr 'arch') am fod y dilyw mwyaf yn hanes y byd yn mynd i olchi pawb a phopeth ymaith - pawb ond Noa a'i deulu a'r anifeiliaid roedd Duw wedi'u hanfon at Noa.

Genesis 6:5-22

Mae hanesion am y dilyw i'w cael yn nhraddodiadau Indiaid America, yr Aifft, Groeg, China, India, Mecsico, Prydain a lleoedd eraill.

Fe dorrodd cwmwl arswydus o fawr ac fe dywalltodd y glaw i lawr am ddeugain o ddyddiau a nosweithiau - nes bod hyd yn oed y mynydd uchaf o dan ddŵr.

Ond roedd Noa a'i deulu a'r anifeiliaid yn ddiogel yn yr arch ar wyneb y dŵr. Fedrwch chi ddychmygu y fath ddrewdod fyddai yn yr arch hefo'r holl anifeiliaid? Yn y diwedd fe aeth lefel y dŵr i lawr ac fe laniodd yr arch ar Fynydd Ararat - mewn byd mud heb bobl nac anifeiliaid.

Ac yn union fel roedd Duw wedi gwneud addewid i Adda ac Efa y byddai'n gwneud pethau'n iawn rhyngddo fo a'i bobl, fe wnaeth addewid i Noa. Fe addawodd Duw na fyddai byth wedyn yn dinistrio'r byd mewn dilyw. Yr enfys, mewn ffordd o siarad, ydy sêl Duw ar yr addewid honno.

Genesis 7:1-24   Genesis 8:1-22
Genesis 9:8-17

(Gan mai fi ydi'r un arti mae Sglod, Crad, Beca a Bob wedi penderfynu mai fi sydd i wneud y sgwennu dan y lluniau, felly dyma ni...) Mynydd Ararat a'i gopa yn y cymylau ydy hwn.

Maint yr Arch

- Hyd: 135 metr
- Lled: 22 metr
- Uchder: 13 metr

- *Am filoedd o flynyddoedd, llong Noa oedd y llong fwyaf i gael ei gwneud - hyd at 1858 pan gafodd y 'Great Eastern' ei gwneud; roedd hi'n 205 metr o hyd.*
- *Roedd arch Noa ddwywaith hyd Boeing 747.*

Fe dreuliodd Noa flwyddyn ac 17 o ddyddiau hefo'i deulu a'r anifeiliaid yn yr arch.

Tŵr Babel

Genesis

Lawer blwyddyn wedyn, fe gafodd y byd ei boblogi
eto, ac roedd yr holl bobl yn siarad yr un iaith. Un
diwrnod fe ddaethon nhw at ei gilydd a meddwl am
syniad oedd yn un hurt iawn: roedden nhw am godi
dinas enfawr, a'i galw yn Babel, a thŵr ynddi i
gyrraedd y nefoedd.

Ond fe roddodd Duw ben ar y cynllun. Fe ddywed
y Beibl i Dduw 'gymysgu eu hiaith'. Yn sydyn reit
doedden nhw ddim yn siarad yr un iaith - a dyna'i
gwneud yn anodd iddyn nhw ofyn am forthwyl nac
am ddiod! Doedd ryfedd iddyn nhw fethu â gorffen
codi'r tŵr. Yn lle hynny, fe wahanon nhw'n
grwpiau bach, pob un â'i iaith ei hun - yr union beth
roedd arnyn nhw eisiau'i osgoi!

Genesis 11:1-9

Wienershnitzel!

Rigatoni!

Hei, be gymrwch chi dwpsod i fyta? Dwi'n cymryd orders!

Pommes frites!

Hutspot

Hei! Lawr fan'ma! Mi gymera i ddau chips mawr, pedwar byrger caws dwbwl, a dau filc shêc mawr...

Waw! Drychwch ar seis hwn'na!

Am be rydach chi'ch dau'n rwdlian?

Yn yr hen oesoedd roedd pobl yn addoli
duwiau ar fynyddoedd neu leoedd 'uchel'.
Lle doedd dim mynydd roedden nhw'n codi
tŵr neu sigwrat ac yn addoli oddi arno.

22

Ieithoedd y Beibl

Oherwydd i'r ieithoedd gael eu cymysgu yn Babel, fedrwn ni ddim darllen y Beibl yn yr ieithoedd y cafodd ei ysgrifennu ynddyn nhw'n wreiddiol.

Mewn dwy iaith wahanol y cafodd y Beibl ei ysgrifennu gan mwyaf: yr Hen Destament mewn Hebraeg a'r Testament Newydd mewn Groeg. (Fe gafodd ychydig o'r Hen Destament ei ysgrifennu mewn Aramaeg, iaith sy'n debyg iawn i Hebraeg).

Mae Hebraeg yn edrych yn ddieithr iawn i ni. Mae'n cael ei ysgrifennu o'r dde i'r chwith. Dyma eiriau cyntaf Genesis mewn Hebraeg:

Mae Groeg, yr iaith roedd y rhan fwyaf o bobl yn ei deall yn amser Iesu, yn edrych lawer tebycach i Gymraeg (mae rhai llythrennau yr un fath). Dyma ran gyntaf Ioan 3:16 mewn Groeg.

Fe gafodd y Beibl ei ysgrifennu ymhell cyn i bapur gael ei ddyfeisio. Ar gerrig clai yr ysgrifennwyd y Beibl, neu ar groen anifail wedi'i sychu a'i alw yn femrwn, neu ar ddalennau o blanhigyn y papurfrwyn. Yna roedd y memrwn neu'r dalennau o bapyrws yn cael eu gludio wrth ei gilydd i ffurfio un stribed hir oedd yn cael ei rowlio i fyny yn sgrôl.

Nes i brintio gael ei ddyfeisio ryw 500 mlynedd yn ôl, roedd yn rhaid ysgrifennu pob copi o'r Beibl â llaw. Yn yr Hebraeg a'r Groeg gwreiddiol doedd dim bylchau rhwng y geiriau ac roedd y rheiny i gyd mewn priflythrennau. Pe baen ni'n gwneud hyn yn Gymraeg fe fyddai'n edrych fel hyn:

NADDOEDCYWILY
DDARNAFOHERWY
DDYNOTTIYRWYFY
NLLOCHESU

(Os na fedrwch chi weithio allan beth mae hwn yn ei ddweud darllenwch Salm 25:20)

23

Abraham

Genesis

Mae'r un ar ddeg pennod gyntaf yn y Beibl yn dweud wrthyn ni sut y creodd Duw fyd da a gafodd ei ddifetha gan bechod. Yn awr fe gychwynnwn ar hanes Duw yn dechrau gwneud popeth yn dda ac yn iawn unwaith eto.

Mae hi'n stori hir sy'n llenwi gweddill y Beibl. Mae'n dechrau hefo un dyn, Abram, dyn busnes cyfoethog oedd yn byw yn ninas fawr Ur, tua mil o filltiroedd i'r dwyrain o wlad Canaan.

Un diwrnod fe ddywedodd Duw wrtho am adael Ur a mynd i wlad Canaan. Fe wrandawodd Abram ar Dduw ac fe aeth ar ei daith gan fynd â Sarai, ei wraig a'i weision (oedd hefyd yn warchodlu arfog iddo) a'i holl eiddo wedi'i lwytho ar gamelod ac asynnod hefo fo. Os ydych chi'n meddwl bod Abraham yn edrych ymlaen at y daith, gwell i chi feddwl eto!

Genesis 12:1-5

TEITHIAU TECS I WLEDYDD Y BEIBL

DOWCH I WELD GWLEDYDD Y BEIBL

Hei, blantos! Tecs sy 'ma! Fi fydd yn eich arwain ar eich taith! Be ydach chi am 'i weld? Pebyll Abraham? Pyramidia'r Aifft? Be am reid ar gamel? Be hoffech chi? Un crwmp neu ddau?

Blantos?!

Psst, Bob. O ba raglen mae o wedi dŵad? Dydi o ddim yn y Beibl, ydi o?

Nag ydi'n bendant!

Ches i 'rioed y fath insylt!

Dwi ddim yn anifail anwes.

Doedd pobl ddim yn gorfod prynu camel newydd bob ychydig flynyddoedd fel rydyn ni'n prynu ceir; mae camel yn para ac ddeugain neu hanner can mlynedd a does arno ddim angen ei diwnio.

Camel - anifail anwes anaddas

Fe ddywedir bod camelod yn dwp, yn styfnig iawn ac yn ddichellgar. Mae ganddyn nhw hefyd leisiau annifyr ac maen nhw'n drewi. (Mae'r lama sy'n cyfateb i'r camel yn Ne America yn poeri hyd yn oed!) Maen nhw'n anifeiliaid anwes sâl iawn ond maen nhw'n ddefnyddiol iawn: fe fedran nhw deithio hyd at 40 o filltiroedd y dydd yn cario cymaint â 180 kg ar eu cefnau, ac fe fedran nhw fynd am rai dyddiau heb ddŵr.

Teithio

Doedd teithio yn amser yr Hen Destament ddim yn hwyl - roedd yn beryglus.
Mae llawer o bobl yn teithio ugain milltir a mwy i fynd i gapel neu eglwys, i fynd i siopa neu i wneud rhywbeth maen nhw'n ei fwynhau. Ond i bobl cyfnod yr Hen Destament roedd ugain milltir yn daith diwrnod cyfan - un ffordd!

Doedd dim ffyrdd wedi'u tario. Doedd 'y traffyrdd' yn ddim gwell na llwybrau a'r cerrig a'r coed wedi'u symud oddi arnyn nhw. Roedden nhw'n fwd i gyd ar ôl glawogydd y gaeaf ac yn llychlyd a thyllog iawn yng ngwres yr haf.

Pan oedd yr hen briffyrdd yn gorfod mynd dros fynyddoedd doedden nhw fawr gwell na llwybrau troellog. A phan oedden nhw'n croesi afon fyddai yna ddim pont, dim ond rhyd lle roedd y dŵr yn isel; fe fyddai'r ffordd yn gorffen ar un lan i'r afon ac yn ailgychwyn ar y llall, felly roedd yn rhaid i deithwyr fynd drwy'r dŵr.

Fyddai neb yn ei iawn bwyll yn teithio'n bell ar ei ben ei hun. Fe fyddai pobl yn mynd yn griwiau hefo'i gilydd, yn garafannau, ac yn mynd â gwarchodlu arfog hefo nhw. Nid y tywydd a allai fod yn rhy wlyb neu'n rhy boeth oedd yr unig elyn - roedd anifeiliaid gwylltion fel llewod ac eirth o gwmpas, ac fe fyddai lladron bob amser yn disgwyl eu cyfle i ymosod ar deithwyr. Roedd pobl yn aml yn teithio yn y nos am nad oedd hi mor boeth nac mor hawdd i ladron eu gweld nhw.

Ac roedd teithio yn araf iawn. Roedd yn rhaid i Abram a'i deulu deithio tua 1,100 o filltiroedd o Ur i Sichem. Roedden nhw'n gorfod dilyn yr afon am fod arnyn nhw angen dŵr; pe baen nhw'n medru mynd fel yr hed y frân fyddai'r daith ddim mwy na rhyw 600 milltir.

Ond yn amser yr Hen Destament doedd pobl ddim yn medru teithio mwy na rhyw naw neu ddeng milltir y dydd (ar ddiwrnod da iawn ar dir gwastad efallai y gallen nhw fynd ugain milltir). Ar y gorau fedrai Abram ddim gwneud y daith mewn llai na phedwar mis! Fe fedrwn ni hedfan 1,100 o filltiroedd mewn ychydig oriau neu yrru mewn rhyw ddeuddydd.

Dyma'r daith o Ur i Sichem - yr un un ag a gymerodd Abram. Be ydach chi'n feddwl o'r camel? Yr un gora fu gen i 'rioed. Taith esmwyth. Steil ddeinamig yr anialwch. Ble roeddwn i? O, ie, Abram. I gyrraedd Gwlad yr Addewid roedd yn rhaid iddo drafeilio dros fil o filltiroedd - 1,100 i fod yn hollol gywir - ar naw milltir y dydd. Fe gymerodd hi bedwar mis iddo. Do. Pe bai un o'n camelod gwych ni ganddo fo, fe fyddai wedi mynd mewn tri mis, tri a hanner fan bella. Gyda llaw, glywsoch chi'r un am...BLA BLA BLA.

Dydw i ddim yn meddwl bod y reid 'ma ar y camel yn mynd i fod yn syniad mor wych â hynny...

Sgwn i oes 'na fotwm tawelwch ar y rhaglen 'ma.

Heddiw, mae mosg ar ben yr ogof lle cafodd Abraham a Sara eu claddu.

Teulu Abraham

Genesis

Pan gyrhaeddon nhw wlad Canaan o'r diwedd, roedd Abram yn ddigon hen i fod yn hen-daid - ond doedd Sara ac yntau erioed wedi cael plant. (Darllenwch Genesis 12:4 i weld faint oedd oed Abram). Ac roedd yn rhaid i'r bobl hyn oedd wedi arfer byw mewn tai crand mewn dinas fyw mewn pebyll.

Y peth pwysicaf a ddigwyddodd i Abram erioed oedd i Dduw wneud cytundeb (sy'n cael ei alw yn 'gyfamod') hefo fo. Fe addawodd Duw i Abram y câi gymaint o ddisgynyddion (plant, wyrion a wyresau, gor-wyrion a gor-wyresau, ac ati) â'r sêr - a fedr neb gyfri'r rheiny! Roedd hynny'n swnio'n od, achos doedd gan Abram ddim un plentyn!

Fe addawodd Duw hefyd y byddai disgynyddion Abram un diwrnod yn berchenogion holl wlad Canaan - er nad oedd Abram yn berchen dim o'r lle eto. Ac fe addawodd Duw i Abram y byddai ryw ddiwrnod yn fendith i'r holl fyd. Dyma pryd y newidiodd Duw enw Abram i Abraham.

Fe gadwodd Duw ei addewidion! I ddechrau, fe gafodd Abraham fab, Isaac. Os ydych chi'n meddwl bod eich rhieni chi'n hen, meddyliwch am Isaac: pan gafodd o ei eni roedd ei dad yn gant oed, a'i fam yn naw deg! Disgynyddion Abraham ydy'r Iddewon; mae rhai ohonyn nhw'n byw eto yng Nghanaan (Israel ydy'r enw heddiw). A thrwy ei ddisgynnydd pwysicaf, Iesu, fe ddaeth Abraham yn fendith i'r holl fyd!

Genesis 15:1-5   Genesis 21:1-7

Darllen Cyffrous
- Abram a Lot: **Genesis 13-14**
- Hagar ac Ismael: **Genesis 16**
- Dinistrio Sodom a Gomorra:
  Genesis 18:1-33, 19:1, 12-29
- Anfon Hagar ac Ismael ymaith:
  Genesis 21:8-20
- Duw yn gofyn i Abraham aberthu Isaac:
  Genesis 22: 1-19

Mae nomadiaid Arabaidd yn dal i fyw mewn pebyll fel y rhain. Maen nhw cyn hired â charafan fawr - ond heb y goleuadau cyfeirio.

Yn 1922, fe aeth yr archaeolegydd Leonard Woolley ati i gloddio yn Ur ac fe gafodd hyd i weddillion y 4,500 o weision a gafodd eu lladd er mwyn iddyn nhw gadw cwmni i'w meistri yn y bedd.

Roedd yn rhaid i Jacob weithio am saith mlynedd cyn cael priodi ei wraig gyntaf, Lea, ac ymhen saith mlynedd arall fe briododd â Rachel, ei ail wraig. (Genesis 29:24-30)

Roedd gan Isaac ei hun ddau fab: Esau a Jacob. Roedd Esau yn ŵr caled, blewog ac wrth ei fodd yn hela. Roedd Jacob yn dawelach ond yn gallu bod braidd yn slei.

Yn amser yr Hen Destament, y mab hynaf oedd yn etifeddu holl eiddo'r tad a fo oedd yn gyfrifol am weddill y teulu. Felly fe fyddai Esau, am mai fo oedd yr hynaf, yn etifeddu holl eiddo ei dad ac yn derbyn bendith arbennig gan ei dad.

Roedd Jacob yn genfigennus, felly un diwrnod pan ddaeth Esau adref ar lwgu, fe gafodd ei berswadio gan Jacob i werthu ei 'enedigaeth fraint' (beth oedd yn dod iddo am mai fo oedd yr hynaf) am bryd o gawl o bopeth!   *Genesis* 25:19-34

Ar waethaf y ffordd slei roedd Jacob wedi perswadio Esau i roi ei enedigaeth fraint iddo, fe gafodd Jacob ei drin gan Dduw fel pe bai'n fab hynaf ac, mewn breuddwyd, fe wnaeth yr un addewidion iddo fo ag a wnaeth i Abraham: fe fyddai'n dod yn genedl fawr a fyddai un diwrnod yn berchen ar wlad Canaan, ac a fyddai'n fendith i'r holl fyd.

Genesis 27:1-40   *Genesis 27:41-31:21*

C: Pwy ydy'r bobl yn albwm teulu Abraham?

A: Abraham a Sara, Isaac a Rebeca, Esau a Jacob

Newid Enw Jacob

Fe ddaw enw Jacob o air sy'n golygu 'twyllwr' - ddim yn ganmoliaethus iawn!

Ond fe roddodd Duw enw newydd ardderchog i Jacob, sef Israel, sy'n golygu 'Tywysog Duw'.

Yn yr Hen Destament, mae disgynyddion Abraham yn cael eu galw yn 'Israeliaid' a'r genedl gyfan yn cael ei galw yn 'Israel'.

> BLA BLA BLA BLA BLA...

> Mae Tecs fel pwll y môr!

> Fe fyddai'n well gen i wrando ar Athro Alffa unrhyw bryd!

> Hwyl, Tecs! Rhaid i ni blitsio!

Joseff

Genesis

Roedd gan Jacob ddeuddeg mab ac un ferch - druan â hi! Joseff a Benjamin oedd y ddau fab ieuengaf, ac am mai nhw oedd meibion ei hoff wraig (roedd gan Jacob amryw o wragedd) roedd Jacob wedi'u difetha nhw - yn arbennig Joseff.

Fe roddodd gôt amryliw i Joseff, un wahanol iawn i ddillad gwaith ei frodyr. A dweud y gwir, doedd Joseff ddim yn gwneud fawr o waith. Fe aeth o'n falch ac yn anodd byw hefo fo, a doedd ei frodyr ddim yn rhyw hoff iawn ohono.

Ond i goroni'r cwbl, fe gafodd Joseff ddwy freuddwyd lle roedd ei frodyr a hyd yn oed ei dad yn ymgrymu iddo fo. Ac fe wnaeth Joseff y camgymeriad o ddweud wrth bawb am ei freuddwydion.

Roedd hynny'n ormod i'w frodyr. Un diwrnod fe aeth Joseff i'w gweld yn y caeau (nid er mwyn eu helpu, dim ond i weld sut roedden nhw'n dod ymlaen), a phan welodd y brodyr Joseff yn dod fe benderfynon nhw, yn y fan a'r lle, ei ladd.

Fe daflon nhw Joseff i bydew, twll dwfn i gadw dŵr (yn ffodus doedd dim dŵr ynddo fo), ac roedden nhw'n bwriadu ei adael yno i farw. Ond wedyn fe benderfynon nhw y byddai cystal iddyn nhw geisio gwneud tipyn o arian yr un pryd â chael gwared o Joseff, felly dyma'i dynnu o'r pydew a'i werthu i fasnachwyr oedd ar eu ffordd i'r Aifft.

Fe fyddai'n well iddyn nhw fod wedi'i adael yn y pydew, achos yn awr fe allai breuddwydion Joseff ddod yn wir, ac fe ddaethon nhw!

Genesis 37:1-36

28

Pydew

• Dothan

Brodyr

Sichem •

Allor

Bethel •

Effrath
(Bethlehem)

ebron •

Y Môr
Marw

Mae naw deg naw y cant o bobl yr Aifft yn byw o gwmpas glannau Afon Nîl ar lai na phedwar y cant o'i thir.

Yn ddiweddarach yn yr Aifft

Ei werthu'n gaethwas . . .

Yn y carchar . . .

Dirprwy-Pharo

Yn agos at ddinas hynafol Geser, rhwng Jerwsalem a Môr y Canoldir, fe gafwyd hyd i sgerbydau mewn pydew mawr. Mae hynny'n dangos bod pobl, yn amser yr Hen Destament, yn cael eu taflu i bydew i gael gwared ohonyn nhw!

29

Yn Yr Aifft

Genesis/Exodus

Yn yr Aifft fe gafodd Joseff ei werthu'n gaethwas. Roedd gan Dduw gynllun ar gyfer Joseff, ac er mawr syndod, fe ddangosodd y crwt o Ganaan oedd wedi'i sbwylio y medrai weithio. Fe wnaeth argraff mor dda ar ei feistr nes i hwnnw ei wneud yn rheolwr ar ei holl eiddo.

Fe syrthiodd gwraig ei feistr mewn cariad â Joseff. Ond doedd Joseff ddim am wneud unrhyw beth fyddai'n annerbyniol yng ngolwg Duw, felly wnaeth o ddim ymateb iddi. Gwnaeth hyn hi mor lloerig nes iddi ddweud celwydd amdano a'i gael wedi'i daflu i'r carchar.

Wedyn fe wylltiodd Pharo, brenin yr Aifft, yn gandryll wrth ddau o'i swyddogion pwysig, ac fe gawson nhw'u rhoi yn yr un carchar â Joseff.

Fe gafodd y ddau hyn freuddwydion hefyd, ac fe eglurodd Joseff y breuddwydion iddyn nhw. Fe fyddai pobydd y brenin yn cael ei grogi, ond fe fyddai trulliad y brenin yn cael ei swydd yn ôl. Roedd Joseff yn iawn, ond pan aeth y trulliad yn ôl i'w waith fe anghofiodd am Joseff ar unwaith. (Trulliad sy'n gweini gwin i'r brenin - gwaith pwysig iawn achos roedd yn rhaid iddo wneud yn siwr na châi'r brenin ei wenwyno).

Math o ysgrifen mewn lluniau oedd gan yr Eifftiaid ydy hieroglyffics. Mae'n debyg i Joseff orfod eu dysgu.

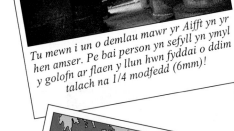

Tu mewn i un o demlau mawr yr Aifft yn yr hen amser. Pe bai person yn sefyll yn ymyl y golofn ar flaen y llun hwn fyddai o ddim talach na 1/4 modfedd (6mm)!

Yr Aifft

Mae'r Aifft yn wlad fawr iawn, dros dri deg pump o weithiau yn fwy na Chymru. Ond dim ond mewn rhan fach iawn o'r wlad y gall pobl fyw, a hynny ar lannau Afon Nîl, mewn ardal sydd tua thair gwaith maint Cymru. Anialwch ydy gweddill y wlad lle na fedr pobl fyw.

Cyn i Argae Aswan gael ei godi yn yr ugeinfed ganrif, fe fyddai Afon Nîl yn codi bron i saith metr bob blwyddyn (tuag uchder tŷ dau lawr), ac fe fyddai'r tir bob ochr i'r afon dan ddŵr am dri neu bedwar mis. Roedd hyn yn beth da am ei fod yn gwneud y tir yn ffrwythlon.

Yn amser yr Hen Destament, roedd yr Aifft yn wlad gref iawn, yn cael ei rheoli gan y Pharo oedd yn cael ei edmygu fel duw. Roedd yr Eifftiaid hefyd yn meddwl am y ddaear, yr awyr ac Afon Nîl fel duwiau, ac fe adeiladon nhw demlau mawr i'w duwiau ar hyd y Nîl.

MÔR Y CANOLDIR

YR AIFFT

Y MÔR COCH

Roedd breuddwydion yn bwysig iawn i'r Eifftiaid. Roedd ganddyn nhw lyfrau i helpu pobl i'w hegluro.

Ond ymhen dwy flynedd fe gafodd Pharo freuddwyd od (mae 'na lawer o freuddwydion yn hanes Joseff!). Fe freuddwydiodd am saith o wartheg tew, hardd yn cael eu bwyta gan saith o wartheg tenau, hyll.

Pan fethodd pawb ag egluro'r freuddwyd, fe gofiodd y trulliad yn sydyn reit fel roedd Joseff wedi dweud beth oedd ystyr ei freuddwyd o. Fe gafodd Joseff ei alw o'r carchar ac fe eglurodd freuddwyd Pharo: fe fyddai saith mlynedd o ddigonedd, ac yna saith mlynedd o newyn.

Fe ddywedodd Joseff wrth Pharo y dylai storio rhan o gynhaeaf bob blwyddyn o'r saith mlynedd o ddigonedd mewn ystordai mawr, ac felly fe fyddai digon ar gyfer y blynyddoedd o newyn. Roedd y syniad yn apelio'n fawr at Pharo ac fe osododd Joseff yn rheolwr ar yr Aifft fel dirprwy-Pharo. Oherwydd cynllun Joseff roedd digon o fwyd yn yr Aifft yn ystod y saith mlynedd o newyn.

Genesis 41:1-57

Ond nid achub yr Aifft yn unig a wnaeth Joseff - fe achubodd ei frodyr a'i dad hefyd! Fe ddigwyddodd newyn yng ngwlad Canaan yn ogystal ag yn yr Aifft. Pan glywodd Jacob, tad Joseff, fod yna ddigon o ŷd yn yr Aifft, fe anfonodd frodyr Joseff yno i brynu peth.

Ac yna dyma nhw'n cyfarfod â Joseff eto - ond doedden nhw ddim yn sylweddoli mai fo oedd yr Eifftiwr pwysig y buon nhw'n siarad ag o. Wnaeth Joseff ddial arnyn nhw? Naddo, fe ddysgodd wers i'w frodyr, gwers na fydden nhw byth yn ei hanghofio! Mae hi'n stori hir ac fe ddylech ei darllen ar un eisteddiad.   *Genesis 42:1-46:4*

Fe roddodd Joseff wahoddiad i'w deulu i gyd i symud i'r Aifft. Fe aeth Pharo cyn belled ag anfon cerbydau i'w cludo yno! A dyna sut, ar ddiwedd llyfr Genesis, roedd disgynyddion Abraham i gyd yn byw yn yr Aifft yn hytrach nag yng Ngwlad yr Addewid, Canaan.

Pan fu Jacob farw, fe aeth Joseff a'i frodyr â fo yn ôl i Ganaan a'i gladdu yno. Pan fu Joseff farw fe gafodd ei embalmio a'i gladdu fel mymi, yn union fel pob Eifftiwr pwysig arall.
Genesis 49:29-50:3
Genesis 50:15-26

Waw! Mae'r olygfa o fan'ma'n well nag o ben Yr Wyddfa!

Mae 'na le i fynd i mewn yn fan'ma!

Argae Aswan, a gafodd ei orffen yn 1971, ydy'r peth cyntaf i gael ei godi yn yr Aifft sy'n fwy o ran maint na'r pyramidiau. Mae digon o ddeunydd adeiladu ynddo ar gyfer un deg saith o byramidiau.

Cymrwch ofal, hogia!

Dyffryn y Brenhinoedd, lle cafodd llawer Pharo ei gladdu. Roedd yn lle anhygoel o hardd ar un adeg, ond mae amser ac ysbeilwyr beddau wedi ei newid. (Gweler tud. 34)

Y Pyramidiau

Beddau Pharoaid yr Aifft oedd y pyramidiau. Pan gyrhaeddodd Joseff yr Aifft roedd y pyramidiau wedi bod yno ers canrifoedd lawer, felly fe fyddai Joseff a'r Israeliaid wedi gweld yr un pyramidiau ag a welwn ni heddiw (ond bryd hynny roedden nhw wedi'u cuddio gan gerrig calch llyfn a gafodd eu tynnu a'u ddefnyddio mewn adeiladau eraill).

Roedd y pyramid mwyaf, Pyramid Mawr Giza, yn 145 metr o uchder cyn i'w dop gael ei symud ymaith, ac roedd pob ochr yn 227 metr o hyd. Mae'r Pyramid Mawr yn cuddio mwy o ddaear na Chastell Caernarfon!

Ar wahân i'r twneli y tu mewn, craig solet ydy'r Pyramid Mawr. Mae yn agos i 2,500,000 o flociau carreg ynddo, pob un yn pwyso rhwng 2,270 ac 13,630 yr un.

Efallai i'r pyramidiau gael eu codi gan ffermwyr oedd yn methu gweithio yn y misoedd pan oedd Afon Nîl yn gorlifo dros eu caeau. Does neb yn siwr iawn sut y cafodd y blociau carreg anferth eu gosod yn eu lle - heb beiriannau na chraeniau. Efallai iddyn nhw gael eu rhoi ar rowleri a'u gwthio a'u tynnu ar rampiau o dywod, a'r rheiny wedyn yn cael eu symud oddi yno.

Pe bai arnoch chi eisiau codi'r Pyramid Mawr heddiw, fe fyddai'n cymryd tua chwe blynedd ac yn costio biliynau ar filiynau o bunnoedd.

Tyrd yn dy flaen, Crad! Fedri di ddim dŵad i fyny 'ma?

Fedrwn ni ddim jest blitsio i'r top?

Am fod llawer o bobl wedi cael eu hanafu neu eu lladd yn ceisio dringo'r pyramidia, mae hi'n awr yn anghyfreithlon i'w dringo.

Mymïaid

Roedd yr Eifftiaid yn credu bod pobl yn byw ar ôl marw. Wedi i bobl farw, roedden nhw'n cadw'u cyrff trwy eu mymeiddio nhw.

Roedden nhw'n tynnu rhannau mewnol y corff, fel y stumog, ac yn eu gosod yn ofalus mewn jariau. Wedyn yn tynnu'r ymennydd trwy dwll bychan wedi'i wneud yn y penglog. Yna roedden nhw'n llenwi'r corff â resin (rhywbeth tebyg i'r hylif gludiog sydd mewn coed pîn) a lliain.

Os oedd y mymi wedi bod yn berson pwysig, fel pharo neu swyddog uchel, fe fyddai'n cael ei roi mewn bocs mawr (ambell dro mewn amryw o focsys, un i mewn yn y llall) oedd yn cael ei alw yn sarcoffagus.

Roedd digon o fwyd a phethau gwerthfawr o aur a gemau yn cael eu claddu hefo'r mymïaid i wneud yn siwr y byddai ganddyn nhw ddigon o fwyd ac arian ar y daith yn y byd nesaf.

Wrth gwrs, roedd pawb yn gwybod bod pob Pharo a phobl bwysig eraill yn cael eu claddu hefo'r holl bethau gwerthfawr hyn, felly fe geisiodd llawer o bobl gael hyd i'r beddau a lladrata ohonyn nhw. Un bedd na wnaeth neb ladrata ohono oedd bedd y Brenin Tutankhamen (sy'n fwy adnabydus fel y Brenin Tut). Yn 1922 fe gafwyd hyd i'w fedd a'r holl drysorau gwych ynddo. A doedd y Brenin Tut ddim yn pharo pwysig iawn!

Yn ddiweddarach (ymhell ar ôl amser Joseff) fe ddechreuodd yr Eifftiaid embalmio anifeiliaid oedd yn eu tyb nhw yn cynrychioli'r duwiau: cathod a chŵn, crocodilod, adar, a hyd yn oed teirw! Meddyliwch mor fawr y byddai'n rhaid i sarcoffagus tarw fod!

Ymhen amser maith wedyn fe fyddai'r Arabiaid yn codi'r mymïaid, eu torri'n ddarnau, a'u defnyddio i gynneu tân. Roedd y mymïaid yn llosgi'n dda oherwydd y resin oedd ynddyn nhw.

Yn odiach fyth, hyd tua thri chan mlynedd yn ôl, roedd hen fymïaid o'r Aifft yn cael eu hanfon i Ewrop i gael eu malu'n bowdwr oedd yn cael ei ddefnyddio fel ffisig (moddion).

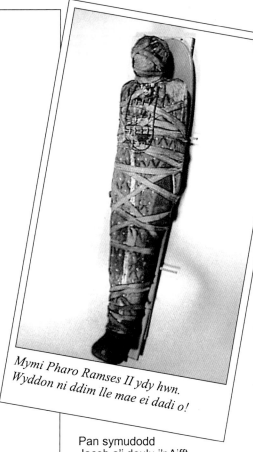

Mymi Pharo Ramses II ydy hwn. Wyddon ni ddim lle mae ei dadi o!

Pan symudodd Jacob a'i deulu i'r Aifft, saithdeg ohonyn nhw oedd 'na. Pan adawodd yr Israeliaid yr Aifft ymhen 400 mlynedd roedden nhw dros ddwy filiwn!

Helo?

Gan bwyll, Sglod. Dim ond Crad sy 'ma. Welist ti mo'i sgidia tenis o?

A-E-I-O-U!

T-y-r-d y-m-a, was bach! Fi ydy dy mymi di!

Archaeoleg

Lle bynnag mae pobl wedi byw maen nhw wedi gadael pethau ar eu holau. Fe fydd y rhan fwyaf o'r pethau hynny yn pydru (yn enwedig mewn lleoedd sy'n cael llawer o law), ond fe fedr pethau eraill bara am filoedd o flynyddoedd - er enghraifft, darnau o lestri a thlysau a phethau metel.

Archaeoleg ydy'r enw ar astudiaeth o'r pethau mae pobl wedi'u gadael ar eu hôl o'r gorffennol. Gwaith caled ydy'r rhan fwyaf o archaeoleg. Fe fydd archaeolegwyr yn treulio misoedd a blynyddoedd yn cloddio'n ofalus i gael hyd i ychydig ddarnau o grochenwaith. O'r mân bethau y dôn nhw o hyd iddyn nhw fe gân nhw syniad da sut roedd pobl yn byw yn y gorffennol.

Ond ar dro, fe all archaeoleg fod yn gyffrous iawn. Doedd y bobl a ddaeth ar draws bedd y Brenin Tut yn yr Aifft ddim yn medru credu beth roedden nhw'n ei weld pan dorron nhw drwy'r wal a ffeindio'r pethau gwych y tu mewn.

Yng ngwledydd y Beibl, fe welwch chi domenni bychain lle bu dinas yn yr hen amser ('tell' ydy'r enw Arabeg arnyn nhw). Filoedd o flynyddoedd yn ôl, fe adeiladwyd dinas fechan yno ac fe gafodd ei dinistrio gan dân neu gan elyn. Fe godid dinas newydd ar ben adfeilion yr hen un. Yna fe gâi honno ei dinistrio, ac wedyn un arall yn cael ei chodi ar ben yr adfeilion hynny.

Ymhen amser, roedd adfeilion yr holl ddinasoedd hyn yn ffurfio bryncyn, ac yn aml fe fyddai pobl yn anghofio bod dinas wedi bod yno unwaith. Ond yn y bryncyn mae tameidiau o grochenwaith ac ambell dro arfau sy'n helpu archaeolegwyr i ddeall sut roedd pobl y ddinas honno unwaith yn byw.

Roedd merched yr Aifft yn defnyddio llawer o'r colur a ddefnyddiwn ni heddiw, yn cynnwys colur llygad, minlliw, powdwr coch gruddiau a hyd yn oed paent ewinedd coch wedi'i wneud o ddail henna wedi'u gwasgu.

Dyffryn y Brenhinoedd (beth am y breninesau?). Roedd y temlau hyn yn gannoedd o flynyddoedd oed pan adawodd yr Israeliaid yr Aifft.

35

Moses

Exodus

Fe ddaeth llyfr Genesis i ben hefo hanes teulu Jacob (sydd hefyd yn cael eu galw yn Israeliaid) yn cyrraedd yr Aifft. Mae llyfr Exodus yn neidio dros 400 mlynedd i'r amser pan oedd yr Israeliaid (oedd yn cael eu galw yn 'Hebreaid' gan yr Eifftiaid) wedi cynyddu o fod yn nifer fechan i fod yn genedl fawr.

Doedd y Pharo oedd yn rheoli'r Aifft yn awr ddim yn cofio Joseff a sut roedd o wedi achub y wlad 400 mlynedd yn gynt. Roedd o'n poeni bod yna ormod o Israeliaid. Roedd o'n ofni y bydden nhw'n helpu'r gelyn pe bai rhyfel yn digwydd.

Fe benderfynodd wneud bywyd mor galed ag y medrai i'r Israeliaid. Roedd yn gobeithio y byddai hynny'n eu gwneud yn wan. Fe'u gwnaeth yn gaethweision a'u gorfodi i godi dinasoedd cyfan - â brics roedden nhw'u hunain wedi'u gwneud.

Ond po fwyaf roedd Pharo yn eu camdrin, cryfaf yn y byd oedden nhw. Yn y diwedd fe orchmynnodd Pharo fod pob bachgen a gâi ei eni i'r Israeliaid i gael ei daflu i Afon Nîl.

Exodus 1:1-22

Efallai mai'r Israeliaid a wnaeth y fricsen hon o wellt a chlai o'r Afon Nîl. Mae sêl y Brenin Ramses II arni.

Ystyr *Exodus* ydy 'gadael, mynd allan' ac mae llyfr Exodus yn dweud wrthyn ni sut y gadawodd yr Israeliaid yr Aifft i fynd yn ôl i Ganaan.

Ond doedd Duw ddim wedi anghofio'r Israeliaid na'i addewidion i Abraham. Un diwrnod fe anwyd bachgen na chafodd ei ladd. Roedd ei rieni'n gwybod nad oedd hi ddim yn iawn lladd y baban, felly dyma nhw'n ufuddhau i Dduw yn hytrach nag i Pharo. Fe daflon nhw'r plentyn i'r Afon Nîl, fel roedd Pharo wedi dweud wrthyn nhw - ond roedd yn ddiogel mewn basged frwyn wedi'i gorchuddio â thar! Fe gadwodd ei chwaer, Miriam, olwg ar y fasged.

Yna fe drefnodd Duw i ferch Pharo ddod i lawr i'r afon i ymolchi a hynny'n union pan oedd y baban yn arnofio i lawr yr afon yn ei fasged. Mabwysiadodd merch Pharo y baban a'i alw'n Moses. Fe dyfodd yn y llys brenhinol lle cafodd addysg dda.

Exodus 2:1-10

Un diwrnod, pan oedd Moses yn ddeugain oed, fe welodd Eifftiwr yn curo Hebrëwr. Roedd yn wyllt gacwn ac fe laddodd yr Eifftiwr. Doedd y Pharo ddim yn hoffi hyn, wrth gwrs, ac fe fu'n rhaid i Moses ffoi am ei fywyd.

Fe aeth i Midian, i'r dwyrain o'r Aifft, ac yno y bu yn fugail am ddeugain mlynedd. Ond doedd hyn ddim yn wastraff amser. Y wlad y daeth Moses i'w hadnabod mor dda bryd hynny oedd y wlad yr oedd i arwain yr Israeliaid drwyddi ar eu ffordd yn ôl i Ganaan! *Exodus 2:11-25*

Dyma a ddelw o Pharo Ramses II cyn iddo fod yn fymi (gweler tud. 34). Rydan ni'n dal heb wybod ble mae'i dadi o.

Y Plâu

Exodus

Gyrgl, Byrp.

Wyddwn i ddim fod jets jacuzzi yn y Nîl.

Sut ddaeth y broga 'ma i fan'ma?

Pryd ga i gyfarfod Kermit?

Pan oedd Moses tua wyth deg oed, roedd o'r diwedd yn barod i'r gwaith roedd Duw wedi'i drefnu ar ei gyfer. Fe siaradodd Duw â Moses o berth oedd yn llosgi - ond ddim yn cael ei difa. Fe ddywedodd Duw wrtho am fynd yn ôl i'r Aifft a dweud wrth y Pharo fod Duw yn dweud, "Gad i fy mhobl fynd yn rhydd!"

Roedd gan Moses bob math o esgusion pam na ddylai Duw ei anfon yn ôl i'r Aifft. Yr un mwyaf oedd nad oedd yn fawr o siaradwr. Felly fe anfonodd Duw Aaron, brawd hŷn Moses, i'w gyfarfod, ac fe aeth y ddau hefo'i gilydd at y Pharo.
Exodus 3:1-4:20   Exodus 4:27-31

Ond roedd Pharo yn styfnig ac fe ddywedodd, "Na! Chaiff yr Israeliaid ddim mynd." A dweud y gwir, fe wnaeth fywyd yn galetach fyth iddyn nhw!
Exodus 5:1-6:12

Felly fe anfonodd Duw ddeg pla - deg peth ofnadwy oedd i ddigwydd i'r Eifftiaid, ond nid i'r Israeliaid.

Fe drodd dŵr Afon Nîl yn waed, fe fu'r lle yn berwi o lyffantod, wedyn fe ddaeth llau a phryfed. Fe aeth yr anifeiliaid yn sâl ac fe fuon nhw farw, ac fe gododd doluriau ar gyrff y bobl. Fe fu'n bwrw cenllysg (cesair), ac fe fu locustiaid yn bwyta'r coed a'r planhigion i gyd. Ac yna aeth pobman yn dywyll.

Dychmygwch sut roedd yr Eifftiaid yn teimlo wrth weld yr afon oedd yn gwneud i'w cnydau dyfu yn troi yn waed. Neu'n deffro ac yn gweld hyd at hanner cant o lyffantod yn eu gwelyau ac un neu ddau ar eu hwynebau. Neu'n gweld heidiau o lau neu bryfed yn eu tai fel na fedren nhw eistedd heb eu gwasgu nhw na chymryd tamaid o fwyd heb gnoi pryfyn.
Exodus 7:14-11:10

Mewn hen chwedlau tylwyth teg Hebraeg, mae'r broga yn greadur doeth iawn ac yn dipyn o ddewin.

38

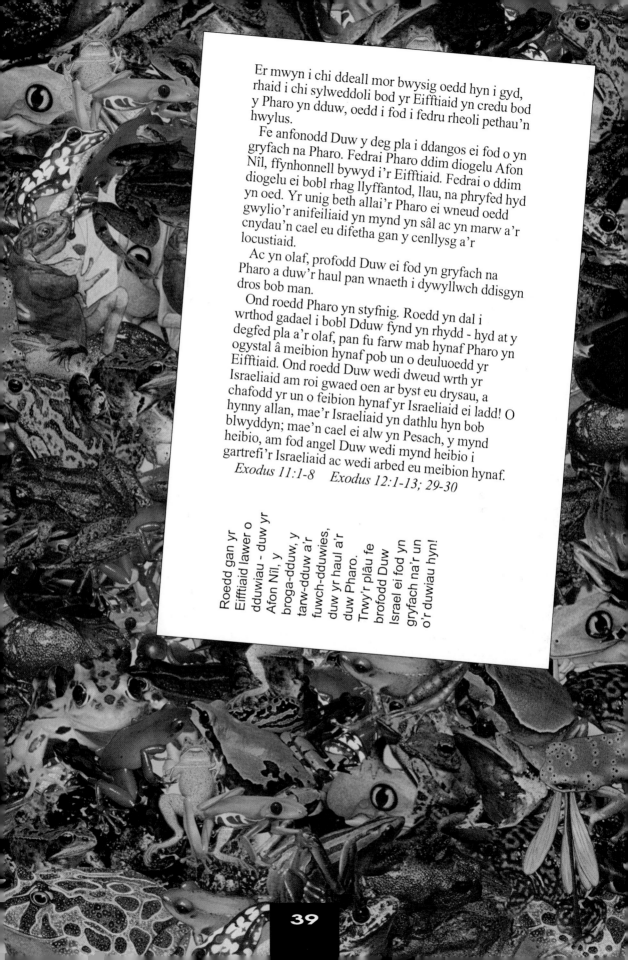

Er mwyn i chi ddeall mor bwysig oedd hyn i gyd, rhaid i chi sylweddoli bod yr Eifftiaid yn credu bod y Pharo yn dduw, oedd i fod i fedru rheoli pethau'n hwylus.

Fe anfonodd Duw y deg pla i ddangos ei fod o yn gryfach na Pharo. Fedrai Pharo ddim diogelu Afon Nîl, ffynhonnell bywyd i'r Eifftiaid. Fedrai o ddim diogelu ei bobl rhag llyffantod, llau, na phryfed hyd yn oed. Yr unig beth allai'r Pharo ei wneud oedd gwylio'r anifeiliaid yn mynd yn sâl ac yn marw a'r cnydau'n cael eu difetha gan y cenllysg a'r locustiaid.

Ac yn olaf, profodd Duw ei fod yn gryfach na Pharo a duw'r haul pan wnaeth i dywyllwch ddisgyn dros bob man.

Ond roedd Pharo yn styfnig. Roedd yn dal i wrthod gadael i bobl Dduw fynd yn rhydd - hyd at y degfed pla a'r olaf, pan fu farw mab hynaf Pharo yn ogystal â meibion hynaf pob un o deuluoedd yr Eifftiaid. Ond roedd Duw wedi dweud wrth yr Israeliaid am roi gwaed oen ar byst eu drysau, a chafodd yr un o feibion hynaf yr Israeliaid ei ladd! O hynny allan, mae'r Israeliaid yn dathlu hyn bob blwyddyn; mae'n cael ei alw yn Pesach, y mynd heibio, am fod angel Duw wedi mynd heibio i gartrefi'r Israeliaid ac wedi arbed eu meibion hynaf.

Exodus 11:1-8   Exodus 12:1-13; 29-30

Roedd gan yr Eifftiaid lawer o dduwiau – duw yr Afon Nîl, y broga-dduw, y tarw-dduw a'r fuwch-dduwies, duw yr haul a'r duw Pharo.

Trwy'r plâu fe brofodd Duw Israel ei fod yn gryfach na'r un o'r duwiau hyn!

Yr Ecsodus

Exodus

Roedd yr Eifftiaid wedi cael digon. Roedden nhw'n falch o weld cefn yr Israeliaid - mor falch nes iddyn nhw roi aur ac arian a dillad iddyn nhw (cofiwch, roedd yr Israeliaid wedi bod yn gaethweision ac heb ddim).

Dychmygwch rai miliynau o bobl yn paratoi i symud, hefo'u preiddiau o anifeiliaid a phopeth arall oedd ganddyn nhw yn awr. Roedd hi'n swnllyd, yn ddrewllyd ac yn ddryslyd. Ond Duw oedd yn rheoli.

Exodus 12:31-42

Pa ffordd aeth yr Israeliaid i Ganaan? Roedd yna ffordd uniongyrchol o'r Aifft i Ganaan ar hyd arfordir Môr y Canoldir. Ond roedd y ffordd honno'n mynd trwy dir y Philistiaid, a doedd yr Israeliaid ddim eto'n barod i ymladd yn eu herbyn nhw.

Yn lle hynny, fe aethon nhw i'r dwyrain a'r de i Benrhyn Sinai. Ond roedd yna broblem: roedd y Môr Coch ar eu ffordd. Ac i wneud pethau'n waeth, roedd Pharo yn difaru ei fod wedi gadael iddyn nhw fynd, ac fe aeth ar eu holau hefo'i fyddin - ei geffylau, ei gerbydau rhyfel a'i filwyr - i ddod â nhw'n ôl i'r Aifft.

C: Pam roedd y Môr Coch yn ddig?

A: Roedd plant Israel wedi'i groesi.

'Drychwch, Mam, haid o bobl!

Ochenaid. Feddylies i 'rioed gallwn i fod yn sâl camel ac yn sâl môr yr un pryd.

Waw! Mae croesi'r Môr Coch hefo'r Israeliaid yn well na mynd i Sŵ Môr Môn!

40

Roedd cerbyd rhyfel dwy olwyn yr Eifftiaid yn ysgafn, yn gyflym ac yn beryglus iawn i'w yrru - rhywbeth yn debyg i foto-beic fy mrawd.

Am ei fod yn gorwedd rhwng dau anialwch mae'r tymheredd yn y Môr Coch yn cyrraedd 85 F (29 C) yn yr haf.

Roedd yr Israeliaid wedi'u dal rhwng y Môr Coch a byddin Pharo. Roedd arnyn nhw ofn ac fe dechreuon nhw gwyno a dweud nad oedd gadael yr Aifft yn syniad mor wych wedi'r cwbl. Ond fe estynnodd Moses ei wialen dros y môr ac fe ddaeth gwynt cryf a chwythu'r môr yn ôl nes bod yna lwybr sych i'r Israeliaid trwy'r môr. Yna, pan geisiodd yr Eifftiaid eu dilyn, fe gaeodd y môr dros y llwybr ac fe gafodd byddin yr Aifft ei boddi.
    Roedd yr Israeliaid yn rhydd o'r diwedd!
    Exodus 13:17-14:31

Mae 'na rywbeth dynol yn mynd 'mlaen yn fan'ma.

Dw i'n meddwl mai bai holograffig yn y compiwtar ydi o. Dwi'n ei alw'n Brogo!

Drychwch! Mae'r Eifftiaid yn dŵad! Mi fyddan nhw'n fwyd pysgod cyn pen dim!

On'd ydi o'n g-i-w-t? Ble cest ti o, Sglod?

41

Yn Sinai

Exodus

Roedd yr Israeliaid yn rhydd, ond fu hi fawr o dro cyn iddyn nhw ddechrau cwyno. Cwyno nad oedd yna ddigon o ddŵr, felly fe roddodd Duw ddŵr iddyn nhw. Cwyno nad oedd yna ddigon o fwyd - felly fe roddodd Duw fwyd iddyn nhw. Bob bore roedd y ddaear o gwmpas y gwersyll yn wyn gan rywbeth oedd yn edrych yn debyg i farrug (dim cweit yr un peth â *Frosties* ond roedd o'n felys). Manna oedd yr enw ar y peth hwn, ac fe fu Duw yn ei anfon bob dydd (ar wahân i'r dydd Sabath) am yr holl amser y bu'r Israeliaid yn yr anialwch.

Ond ymhen ychydig roedd yr Israeliaid yn cwyno am y manna - roedden nhw'n cofio am y cig yn yr Aifft. Roedd ar rai o'r bobl eisiau mynd yn ôl i'r Aifft hyd yn oed am nad oedden nhw'n hoffi'r bwyd roedd Duw yn ei roi iddyn nhw! Ond roedd Duw yn caru'r Israeliaid hyd yn oed pan oedden nhw'n cwyno.

Exodus 16:1-35

Wedi bod yn teithio trwy'r anialwch am dri mis, fe ddaethon nhw at fynydd o'r enw Sinai (y mynydd lle roedd Duw wedi bod yn siarad â Moses o'r berth oedd yn llosgi). Yno ym Mynydd Sinai fe wnaeth Duw gytundeb (oedd yn cael ei alw yn 'gyfamod') hefo'r Israeliaid.

42

Y Deg Gorchymyn i Bobl Ifanc

1. Peidiwch â charu neb na dim yn fwy na Duw.

2. Peidiwch ag addoli neb na dim ond Duw, a pheidiwch â gwneud neb na dim yn bwysicach na Duw. Yr Arglwydd yn unig rydych chi i'w addoli, nid eich rhieni, nid ffrind, nid un o sêr y ffilmiau neu arwr o fyd chwaraeon, nid cath na chwch na bwrdd sgrialu. Dim byd.

3. Peidiwch â rhegi. Defnyddiwch enw sanctaidd Duw mewn ffordd barchus yn unig, byth i ddangos eich bod wedi gwylltio neu yn rhwystredig.

4. Fe ddylech gadw un dydd o'r wythnos ar gyfer gorffwys ac addoli Duw. Gweithiwch chwe diwrnod yn unig. Mae arnoch angen un diwrnod arbennig wedi'i gadw i ymlacio ac i gyfarfod Cristnogion eraill.

5. Parchwch eich rhieni. Carwch nhw, ac fe fydd yr Arglwydd yn eich gwobrwyo â hir oes.

6. Peidiwch â chasáu pobl eraill; peidiwch hyd yn oed â meddwl am frifo unrhyw un mewn unrhyw ffordd.

7. Cadwch eich gweithredoedd a'ch meddyliau yn bur. Mae rhyw yn rhodd gan Dduw i barau priod.

8. Chewch chi ddim cymryd a chadw pethau dydyn nhw ddim yn eiddo i chi.

9. Peidiwch â dweud celwydd, yn arbennig os ydy'r celwydd hwnnw yn mynd i frifo rhywun arall.

10. Peidiwch â bod yn genfigennus o beth sydd gan bobl eraill. Peidiwch â bod yn genfigennus o'r gêm newydd neu'r dillad newydd sydd gan eich ffrind na'r tŷ mawr sydd gan eich cymydog. Byddwch yn fodlon ar beth sydd gennych chi.

Fe siaradodd Duw â Moses ar y mynydd am ddeugain diwrnod - bron i chwe wythnos! Fe ddechreuodd y bobl wrth droed y mynydd feddwl beth oedd wedi digwydd i Moses. Fe ddywedon nhw wrth Aaron, brawd Moses, 'Edrych yma, wyddon ni ddim beth sydd wedi digwydd i Moses, ond dydyn ni ddim yn meddwl ei fod am ddod yn ei ôl. A dydyn ni ddim yn gweld Duw, felly mae'n debyg dydy o ddim o gwmpas chwaith. Pam na rown ni ein haur i gyd i ti i'w doddi a gwneud delw o lo ohono, ac fe wnawn ni alw hwnnw'n dduw i ni!'

Fe wrandawodd Aaron ar y bobl ac fe wnaeth y ddelw. A thra oedd Duw yn dal i siarad â Moses ar ben y mynydd, fe ddechreuodd y bobl ddawnsio o gwmpas y ddelw a'i haddoli.

Pan oedden nhw'n dawnsio ac yn gwneud sŵn, fe ddaeth Moses i lawr o'r mynydd. Pan welodd beth roedden nhw'n ei wneud, roedd o mor ddig nes iddo falu'r cerrig roedd Duw wedi ysgrifennu'r Deg Gorchymyn arnyn nhw yn deilchion. Yna fe afaelodd yn y ddelw o'r llo, ei thorri'n ddarnau, a'u malu'n llwch.

Exodus 32:1-35

Tua'r un amser â Moses fe osododd brenin o'r enw Hammurabi gyfreithiau i'w bobl eu dilyn, ond ddaeth y cyfreithiau hyn ddim yn syth oddi wrth Dduw.

DIM MANNA MWY DIM MOSES MWY

HIR OES I'R LLO AUR!

Y Tabernacl

Ond mae Duw yn amyneddgar - llawer mwy amyneddgar na chi a fi! Roedd ar Dduw eisiau bod yn Dduw i Israel o hyd, ac roedd am i'r Israeliaid fod yn bobl iddo fo. Fe ysgrifennodd y Deg Gorchymyn wedyn ar ddwy garreg fflat newydd.

Exodus 34:1-35

Fe ddywedodd wrth Moses hefyd am godi lle i'r Israeliaid fedru addoli. Nid teml fyddai'r lle hwnnw, achos fe fyddai wedi bod yn amhosibl i'r Israeliaid gario adeilad carreg hefo nhw wrth deithio trwy'r anialwch. Fe ddywedodd Duw wrth Moses am godi lle symudol i addoli, lle fyddai'n cael yr enw 'tabernacl'. Roedd hi'n hawdd tynnu'r tabernacl yn ddarnau pan oedd yr Israeliaid yn symud ymlaen ar eu taith ac yn hawdd ei roi yn ôl wrth ei gilydd pan oedden nhw'n aros mewn un lle.

Roedd yr Israeliaid wedi rhoi aur i Aaron i wneud y llo aur, ond yn awr fe roddon nhw aur ac arian a llawer o bethau eraill i godi'r tabernacl. Fe roddodd Moses y ddwy garreg yn cynnwys y Gyfraith mewn cist fawr hardd oedd yn cael ei galw yn 'arch y cyfamod', a'i gosod yn y tabernacl.

Exodus 35:4-19; 40:1-38

SGLOD! Paid â rhoi'r bocs rheoli i neb!

Hei! Nid Tecs ydi hwn'na?

O, na! Mae Tecs newydd gythru i'n bocs rheoli ni! Sglod!

Wps! Sori, fe ges i 'nghario i ffwrdd!

Ro'n i'n meddwl i ni gael ei wared o!

Rhoddion at y Tabernacl
Rhowch yn hael

Does neb yn gwybod beth ddigwyddodd i Arch y Cyfamod yn y diwedd. Fe ddiflannodd ac ni fu dim sôn amdani.

Tabernacl

Un lle yn unig oedd gan yr Israeliaid ar gyfer addoli Duw - y tabernacl. Dim ond yr offeiriaid oedd yn cael mynd i mewn, roedd y bobl yn aros y tu allan. Enw arall ar y tabernacl oedd 'Pabell y Cyfarfod', am fod Duw yn cyfarfod â'i bobl yno.

Roedd cyntedd tua chwarter maint cae pêl-droed o gwmpas y tabernacl. Yn y cyntedd roedd yr offeiriaid yn llosgi'r anifeiliaid oedd yn cael eu haberthu i Dduw ar yr allor. (Roedd hyn yn digwydd bob dydd, amryw o weithiau mewn diwrnod - mae'n rhaid bod arogl drwg iawn yn y gwersyll!)

Pabell yn cynnwys dwy ystafell oedd y tabernacl ei hun. Yr enw ar yr ystafell fwyaf yn y tu blaen oedd y Cysegr Sanctaidd ac roedd yr offeiriaid yn mynd i mewn ac allan ohono bob dydd.

Yr enw ar yr ystafell leiaf yn y cefn oedd y Cysegr Sancteiddaf. Yno roedd arch y cyfamod. Dim ond yr Archoffeiriad oedd yn cael mynd i mewn yno a hynny unwaith y flwyddyn yn unig, ar Ddydd y Cymod.

Fe fuon nhw'n defnyddio'r tabernacl am rai cannoedd o flynyddoedd, nes i'r Brenin Solomon godi'r deml yn Jerwsalem.

Ar Ddydd y Cymod, roedd un afr yn cael ei haberthu fel offrwm dros bechod ac roedd gafr arall yn cael ei gyrru i'r anialwch i ddangos bod pechod y bobl wedi'i yrru ymaith. Dyna lle cawn ni'r dywediad *bwch dihangol*.

Ar ei ôl! Ar ei ôl! Mae o fan hyn!

Ugain punt, chi piau fo! Reit o, i chi - deg punt!

Y Gyfraith

Lefiticus

Nid adrodd stori mae llyfr Lefiticus. Mae'n sôn am y cyfreithiau a roddodd Duw i bobl Israel. Ystyr 'Lefiticus' ydy 'am y Lefiaid'. Fe wnaeth Duw un o lwythau Israel, llwyth Lefi, yn gyfrifol am bopeth oedd yn ymwneud ag addoli Duw ac â'i gyfreithiau.

Roedd y Gyfraith yn bwysig iawn i'r Israeliaid. Yn yr Aifft roedden nhw wedi bod yn byw yn ôl cyfreithiau'r Aifft. Yn awr roedden nhw ar eu pennau eu hunain ac roedd arnyn nhw angen rheolau newydd ar gyfer byw.

Fe ddywedodd Duw wrth yr Israeliaid sut y dylen nhw fyw hefo'i gilydd, sut y dylen nhw drin y naill a'r llall, a sut y dylen nhw addoli Duw.

Roedd y Gyfraith hefyd yn dweud wrth yr Israeliaid sut y dylen nhw aberthu i Dduw, sut i ddelio â lladron, beth na ddylen nhw'i fwyta os oedden nhw am gadw'n iach, a llawer o bethau eraill.

Nid oedd cyfreithiau Duw yn rheolau wedi'u llunio am fod arno eisiau gwneud bywyd yn anodd i'r Israeliaid. Yn hollol groes i hynny! Fe roddodd Duw reolau i helpu'r Israeliaid i fyw hefo'i gilydd mewn heddwch.

Am mai pobl Dduw oedd yr Israeliaid, roedd gofyn iddyn nhw fyw yn wahanol i bobl eraill nad oedd y rheiny ddim yn adnabod Duw. Roedd yr Israeliaid yn bobl sanctaidd.

Doedd yr Israeliaid ddim yn rhai da iawn am gadw'r Gyfraith. Roedd Duw yn gorfod eu cosbi yn aml er mwyn eu cael i droi yn ôl ato fo a'i Gyfraith.

Darllen cyffrous:
- Mae beth wnewch chi'n gwneud gwahaniaeth!: **Lefiticus 26:3-22**

Amdano fo, Brogo! Sniffia fo allan, was!

Brysia, Bob! Mae o'n dianc!

Dowch i ni anfon y Gyfraith ar ei ôl.

48

Numeri

Mae llyfr Numeri yn dechrau hefo cyfrifiad a gafodd ei wneud pan oedd y bobl yn dal yn Sinai. (Cyfrifiad ydy'r enw ar wneud cyfrif o'r holl bobl yn y wlad. Ym Mhrydain mae cyfrifiad yn cael ei wneud unwaith bob deng mlynedd). Dyna pam mae'r llyfr yn cael ei alw yn Numeri.

Roedd yr Israeliaid yn cael eu cyfrif oherwydd yn fuan iawn fe fyddai'n rhaid iddyn nhw ymladd yn erbyn pobl Canaan. Roedd yn rhaid iddyn nhw ffurfio byddin, ac roedd yn rhaid i Moses wybod faint o ddynion oedd ganddyn nhw a fedrai fod yn filwyr.

Hefyd, pan fydden nhw'n cyrraedd Canaan, fe fyddai pob un o'r deuddeg llwyth yn cael rhan o'r wlad, ac roedd yn rhaid i Moses wybod faint o dir fyddai ar bob llwyth ei angen.

Tacl dda iawn, 'machgan i. O ba lwyth rwyt ti? Mi wnei di filwr da iawn yn ein byddin ni.

Reit, reit! I ti - dwy bunt!

Tyrd at dadi!

Deuddeg Llwyth Israel

Cofiwch fod gan Jacob ddeuddeg o feibion. Roedd gan bob un o'r meibion deulu, a thra bu'r Israeliaid yn yr Aifft, roedd y deuddeg teulu hyn wedi cynyddu'n arw ac yn cael eu galw yn 'llwythau'.

Dyma restr o'r llwythau fel y cawson nhw'u cyfrif yn y cyfrifiad:

Reuben	Sabulon	Gad
Simeon	Benjamin	Nafftali
Jwda	Dan	Effraim
Issachar	Aser	Manasse

Pam does yna ddim llwyth Joseff? Mae'r ddau lwyth olaf, Effraim a Manasse, wedi'u henwi ar ôl dau fab Joseff, felly mae yna ddau lwyth Joseff.

Does yna ddim llwyth Lefi am nad oedden nhw i fod yn filwyr, a phan ddeuai'r Israeliaid i Ganaan, fyddai'r Lefiaid ddim yn cael tir; fe fydden nhw'n byw ymysg y llwythau eraill i'w helpu i addoli Duw.

Roedd llawer o frenhinoedd yr hen fyd yn gwneud cyfrifiad o'u pobl i weld faint o arian fedren nhw'i gasglu mewn trethi.

Y 12 Sbïwr

Numeri

Mae'r defnydd hynaf o'r wyddor y cafodd archaeolegwyr afael arno yn dod o anialwch Sinai. Fe gafodd yr ysgrifennu ei wneud o leiaf ddau gan mlynedd cyn i'r Israeliaid fod yn crwydro yno.

O'r diwedd roedd yr Israeliaid yn barod i symud o Sinai a chychwyn ar eu taith i Ganaan, Gwlad yr Addewid. Ar wahân i gwyno llawer am eu bwyd, roedd popeth yn mynd yn hwylus i'r Israeliaid. Roedden nhw wedi blino ar y manna ac yn cofio mor flasus oedd y pysgod a'r melonau a'r cennin a'r garlleg yn yr Aifft - roedden nhw hyd yn oed wedi meddwl am fynd yn ôl yno!

Numeri 11:1-25, 31-35

Darllen cyffrous:

- Y Fendith Fawr: **Numeri 6:22-27**

Ac yna fe gyrhaeddodd yr Israeliaid ffin deheuol Canaan. Ond cyn mynd i mewn i goncro'r wlad, fe anfonon nhw ddeuddeg o sbïwyr i edrych ar y wlad.

Pan ddaeth y sbïwyr yn ôl ymhen deugain diwrnod wedyn fe ddywedon nhw wrth Moses a'r Israeliaid, "Mae'r tir yn llifo o laeth a mêl"! Mae hyn'na'n swnio'n sticlyd a stomplyd i ni, ond mae'n golygu bod y tir yn dir da i fyw arno ac i dyfu pethau ynddo.

Ond, meddai'r sbïwr, mae'r bobl yn fater arall! Maen nhw'n gewri yn byw mewn dinasoedd mawr cadarn. Os byddwn ni'n ymosod arnyn nhw, fe fyddan nhw'n ein lladd ni.

Geffyer foofout tamym ouf!

Does dim sbïwyr yn cuddio tu ôl i'r llun hwn

Ar be rwyt ti'n rhythu, was? Welest 'rioed balmwydden o'r blaen?

Efallai i'r sbïwyr weld merched Canaan yn gwisgo tlysau fel y rhain. Bryd hynny, roedd merched yn tyllu eu clustiau, a'u trwynau hefyd ambell dro!

50

Dim ond dau o'r sbïwyr, Josua a Caleb, a ddywedodd wrth yr Israeliaid y medren nhw ymosod ac ennill trwy gymorth Duw.

Ond fe wrandawodd y bobl ar y sbïwyr eraill ac anwybyddu Josua a Caleb. Fe ddechreuon nhw wylofain a gwrthod mynd yn eu blaenau. Roedden nhw hyd yn oed am ddewis arweinydd arall a mynd yn ôl i'r Aifft.

Roedd Duw yn ddig wrth yr Israeliaid am nad oedden nhw'n credu y medrai nac y byddai'n cadw ei addewid a rhoi gwlad Canaan iddyn nhw. Fe ddywedodd wrthyn nhw y byddai pob Israeliad oedd yn ugain oed a hŷn farw yn yr

anialwch - ar wahân i Caleb a Josua oedd wedi credu ynddo.

Fe fyddai'n rhaid i'r Israeliaid grwydro yn yr anialwch cyn y byddai Duw yn eu helpu i goncro pobl Canaan.

Pan glywodd y bobl hyn, fe sylweddolon nhw iddyn nhw wneud camgymeriad mawr. Fe benderfynon nhw ymosod ar y Canaaneaid a'r Amaleciaid beth bynnag - ond heb gymorth Duw doedd dim siawns ganddyn nhw!

Numeri 13:1-14:45

Darllen cyffrous:

- Y Sarff Bres: **Numeri 21:1-9**

Ornamentau lawnt yn perthyn i'r Canaaneaid ydy'r rhain - NAGE. Roedden ni am gynnwys lluniau o bethau diddorol fel dillad. Y broblem ydy bod pethau wedi'u gwneud o ledr a defnydd wedi pydru yn ystod y canrifoedd, ac felly pethau o garreg ydy'r rhan fwyaf o beth sydd ar ôl.

Beth bynnag, ar y chwith mae carreg o un o demlau'r Canaaneaid a'r dwylo arni yn ymestyn at y lleuad. Sacroffagus (arch) garreg ar ffurf person sydd nesaf ati. Ar y dde mae dau losgydd arogldarth. Roedd pobl yn defnyddio arogldarth wrth addoli ac yn bersawr i guddio'r drewdod ar eu cyrff. (Am ddrewdod! Doedd neb bron yn cael bath yn y cyfnod hwnnw.)

40 Mlynedd yn yr Anialwch

Numeri

Fe fu'r Israeliaid yn gwersyllu yn yr anialwch am ddeugain mlynedd. Yn ystod y deugain mlynedd hynny, fe gyfarfu'r Israeliaid â rhai o'u cymdogion newydd, ond fu'r cyfarfod ddim yn gyfeillgar iawn. Fe gawson nhw drafferth hefo'r Edomiaid, yr Amoriaid ac amryw o'r cenhedloedd bychain eraill o gwmpas Canaan.

Roedd yr Israeliaid yn ymladdwyr da, ac hefo cymorth Duw fe goncron nhw amryw o'r cenhedloedd bychain oedd yn ceisio cadw Israel o Ganaan. Yn wir, roedd cymaint o ofn ar frenin Moab nes iddo anfon am Balaam, dyn roedden nhw'n credu bod yna gysylltiad arbennig rhyngddo a'r duwiau.

Fe ofynnodd brenin Moab i Balaam felltithio Israel. Felly fe aeth Balaam ar ei asyn i weld brenin Moab, taith a gymerodd tua thair wythnos. Ar y ffordd, fe siaradodd Duw â Balaam, ac fel y trodd pethau roedd asyn Balaam yn glyfrach na Balaam ei hun: fe welodd angel yr Arglwydd ymhell o flaen Balaam ac fe siaradodd â Balaam.

Pan geisiodd Balaam felltithio'r Israeliaid yn y diwedd, fedrai Duw ddim gadael iddo - dim ond bendithio'r Israeliaid a fedrai Balaam!

Numeri 22:1-6, 20-41
Numeri 23:7-12

Felly, fel ro'n i'n deud Baalam annwyl, os byddi di'n chwarae o gwmpas hefo pobol Dduw, mi fyddi'n golsyn. A, pasia'r bisgedi, plîs!

Hei, Sglod, glywi di'r mul yn siarad?

Dwi ddim yn deall!

Disgynyddion Esau oedd yr Edomiaid; disgynyddion Lot (nai Abraham) oedd y Moabiaid a'r Ammoniaid.

Cymdogion Israel

Mae llawer o sôn am gymdogion Israel yn y Beibl. Doedden nhw ddim yn gymdogion clên - doedd neb yn medru cytuno â neb arall, yn arbennig yr Israeliaid!

Syriaid
(yn Syria)

Arameaid
(yn Aram, enw arall ar Syria)

Phoeniciaid
(yn Phoenicia)

Ar goll*

Amoriaid
(i'r dwyrain o Ganaan)

Ammoniaid
(yn Ammon)

Philistiaid
(yn Philistia)

Moabiaid
(ym Moab)

Edomiaid
(yn Edom)

Môr y Canoldir

Y Môr Marw

Gog

Gor ← → **Dw**

De

Midianiaid
(yn Midian)

Pigiadau llau *(ar fy mraich)*

Llau, brwydr clustogau, lloerennau.

Fe ddaw'r gair 'Palesteina' o 'Philistia'; ei ystyr wreiddiol oedd 'lle roedd y Philistiaid yn byw'.

*Wyddon ni ddim yn union lle roeddyn nhw'n byw

Paratoi i Goncro

Deuteronomium

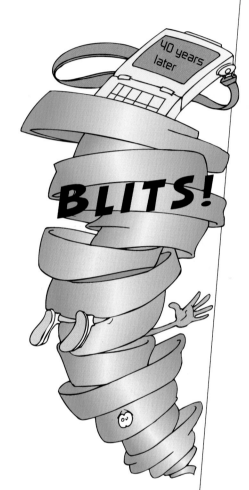

BLITS!

40 years later

Doedd y rhan fwyaf o bobl yn amser Moses ddim yn byw mwy na hanner can mlynedd.

Roedd Israel yn awr yn barod i fynd i mewn i Wlad yr Addewid a'i choncro. Ond roedd Moses (oedd erbyn hyn yn 120 mlwydd oed) am wneud yn siwr bod yr Israeliaid yn cofio popeth roedd Duw wedi'i ddweud wrth eu hynafiaid yn Sinai ddeugain mlynedd yn gynt.

Fe dreuliodd Moses wythnos gyfan yn siarad â'r Israeliaid am y gyfraith! Mae ei bregeth yn llenwi'r rhan fwyaf o lyfr Deuteronomium (ystyr Deuteronomium ydy 'yr ail gyfraith').

Fe roddodd Moses y Deg Gorchymyn iddyn nhw eto (Deuteronomium 5) ac fe ddywedodd wrthyn nhw beth oedd y peth pwysicaf o bopeth:

Gwrando, O Israel: Y mae'r Arglwydd ein Duw yn un Arglwydd. Câr di yr Arglwydd dy Dduw â'th holl galon ac â'th holl enaid ac â'th holl nerth. (Deuteronomium 6:4-5)

Fe atgoffodd Moses yr Israeliaid hefyd fod Duw am iddyn nhw gael gwared o'r holl bobl oedd yn byw yng Nghanaan, a dywedodd y byddai Josua yn dod yn arweinydd arnyn nhw ar ôl iddo fo farw.

Roedd gwaith Moses wedi'i orffen. Fe fu farw ychydig cyn i'r Israeliaid fynd i mewn i Ganaan dan arweiniad Josua.

Deuteronomium 7:1-16
Deuteronomium 34:1-12

Numeri 27:12-23

Wna i byth gwyno am fod mewn gwasanaeth dwy awr yn yr eglwys eto.

Dwi'n methu credu i mi wrando ar y cwbwl i gyd...

Y Canaaneaid

Roedd gan y Canaaneaid lawer o dduwiau, ond y rhai pwysicaf oedd Baal, Astarte a Dagon. Roedd addoli'r duwiau hyn yn aml yn cynnwys pethau roedd yr Israeliaid yn gwybod eu bod yn ddrwg - hyd yn oed aberthu pobl.

Nid un genedl fawr oedd y Canaaneaid. Roedden nhw'n byw mewn dinasoedd, pob un â'i brenin ei hun. I ni, fyddai dinasoedd y Canaaneaid ddim yn edrych yn fawr. Doedd llawer ohonyn nhw ddim mwy na maint tuag ugain o gaeau pêl-droed (dau ddeg pump o aceri). Ond roedd muriau'r dinasoedd yn enfawr - hyd at naw metr o drwch.

Doedd Hasor, y ddinas fwyaf yng Nghanaan, ddim mwy na chwarter milltir sgwâr. Roedd muriau pridd â'u gwaelod tua 30 metr o drwch o'i chwmpas! Roedd yn rhaid wrth y muriau i gadw byddinoedd gelynion rhag concro'r ddinas.

Un o'r pethau pwysicaf i ddinas oedd bod yno ffynnon tu mewn i'r muriau, er mwyn i'r bobl gael dŵr hyd yn oed pan oedd gelyn wedi amgylchu'r ddinas.

Mae'r allor Ganaaneaidd hon ychydig dros wyth metr o led ac roedd hi'n cael ei defnyddio i aberthu anifeiliaid a phobl.

'Drychwch! Mae Duw yn agor llwybyr trwy Afon Iorddonen!

Be sy, Beca?

LLWYBR TRWY AFON IORDDONEN

Afon? Glywes i rywun yn deud afon?

Josua yn concro Jericho

Josua

Roedd Josua a'r Israeliaid yn gwersyllu wrth Afon Iorddonen, gyferbyn â Jericho. Fe anfonodd Josua sbïwyr i'r wlad fel roedd Moses wedi gwneud flynyddoedd yn gynt.

Ond y tro hwn roedd adroddiad y sbïwyr yn un gwahanol iawn; fe ddywedon nhw, "Gadewch i ni fynd - hefo help Duw!"

Darllen cyffrous:

• Rahab a'r Sbïwyr: **Josua 2:1-24**

Y peth cyntaf roedd yn rhaid ei wneud oedd croesi Afon Iorddonen. Fe gerddodd yr offeiriaid oedd yn cario arch y cyfamod i'r dŵr, a chyn gynted ag y cyffyrddodd eu traed â'r dŵr, fe beidiodd yr afon â llifo fel y medrai'r Israeliaid groesi ar wely sych yr afon.

Josua 3:1-17

Yn awr roedden nhw'n sefyll o flaen dinas gyntaf y Canaaneaid: Jericho. Doedd pobl Jericho ddim yn poeni llawer. Roedd y muriau'n gadarn, ac fe fedrai milwyr Jericho gadw'r Israeliaid rhag dringo drostyn nhw.

Ond doedd beth ddigwyddodd ddim beth oedden nhw'n ei ddisgwyl. Wnaeth byddin Israel ddim ceisio dringo dros y muriau - yr unig beth wnaethon nhw oedd cerdded yn ddistaw o gwmpas y ddinas, unwaith y dydd am chwe diwrnod.

Yna, ar y seithfed dydd, fel roedd pobl Jericho yn dechrau arfer gweld yr Israeliaid yn mynd rownd a rownd, fe wnaeth yr Israeliaid rywbeth gwahanol. Y tro hwn fe gerddodd saith offeiriad yn cario utgyrn hefo'r milwyr, ac roedden nhw'n cario arch y cyfamod hefyd.

56

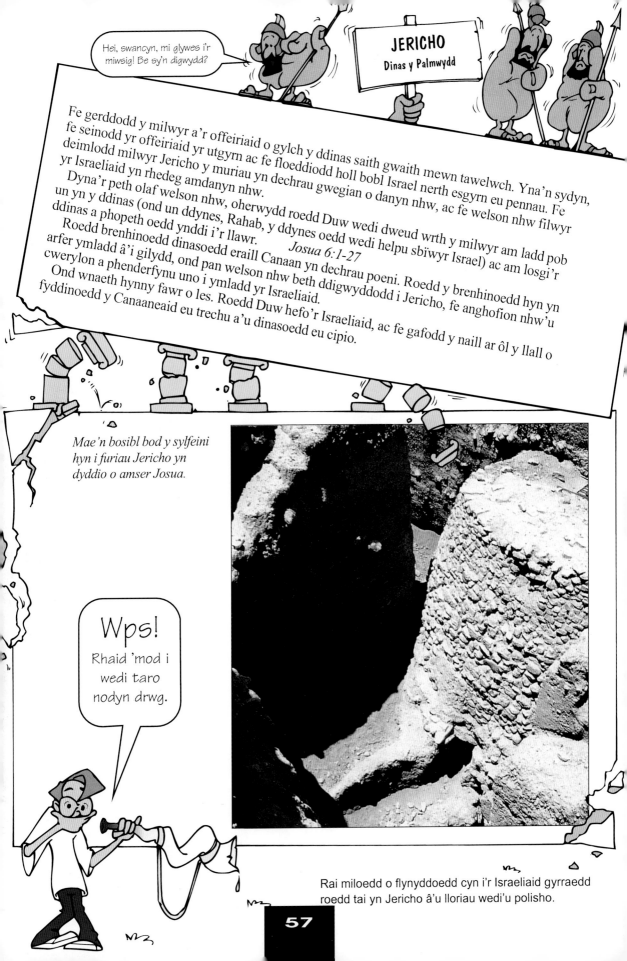

JERICHO
Dinas y Palmwydd

Hei, swancyn, mi glywes i'r miwsig! Be sy'n digwydd?

Fe gerddodd y milwyr a'r offeiriaid o gylch y ddinas saith gwaith mewn tawelwch. Yna'n sydyn, fe seinodd yr offeiriaid yr utgyrn ac fe floeddiodd holl bobl Israel nerth esgyrn eu pennau. Fe deimlodd milwyr Jericho y muriau yn dechrau gwegian o danyn nhw, ac fe welson nhw filwyr yr Israeliaid yn rhedeg amdanyn nhw.

Dyna'r peth olaf welson nhw, oherwydd roedd Duw wedi dweud wrth y milwyr am ladd pob un yn y ddinas (ond un ddynes, Rahab, y ddynes oedd wedi helpu sbïwyr Israel) ac am losgi'r ddinas a phopeth oedd ynddi i'r llawr. *Josua 6:1-27*

Roedd brenhinoedd dinasoedd eraill Canaan yn dechrau poeni. Roedd y brenhinoedd hyn yn arfer ymladd â'i gilydd, ond pan welson nhw beth ddigwyddodd i Jericho, fe anghofion nhw'u cwerylon a phenderfynu uno i ymladd yr Israeliaid.

Ond wnaeth hynny fawr o les. Roedd Duw hefo'r Israeliaid, ac fe gafodd y naill ar ôl y llall o fyddinoedd y Canaaneaid eu trechu a'u dinasoedd eu cipio.

Mae'n bosibl bod y sylfeini hyn i furiau Jericho yn dyddio o amser Josua.

Wps! Rhaid 'mod i wedi taro nodyn drwg.

Rai miloedd o flynyddoedd cyn i'r Israeliaid gyrraedd roedd tai yn Jericho â'u lloriau wedi'u polisho.

Gwlad yr Addewid

Josua

Ar ôl concro Jericho fe aeth yr Israeliaid i'r gorllewin a choncro Ai. Yna ymlaen wedyn ymhellach i'r gorllewin ac i Gibeon lle buon nhw'n ymladd yn erbyn byddinoedd sawl brenin. Yn ystod y frwydr hon fe ofynnodd Josua i Dduw wneud i'r haul sefyll yn stond i roi digon o amser i'r Israeliaid i drechu eu gelynion.

Josua 10:1-15

Erbyn hyn roedd canol y wlad dan reolaeth Josua a'r Israeliaid. Y canlyniad oedd na fedrai brenhinoedd gogledd y wlad helpu brenhinoedd y de pan oedd yr Israeliaid yn ymosod arnyn nhw. Fe drechodd Josua a'r Israeliaid frenhinoedd y de i ddechrau, ac wedyn frenhinoedd y gogledd.

Darllen cyffrous:

●Stori drist Achan: **Josua 7-8**

Wnaeth Josua ddim concro Canaan yn llwyr. Roedd amryw o ddinasoedd (yn cynnwys Jerwsalem) na chafodd eu concro am 400 mlynedd arall. Ond ar ddiwedd bywyd Josua roedd digon o dir Canaan ym meddiant yr Israeliaid i fedru ei rannu rhwng y deuddeg llwyth.

Cyn i Josua farw, fe adnewyddodd y bobl y cyfamod roedd Duw wedi'i wneud â'u rhieni yn Sinai, ac roedden nhw wedi addo i Dduw y bydden nhw'n cadw'i gyfreithiau - addewid y bydden nhw'n ei hanghofio yn fuan iawn.

Darllen cyffrous:

●Josua'n ffarwelio: **Josua 24:28-33**

Os mai merched yn unig oedd mewn teulu a dim meibion, fe fyddai'r merched yn cael etifeddu'r tir ond iddyn nhw briodi rhywun o'r un llwyth â nhw.

Fe gafodd tir Canaan ei rannu rhwng y llwythau trwy fwrw coelbren, sy'n debyg i dynnu enw o het.

Man claddu Josua

Timnath Sera

Beth Haran

CLEC   CLEC   CLEC

Aseca

BWFN   POW   POP

Lachis

Eglon

Makkeda

Debir

Y TIR

Ym Mhrydain fe fedr person fod yn berchen tir. Yn Israel doedd hynny ddim yn bosibl. Duw oedd piau'r tir i gyd. Fe fedrech chi ddweud bod Duw yn 'rhoi benthyg' y tir i'r Israeliaid.

Pan rannodd Josua y tir rhwng y llwythau a'r teuluoedd, fe gafodd pob teulu ymhob llwyth (ar wahân i lwyth Lefi) ddarn o dir. Fedrai'r teulu ddim gwerthu'r tir - dim ond ei etifeddu fel y byddai'r tir hwnnw yn aros yn y teulu am byth. Fedren nhw ddim rhannu'r tir yn ddarnau llai chwaith.

Er enghraifft, fedrai tad ddim rhannu'r tir rhwng dau neu dri mab; roedd yn rhaid i'r tir i gyd fynd i'r mab hynaf.

Ond am fod y tir yn perthyn i Dduw, fe ddywedodd Duw y byddai'n mynd â'r tir oddi ar yr Israeliaid pe baen nhw'n anufuddhau iddo - a dyna beth ddigwyddodd ymhen ychydig ganrifoedd.

M.Ebal

Sichem

M.Gerisim

Bethel

Gibeon

Ai

Hei, chi!

Jericho

Gwastadedd Moab

Dyffryn Achor

Abel Sittim

Jarmulth

(Y Pum Brenin)

Argian, mi frwydrodd yr Israeliaid yn hir.

Do, maen nhw'n waeth na fi a 'mrodyr!

Y Môr Marw

Hebron

Y Barnwyr

Barnwyr

Fe fu'r cyfnod wedi marwolaeth Josua yn amser trist i'r Israeliaid. Fe ddechreuodd y deuddeg llwyth fyw mewn gwahanol rannau o'r wlad, ac roedd gan bob llwyth ei arweinydd ei hun, ond doedd neb yn gyfrifol am y bobl i gyd hefo'i gilydd.

Mae llyfr y Barnwyr yn dweud, 'Yn y dyddiau hynny nid oedd brenin yn Israel. Yr oedd pob un yn gwneud yr hyn oedd yn iawn yn ei olwg ei hun.' Fe ddechreuodd y bobl anghofio Duw ac anufuddhau i'r cyfreithiau roedd o wedi'u rhoi iddyn nhw. Ac felly roedd Duw yn anfon byddinoedd cenhedloedd eraill oedd yn byw o gwmpas Israel i gosbi'r Israeliaid.

Yna, pan na fedrai'r Israeliaid oddef mwy o hyn, roedden nhw'n cofio Duw a beth roedd o wedi'i ddweud wrthyn nhw. Roedden nhw'n gweddïo ac yn gofyn i Dduw eu gwared o afael eu gelynion.

Arswyd!

Am y bryniau!

Arwydd

Wel, mae'r hogia'n 'u mwynhau eu hunain, o leia.

Tân 'dani, Preifat Sglod!

Iawn, Syr!

'Mosodwch!

Fe wrandawodd Duw arnyn nhw ac fe wnaeth un o'r bobl yn arweinydd - yr enw arno oedd 'barnwr'. Hefo help Duw fe fyddai'r barnwr yn trechu'r gelyn, ac unwaith eto byddai'r bobl yn byw mewn heddwch.

Ond yn fuan iawn fe fydden nhw'n anghofio'r wers roedden nhw wedi'i dysgu, ac roedd yr un patrwm yn dechrau eto: y bobl yn anghofio Duw, Duw yn anfon gelynion i wneud eu bywyd yn ddiflas, y bobl yn galw ar Dduw, a Duw yn codi rhywun arall i fod yn arweinydd (barnwr) i drechu'r gelyn.

Barnwyr 2:6-3:4

Ar y dechrau roedd cleddyfau yn debyg i grymanau, ac yn cael eu defnyddio i fedi'r gelyn yn hytrach na'u trywannu.

Ehud

Hanes y Barnwr Ehud ydy'r hanes rhyfeddaf yn llyfr y Barnwyr. Roedd Eglon, brenin Moab wedi gwneud bywyd yn anodd i'r Israeliaid. Roedd yn rhaid iddyn nhw dalu arian mawr i Eglon bob blwyddyn, ac un flwyddyn Ehud aeth â'r arian iddo.

Cyn i'r gwarchodlu ganiatáu i Ehud weld y brenin, fe wnaethon nhw archwiliad arno i weld a oedd yn cario arfau ond welson nhw ddim un arf. Fe ddywedodd Ehud wrth y brenin, oedd yn dew iawn, fod ganddo neges gyfrinachol iddo, felly fe anfonodd y brenin ei weision i gyd o'r ystafell. Pan oedd Eglon ac Ehud ar eu pennau eu hunain, fe drywannodd Ehud Eglon â chleddyf.

Yna fe roddodd Ehud glo ar yr ystafell lle roedd y brenin marw a cherdded allan o'r palas trwy ddrws arall. Ymhen ychydig fe ddechreuodd y gweision feddwl pam roedd hi'n cymryd cymaint o amser i Ehud roi'r neges i'r brenin. Ar y dechrau roedden nhw'n meddwl bod y brenin wedi mynd i'r tŷ bach, ond yn y diwedd roedden nhw'n poeni cymaint fe dorron nhw'r drws, a gweld y brenin yn farw.

Sut y gallen nhw fod wedi methu gweld y cleddyf wrth archwilio Ehud? Ei ochr dde yn unig roedden nhw wedi'i harchwilio - doedden nhw ddim wedi sylweddoli mai llawchwith oedd Ehud ac felly ei fod yn cario'i gleddyf ar yr ochr 'anghywir'.

Barnwyr 3:12-30

Mewn cymdeithasau hynafol, roedd pobl llaw chwith yn cael eu hystyried yn aflan a doedden nhw ddim yn cael bod mewn safle o awdurdod.

> Reit, ddynion, byddwch barod - dyma nhw'n dŵad!

Edrychwch ar y cerfiad carreg hwn! Fe gafwyd hyd iddo ym mryniau De Dakota. (Rydyn ni wedi cynnwys hwn i weld ydych chi'n dal yn effro. Ydych chi?)

Yn enw Baal, 'mosodwch!

Debora

Merch o'r enw Debora oedd un o'r barnwyr. Roedd yr Israeliaid unwaith eto wedi anghofio Duw, ac roedd Duw wedi caniatáu i'r Canaaneaid wneud bywyd yn anodd iawn iddyn nhw am ugain mlynedd.

Yna fe ddywedodd Duw wrth Debora am anfon am ddyn o'r enw Barac. Fe ddaeth Barac hefo 10,000 o filwyr, ond roedd arno ofn mynd i ymladd yn erbyn y Canaaneaid ei hun - roedd arno eisiau i Debora fynd hefo fo.

Fe aeth Debora, ond fe ddywedodd hi wrth Barac y byddai Duw yn caniatáu i ferch ladd Sisera, capten y Canaaneaid, am ei fod o, Barac, wedi bod yn ddyn llwfr.

A dyna'n union beth ddigwyddodd. Fe drechodd Barac y Canaaneaid, ond merch o'r enw Jael a lwyddodd i gael Sisera i ddeall nad oedd croeso iddo mwyach. *Barnwyr 4:1-24*

BING!

BAFF!

BIFF!

Yn enw'r Arglwydd, 'mosodwch!

Ebwbwla, rydan ni'n sownd!

Iawn, madam, Gadfridog Debora. Ar unwaith!

Cymer hwn'na, yr hen Ganaanead hyll!

Sh! Sh! Reit...1,2,...

3! Yn enw popeth, 'mosodwch!

Na, na. Dim fel'na. Rhowch gynnig arall arni.

1,2,3! Yn enw Baal, 'mosodwch

Fe anghofion ni weddïo eto!

Madam, plîs! Gwaith i ddynion ydi hyn!

Arfau'r Canaaneaid o gyfnod y Barnwyr. Pres ydy carn y dagr a'r llafn yn haearn. Wn i ddim i beth mae'r gadwyn yn dda - bwcwl gwregys i ddal trowseri'r Philistiaid i fyny o bosibl?

Doedd yr un gymdeithas yn yr hen oesoedd yn credu bod merched a dynion yn gyfartal; roedd hi'n beth anarferol iawn i Debora fod yn arweinydd.

Gideon

Y tro hwn y Midianiaid oedd wedi goresgyn y wlad, ac roedd yr Israeliaid heb ddim i'w fwyta. Ambell dro roedd yn rhaid iddyn nhw fyw mewn ogofâu. Yna fe ddywedodd Duw wrth Gideon mai fo fyddai'r un fyddai'n trechu'r Midianiaid. A dweud y gwir, doedd ar Gideon ddim eisiau bod yn farnwr, felly roedd arno eisiau gwneud yn siwr doedd o ddim yn breuddwydio.

Fe ofynnodd Gideon am arwydd gan Dduw. Fe roddodd groen dafad ar lawr a gofyn i Dduw adael i'r croen fod yn wlyb gan wlith yn y bore, ond nid y ddaear o'i gwmpas. Pan ddigwyddodd hynny, roedd Gideon yn dal yn anfodlon ac fe ofynnodd i Dduw wneud arwydd o chwith i hynny y bore wedyn. Ac yn siwr ddigon, roedd y croen dafad yn sych.

Cleddyf yr Arglwydd a Gideon!

Roedd y Midianiaid yn defnyddio camelod mewn brwydr am eu bod yn gwybod bod yn gas gan gefffylau arogl camelod ac felly wnaen nhw ddim ymladd yn eu herbyn nhw.

Yn enw popeth, rydan ni'n trio cael tipyn o gwsg!

Hei, ydach chi genod ddim yn dŵad hefo ni?

Nes 'mlaen, falla, Bob.

Dowch i ni gipio'r bocs rheoli oddi ar Sglod.

Fe gychwynnodd Gideon hefo 32,000 o filwyr. Ond roedd Duw yn credu bod hynny'n ormod ac fe ddywedodd y dylai pob un ofnus fynd adref - felly fe adawodd 22,000, a doedd gan Gideon ddim ond 10,000 ar ôl.

Ond roedd hynny'n ormod, meddai Duw. Fe aeth Gideon â nhw at y dŵr, ac fe aeth pob un ar ei liniau i yfed y dŵr - pawb ond 300 o filwyr, pob un ohonyn nhw'n 'llepian y dŵr â'i dafod fel y bydd ci'n llepian.' Y 300 hynny oedd y milwyr fyddai'n mynd hefo Gideon i drechu byddin y Midianiaid!

Roedd byddin y Midianiaid yn cysgu'n drwm pan gaeodd Gideon a'i fyddin o 300 o filwyr am eu gwersyll yn ddistaw bach, pob dyn yn cario utgorn a ffagl mewn llestr gwag. Ar arwydd gan Gideon fe seiniodd pob un ei utgorn a malu ei lestr fel y gallai'r Midianiaid weld y ffaglau, ac roedden nhw'n meddwl bod yna fyddin enfawr wedi cau am y gwersyll.

Roedd y sŵn sydyn wedi drysu'r Midianiaid. Roedden nhw'n rhedeg yn erbyn ei gilydd ac fe ddechreuon nhw ladd ei gilydd! Fe redodd y Midianiaid oedd yn dal yn fyw i ffwrdd nerth eu traed.

Ac roedd y wlad yn mwynhau heddwch unwaith eto.
Barnwyr 6:1-7:24

Yn enw unrhyw dduw paganaidd, 'mosodwch!

O Dduw, anfon farnwr arall i ni, plîs!

Ddim eto!

Samson

Cyn i Samson gael ei eni, roedd Duw wedi dweud wrth ei fam y byddai ei baban yn arbennig. Fe fyddai'n farnwr ac yn achub Israel o ddwylo'r Philistiaid, oedd yn byw ar arfordir Môr y Canoldir. Ond, meddai Duw, chaiff o ddim yfed gwin a dydy o ddim i dorri'i wallt.

Fe dyfodd Samson yn ddyn cryf iawn am fod Duw hefo fo. Fe laddodd lew â'i ddwylo noeth unwaith. Ond un diwrnod fe welodd un o ferched y Philistiaid ac roedd arno eisiau ei phriodi, er bod Duw wedi dweud yn glir iawn na ddylai neb o'r Israeliaid briodi â rhywun o genedl arall. Ac roedd hynny'n siwr ddigon yn cynnwys y Philistiaid, gelynion Israel.

Chafodd Samson mo'i phriodi, am fod y Philistiaid wedi chwarae tric arno. Ond fe wylltiodd gymaint wrthyn nhw nes lladd deg ar hugain ohonyn nhw.

BOFF!

BIFF!

BAFF!

1001
Take a number

Yn ddiweddarach, fe gyfarfu Samson â merch arall o blith y Philistiaid, Delila. Fe berswadiodd Delila Samson i ddweud cyfrinach ei gryfder wrthi a chafodd wybod mai yn ei wallt yr oedd. Felly fe dorrodd Delila wallt Samson, ac fe lwyddodd y Philistiaid o'r diwedd i drechu Samson. Fe dynnon nhw'i lygaid a mynd â fo i deml Dagon, eu prif dduw nhw.

Fe safodd Samson yng nghanol y deml rhwng y colofnau oedd yn cynnal y to. Roedd tua 3,000 o bobl yn y deml pan weddïodd Samson ar Dduw i roi ei nerth yn ôl iddo unwaith eto. Fe atebodd Duw ei weddi. Fe wthiodd yntau yn erbyn y colofnau ac fe gwympodd y deml ar ben y bobl oedd yno, yn cynnwys Samson ei hun.

Barnwyr 13:1-16:31

Hei!

Diolch!

Ystyr 'Yr oedd pob un yn gwneud yr hyn oedd yn iawn yn ei olwg ei hun' ydy: 'roedd pawb yn ei blesio'i hun'.

Hei, be ydi'r brys?

Y giatiau oedd y man gwannaf yn y mur, felly roedd yn rhaid iddyn nhw fod yn fawr a thrwm iawn. Roedd Samson yn cario giatiau fel y rhain ar ei ysgwyddau (Barnwyr 16:3)!

Mae'r genod wedi cipio'r bocs rheoli. Maen nhw ar berwyl drwg!

Dowch yn ôl yma!

Ar ddiwedd llyfr y Barnwyr, doedd pethau fawr gwell nag roedden nhw ar y dechrau: 'Yn y dyddiau hynny nid oedd brenin yn Israel. Yr oedd pob un yn gwneud yr hyn oedd yn iawn yn ei olwg ei hun.'   Barnwyr 21:25

Dim peryg i chi! Rydach chi wedi cael eich cyfle. Ein tro ni rŵan!

Rhed, Beca! Maen nhw'n ennill tir arnon ni.

Dyna ddigon o frwydro. Amser i olygfa garu!

Ruth

Ruth

Pam mae o'n gwisgo siwt briodas?

Dwi'n dotio at briodas!

Dyna welliant!

Arswyd fawr!

Yn ystod cyfnod y barnwyr fe ddigwyddodd pethau da hefyd. Un ohonyn nhw ydy stori hyfryd Ruth a Boas.

Fe aeth dyn o Fethlehem â'i deulu i wlad Moab am fod newyn yn Israel. (Cofiwch fod y Moabiaid yn elynion i Israel - roedd Ehud wedi lladd Eglon, brenin Moab).

Fe briododd dau fab y dyn â merched Moab (doedd yr Israeliaid ddim i fod i briodi rhywun o genedl arall). Ond yna fe fu'r dyn farw, ac fe fu ei ddau fab farw hefyd, ac felly fe adawyd Naomi, gwraig y dyn, ar ei phen ei hun yng ngwlad Moab hefo'i dwy ferch yng nghyfraith, Ruth ac Orpa.

Fe benderfynodd Naomi fynd yn ôl i Fethlehem. Fe aeth Ruth hefo hi am ei bod yn caru Naomi ac yn ymddiried yn Nuw.

I ddeall beth ddigwyddodd wedyn, cofiwch mor bwysig oedd hi bod y tir yn aros o fewn yr un teulu. Os byddai dyn yn marw heb blant fyddai'n medru etifeddu'r tir, roedd yn rhaid i'w weddw briodi â'i berthynas agosaf (ei frawd, neu ei gefnder os nad oedd ganddo frawd). Yna, pan gâi'r weddw blant fe fydden nhw'n cael eu cyfrif fel plant y gŵr oedd wedi marw ac fe allen nhw etifeddu'r tir. Yr enw ar y perthynas oedd yn priodi'r weddw oedd 'gwaredwr-teulu'.

Fe gofiodd Naomi fod gan ei gŵr berthynas o'r enw Boas oedd yn ffermwr cyfoethog. Felly fe ddywedodd hi wrth Ruth am fynd i loffa sef casglu'r grawn roedd y cynaeafwyr wedi'i adael ar ôl yng nghaeau ŷd Boas. (Roedd cyfraith Duw wedi paratoi ar gyfer y tlodion yn Israel trwy ddweud wrth y ffermwyr bod yn rhaid iddyn nhw adael peth o'r ŷd ar ôl i'r bobl dlawd ei gasglu).

Pan ffeindiodd Boas fod Ruth yn weddw perthynas iddo, fe ufuddhaodd i gyfraith Duw. Roedd o'n gwybod bod yna berthynas agosach na fo, felly fe roddodd gyfle i hwnnw gymryd y tir a phriodi Ruth.

Ond roedd Boas yn hoffi Ruth, ac fe ddywedodd wrth y dyn, 'Os nad oes arnat ti eisiau ei phriodi, fe wna i.'

Fe wrthododd y dyn arall briodi Ruth, ac fe roddodd un o'i sandalau i Boas. Roedd hyn yn hen, hen arferiad oedd yn golygu'r un peth ag ydy arwyddo cytundeb i ni. Roedd yr arferiad mor hen erbyn pan gafodd llyfr Ruth ei ysgrifennu doedd pobl ddim yn cofio amdano, felly mae yna eglurhad arno yng nghanol yr hanes (Ruth 4:7).

Fe ufuddhaodd Boas i Dduw a phriododd â Ruth. Ac oherwydd ffydd a chariad Ruth ac ufudd-dod Boas, eu gor-ŵyr fyddai'r Brenin Dafydd, y brenin mwyaf a welai Israel. Fwy na mil o flynyddoedd wedyn, fe gâi'r Arglwydd Iesu ei eni ym Methlehem o deulu Dafydd.

Ruth 1-4 (y llyfr cyfan!)

Fe ddaeth enw Oprah Winfrey o gamsillafu'r enw Beiblaidd 'Orpa' ar ei thystysgrif geni.

Samuel

1 Samuel

Roedd y tabernacl lle roedd yr Israeliaid yn addoli wedi cael ei godi yn yr anialwch gan Moses. Pan goncrodd yr Israeliaid wlad Canaan fe gafodd y tabernacl ei roi yn Seilo, yn nhir Effraim. Ac yno y bu am yn agos i 200 mlynedd.

Yn Seilo roedd yr olaf a'r mwayf o'r barnwyr yn byw: Samuel.

Cyn geni Samuel, doedd ei fam, Hanna, ddim wedi medru cael plant. Roedd yr Israeliaid yn meddwl bod Duw yn cosbi unrhyw un oedd yn methu cael plant. Ond roedd Hanna a'i gŵr yn mynd i'r tabernacl bob blwyddyn, fel roedd Duw wedi dweud wrth bob un o'r Israeliaid am wneud, a phob blwyddyn roedd hi'n erfyn ar Dduw am fab. Fe addawodd hithau y byddai'n rhoi'r mab i Dduw pe bai'n cael un.

Mae'r model hwn o'r tabernacl yn dangos y muriau a phopeth y tu mewn wedi'i orchuddio ag aur. Tu ôl i'r llen mae'r Cysegr Sancteiddiaf, lle roedd arch y cyfamod.

Fe ysgrifennodd Mair, mam Iesu, gân (Luc 1:46-55) sy'n debyg iawn i weddi Hanna (1 Samuel 2:1-10).

Fe welodd Eli, yr offeiriad oedd yn gyfrifol am y tabernacl, Hanna yn gweddïo ac fe feddyliodd ei bod hi wedi meddwi. Pan sylweddolodd Eli nad wedi meddwi roedd hi ond mai trist iawn oedd hi, fe ddywedodd wrthi y byddai Duw yn rhoi mab iddi. Ac er nad oedd Eli yn offeiriad da iawn, roedd yn llygad ei le.

Y flwyddyn wedyn fe gafodd Hanna fab, ac fe'i galwodd yn Samuel (sy'n golygu 'Gan yr Arglwydd y gofynnais amdano'). Pan oedd Samuel yn ddigon hen, fe aeth Hanna â fo i'r tabernacl lle bu'n helpu Eli.

1 Samuel 1:1-28

Un noson, pan oedd Samuel yn dal yn fachgen, fe glywodd rywun yn galw arno. Fe aeth at Eli a holi pam roedd wedi galw arno, ond doedd Eli ddim wedi galw arno o gwbl. Fe glywodd Samuel y llais eilwaith, ond nid Eli oedd yno y tro hwn chwaith. Pan ddigwyddodd yr un peth y trydydd tro, fe sylweddolodd Eli mai Duw ei hun oedd yn galw ar Samuel.

Y tro nesaf i Samuel glywed y llais, fe ddywedodd, 'Llefara, Arglwydd, canys y mae dy was yn gwrando.' Fe ddywedodd Duw wrth Samuel y byddai'n cosbi meibion Eli am eu bod yn anufudd i gyfraith Duw a doedd Eli ddim wedi gwneud dim i gadw trefn ar ei feibion.

1 Samuel 3:1-21

Un diwrnod, fe benderfynodd yr Israeliaid fynd i ymladd yn erbyn y Philistiaid. Fe aethon nhw ag arch y cyfamod hefo nhw, fel pe bai hi'n fasgot. Doedd ganddyn nhw ddim digon o ffydd yn Nuw - roedd yn well ganddyn nhw ymddiried yn yr arch!

Wrth gwrs, fe drechodd y Philistiaid yr Israeliaid, a dwyn yr arch oddi arnyn nhw. Fe laddwyd meibion Eli yn y frwydr, a phan glywodd Eli fod yr arch wedi ei cholli fe syrthiodd wysg ei gefn oddi ar ei gadair, torri ei wddf a marw.

1 Samuel 4:1-18

69

Fe aeth y Philistiaid â'r arch i Asdod, i deml eu duw Dagon, a'i gosod hi wrth ochr y ddelw o Dagon. Ond y bore wedyn roedd y ddelw wedi syrthio ar ei hwyneb o flaen yr arch! Fe gododd y Philistiaid hi yn ôl i'w lle, ond erbyn y bore wedyn roedd hi wedi syrthio eto, ei phen a'i dwylo wedi'u torri a hithau'n gorwedd wrth ymyl y drws.

Ac roedd pethau od yn digwydd i bobl Asdod tra oedd yr arch yno - fe anfonodd Duw haid o lygod mawr, ac aeth y bobl yn sâl iawn. Yn y diwedd fe aeth y Philistiaid â'r arch i ddinas arall, ond roedd yr un pethau yn digwydd yno wedyn.

A doedd ar bobl y drydedd ddinas ddim hyd yn oed eisiau'r arch ar ôl clywed beth oedd wedi digwydd yn y ddwy ddinas arall, felly fe gafodd yr arch ei hanfon yn ôl i Israel. Ac fe anfonodd y Philistiaid anrhegion hefo'r arch: modelau aur o lygod mawr a chornwydydd!

Chafodd yr arch mo'i rhoi yn ôl yn y tabernacl. Fe aeth yr Israelaid â hi i Ciriath Jearim, ac yno y bu am ugain mlynedd.
1 Samuel 5:1-12; 6:10-12; 6:21-7:1

Fe ddaeth Samuel yn arweinydd ar Israel. Ond roedd o'n wahanol i'r barnwyr eraill i gyd - arweinwyr milwrol oedden nhw ond roedd Samuel yn broffwyd hefyd.

Dan arweiniad Samuel fe benderfynodd yr Israeliaid eu bod am ddilyn Duw wedi'r cwbl. Fe ddaethon nhw i gyd at ei gilydd yn Mispa, ac fe weddïodd Samuel drostyn nhw.

Ond roedd y Philistiaid yn credu bod yr Israeliaid yn paratoi i ymladd yn eu herbyn, ac fe benderfynon nhw ymosod yn gyntaf. Roedd ofn ar yr Israeliaid, ond fe anfonodd Duw storm daranau ac roedd mwy o ofn ar y Philistiaid nag ar yr Israeliaid, ac fe droeson nhw ar eu sodlau a ffoi.   *1 Samuel 7:7-11*

Y Philistiaid

Roedd y Philistiaid yn byw ar arfordir Môr y Canoldir. Roedd ganddyn nhw bum dinas: Asdod, Ascelon, Gath, Ecron a Gasa (mae yna lain o dir yn cael ei alw yn Gasa yn Israel heddiw).

Roedd y Philistiaid yn achosi pob math o broblemau i'r Israeliaid yn ystod y canrifoedd cyntaf roedden nhw'n byw yng Nghanaan.

Cyn bod brenin gan yr Israeliaid, roedden nhw'n ei chael yn anodd iawn i ymladd yn erbyn y Philistiaid, oedd yn llawer mwy trefnus, ac roedd ganddyn nhw un fantais fawr arall: roedd ganddyn nhw arfau haearn oedd yn llawer caletach na'r arfau pres oedd gan yr Israeliaid. (Cymysgedd o gopr ac alcam ydy pres).

Cyn i Dafydd ddod yn frenin, roedd wedi bod yn byw hefo'r Philistiaid am ychydig ac wedi dysgu sut roedden nhw'n cynllunio i ymosod, felly pan ddaeth yn frenin, fe fedrodd Dafydd drechu'r Philistiaid unwaith ac am byth.

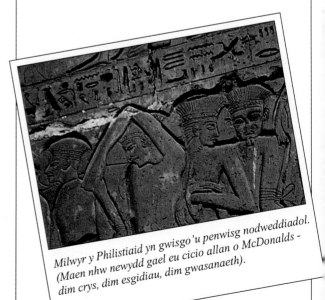

Milwyr y Philistiaid yn gwisgo'u penwisg nodweddiadol. (Maen nhw newydd gael eu cicio allan o McDonalds - dim crys, dim esgidiau, dim gwasanaeth).

Mae hanes yr hen oesoedd wedi'i rannu'n dri phrif gyfnod yn ôl yr offer a'r arfau oedd yn cael eu defnyddio: Oes y Cerrig, Oes y Pres, ac Oes yr Haearn.

Roedd Abraham a Moses yn byw yn Oes y Pres, a Dafydd yn Oes yr Haearn.

Saul

1 Samuel

Pan oedd Samuel yn hen roedd arno eisiau gwneud ei feibion yn farnwyr dros Israel. Ond doedd meibion Samuel ddim gwell na meibion Eli. Roedd ganddyn nhw fwy o ddiddordeb mewn gwneud arian trwy gymryd llwgrwobrau nag mewn ufuddhau i Dduw.

Fe aeth henuriaid Israel at Samuel a dweud, 'Edrych yma, mae arnon ni angen brenin fel pob cenedl arall o'n cwmpas, brenin i'n cadw hefo'n gilydd!'

Pan ofynnodd Samuel i Dduw am hyn, atebodd Duw, 'Maen nhw'n fy ngwrthod i yn frenin arnyn nhw - fel maen nhw wedi gwneud lawer gwaith ers pan adawon nhw'r Aifft!' Fe ddywedodd Duw wrth Samuel am rybuddio'r bobl os caen nhw frenin fel roedden nhw'n ei ddymuno, na fyddai'r brenin hwnnw yn gwneud bywyd yn hawdd iddyn nhw. Fe fyddai'n gwneud i'r bobl dalu trethi ac yn gorfodi eu meibion i wasanaethu yn ei fyddin, ac fe fyddai'n gwneud y bobl yn weision iddo.

Ond roedd y bobl yn mynnu bod arnyn nhw eisiau brenin beth bynnag.

1 Samuel 8:1-22

Fe ddewisodd Duw Saul o lwyth Benjamin, (y llwyth lleiaf), i fod yn frenin cyntaf Israel. Samuel a ddywedodd wrth Saul mai fo fyddai brenin cyntaf Israel, ac fe 'eneiniodd' Saul trwy dywallt olew ar ei dalcen.

Roedd Saul yn sicr yn edrych fel brenin. Roedd yn ddyn trawiadol, yn dalach o'i ysgwyddau i fyny na gweddill yr Israeliaid. Pan ddaeth yr Israeliaid at ei gilydd i ddewis brenin, roedden nhw'n bwrw coelbren (rhywbeth yn debyg i dynnu'r gwelltyn byrraf, ond bod yr Israeliaid yn defnyddio cerrig o wahanol siapiau a lliwiau). Roedden nhw'n credu y byddai Duw yn tywys y dewis fel y byddai'r dyn iawn yn cael ei ddewis.

Pan gafodd Saul ei ddewis yn y diwedd, fedrai neb gael hyd iddo - roedd yn cuddio y tu ôl i ryw faciau! *1 Samuel 9:1-10; 10:17-27*

72

Ar y dechrau, roedd Saul yn edrych fel brenin ac yn gweithredu fel brenin. Fe drechodd yr Ammoniaid, ac roedd y bobl wrth eu bodd hefo fo.

Ond doedd Saul ddim y math o frenin roedd pawb wedi credu y byddai. Un diwrnod, fe ymosododd yr Israeliaid ar yr Amaleciaid. Roedd Samuel wedi dweud wrth Saul fod ar Dduw eisiau i'r Israeliaid ddinistrio'r Amaleciaid i gyd a phopeth oedd yn eiddo iddyn nhw - yn cynnwys eu gwartheg.

Ochenaid. Dydi o'n ffab?

Hir oes i'r Brenin Saul!

Fe fu Saul yn anufudd. Fe gadwodd wartheg a defaid gorau'r Amaleciaid iddo'i hun ac wedyn cymryd arno ei fod wedi'u cadw i'w haberthu i'r Arglwydd - er bod yr Arglwydd wedi dweud wrtho am eu lladd bob un.

Doedd hyn ddim yn ymddangos yn beth mawr, ond fe ddywedodd Samuel wrth Saul y byddai'n colli ei safle fel brenin am nad oedd wedi ufuddhau i Dduw. Mae ar Dduw eisiau ufudd-dod yn fwy nag aberthau! O hynny allan fe aeth pethau ar i waered i Saul, nes iddo yn y diwedd ei ladd ei hun.

1 Samuel 15:1-34

Yn y rhan fwyaf o gymunedau o gwmpas Israel, roedd y brenin cystal â bod yn dduw.

Dafydd

1 Samuel

Wedi i Saul fod yn anufudd i Dduw, fe anfonodd Duw Samuel i Fethlehem, i dŷ Jesse, i eneinio'r brenin nesaf. Nid un o saith mab mewn oed Jesse a ddewisodd Duw ond y mab ieuengaf, Dafydd, oedd yn fugail.

Yn y cyfamser, roedd bywyd Saul yn mynd o ddrwg i waeth. Roedd o'n teimlo'n isel iawn ac yn flin - fe ddywed y Beibl ei fod wedi'i feddiannu gan ysbryd drwg. Un peth oedd yn gwneud i Saul deimlo'n well oedd miwsig. Fe glywodd Saul fod Dafydd yn delynor da iawn, felly fe gafodd wahoddiad i'r palas ganddo. Fe fyddai Dafydd yn canu'r delyn i Saul unrhyw adeg pan fyddai'n teimlo'n ddigalon, ac fe fyddai hynny'n codi ychydig ar ei galon. Roedd Saul yn hoff o Dafydd, ond ar y pryd doedd o ddim yn gwybod y byddai Dafydd yn cymryd ei le fel brenin!

1 Samuel 16:1-23

Roedd modelau clai fel y chwaraewr nabl hwn yn cael eu defnyddio ar gyfer jariau olew, lampau neu boteli persawr. (Efallai bod hwn yn enghraifft gynnar o Cherished Teddies!)

Beth ydy 'Eneinio'?

Yn amser yr Hen Destament, roedd olew yn bwysig iawn. Roedd yn cael ei ddefnyddio, er enghraifft, i goginio ac mewn lampau. Roedd hefyd yn cael ei ddefnyddio i eneinio pobl (a phethau ambell waith).

Ystyr 'eneinio' ydy rhoi olew ar rywun (neu rywbeth).

Doedd llawer o'r eneinio ddim yn golygu dim byd arbennig. Roedd olew yn cael ei roi ar ddoluriau i'w gwella, ac yn cael ei rwbio ar y croen a'r gwallt i wneud iddyn nhw sgleinio. Ac am nad oedd pobl yn cymryd bath yn aml yn y dyddiau hynny, roedden nhw'n defnyddio olew pêr i roi gwell arogl arnyn nhw'u hunain.

Ond roedd yna eneinio arbennig a phwysig iawn. Pan oedd Duw yn dewis rhywun i wneud gwaith arbennig, roedd y person hwnnw yn cael ei eneinio. Yn yr Hen Destament, mae tri math o bobl yn cael eu heneinio: brenhinoedd, offeiriaid a phroffwydi.

Roedd offeiriaid yn siarad â Duw ar ran y bobl.

Roedd proffwydi yn siarad â'r bobl ar ran Duw.

Roedd brenhinoedd yn rheoli dros y bobl fel cynrychiolydd Duw.

Roedd llewod yn prowla ym Mhalesteina hyd at 1100.

75

Dafydd a Goliath

1 Samuel

Un diwrnod pan oedd Dafydd wedi mynd yn ôl i ofalu am ddefaid ei dad, roedd y Philistiaid yn poeni'r Israeliaid unwaith eto. Roedd byddin y Philistiaid a byddin Israel yn eistedd gyferbyn â'i gilydd ar ddau fryn, yn barod i ymladd.

Ond doedd ar y Philistiaid ddim eisiau ymladd yn y ffordd arferol. Roedd ganddyn nhw arf cyfrinachol: Goliath. Roedd Goliath dros naw troedfedd o daldra, ac roedd ei wisg arfog yn pwyso 56 kg.

Fe gamodd Goliath allan i'r dyffryn a gweiddi ar yr Israeliaid, 'Hei, chi draw fan'na, gyrrwch rywun i ymladd yn f'erbyn i. Os lladda i o, fe fyddwch chi yn ildio i ni; os lladdith o fi, ni fydd yn ildio i chi!'

Wrth gwrs, roedd Goliath yn gwybod na fedrai neb ei drechu o, ac roedd yr Israeliaid yn mynd yn fwy anesmwyth am fod Goliath yn dal i weiddi arnyn nhw. Ond doedd neb o fyddin yr Israeliaid am ei herio.

Yna fe ddaeth Dafydd am dro i weld ei frodyr oedd yn y fyddin. Fe glywodd Dafydd Goliath ac fe wyddai y byddai'n rhaid iddo wneud rhywbeth. Doedd ar Saul ddim eisiau i Dafydd ymladd yn erbyn Goliath ond fe ddywedodd Dafydd wrtho ei fod wedi lladd eirth a llewod i amddiffyn ei ddefaid. Felly dyma Saul yn gofyn i'w ddynion roi gwisg arfog am Dafydd, ond fedrai Dafydd ddim symud ynddi ac fe benderfynodd fynd yn ei ddillad bob dydd - roedd o'n gwybod bod Duw o'i blaid!

76

Pan welodd Goliath Dafydd roedd o'i go yn lân achos dim ond bachgen oedd Dafydd. Roedd Goliath yn gweiddi ac yn rhegi, ond pan ymosododd o nid rhedeg i ffwrdd wnaeth Dafydd ond rhedeg tuag at Goliath. A phan oedd yn rhedeg fe roddodd garreg yn ei ffon dafl a'i hyrddio at Goliath. Fe suddodd y garreg i dalcen Goliath: yr unig fan ar ei gorff oedd heb ei amddiffyn. Syrthiodd yntau i'r llawr yn anymwybodol. Ac yna fe laddodd Dafydd Goliath â chleddyf y cawr ei hun.

Ar amrantiad roedd y bugail ifanc yn arwr cenedlaethol. Fe wnaeth Saul Dafydd yn swyddog yn ei fyddin, ac roedd Dafydd yn llwyddo bob tro roedd Saul yn ei anfon o a'i filwyr i ymladd. Roedd y bobl yn caru Dafydd - yn wir, fe ddaeth yn fwy poblogaidd na Saul, ac aeth Saul yn genfigennus iawn ohono.

1 Samuel 17:1-58

LWC OWT!

Pwy oedd hwn'na - Goliath neu'r Cawr Mawr Gwyrdd?

Hwnnw neu mae Peter Pan wedi bod yn cymryd llwyth o fitaminiau.

Hei, Sglod. Lle ti'n cael y mewnbwn ar gyfer Goliath.

O, ym...hysbyseb deledu.

Po fwyaf poblogaidd roedd Dafydd, mwyaf cenfigennus a dig roedd Saul. Yn y diwedd roedd pethau mor ddrwg nes bod Saul am ladd Dafydd, ac roedd yn rhaid i Dafydd guddio mewn ogofâu yn anialwch Jwdea.

1 Samuel 18:1-16

Roedd Duw wedi dweud wrth Dafydd y byddai'n frenin, ond dyma fo yn awr, yn cael ei hela fel anifail. Roedd Dafydd yn meddwl yn aml pam roedd yn rhaid iddo ddioddef hyn.

Darllen cyffrous:

- Cyfeillgarwch Dafydd a Jonathan:

1 Samuel 20:1-42

- Dafydd yn gwrthod lladd Saul:

1 Samuel 24:1-22

Mae rhai pobl yn meddwl mai llyfr Job ydy'r llyfr hynaf yn y Beibl. Mae hynny'n golygu y gall Dafydd fod wedi'i ddarllen - ac fe fyddai wedi'i ddeall, am fod Job yn trafod y cwestiwn anodd hwnnw: Pam mae pethau cas yn digwydd i bobl dda? A dyna'r union gwestiwn roedd Dafydd yn ei ofyn.

Fedra i ddim credu i'r genod 'ngwisgo i fel bwni.

Paid â phoeni. Mae gen i gynllun i dalu'r pwyth iddyn nhw. Gwrando...psst psst psst psst.

Do wir, mi gafodd Dafydd amser caled.

Ydach chi'n meddwl mai Duw drefnodd y cwbwl?

Wn i ddim, ond fe ddefnyddiodd y cyfan i neud Dafydd yn gryf.

Job

Roedd Job yn ddyn cyfoethog ac yn caru Duw. Ond yn sydyn, un diwrnod, fe gollodd bopeth - ei gartref, ei blant, ei eiddo ac yn olaf ei iechyd. Fe eisteddodd Job ar ei domen sbwriel, yn cosi ac yn crafu ei ddoluriau. Roedd o'n methu deall pam roedd y fath beth wedi digwydd iddo fo.

(Mae dwy bennod gyntaf llyfr Job yn egluro nad am fod Job wedi gwneud rhywbeth o'i le y digwyddodd y pethau hyn. Ond ddaeth Job ddim i wybod y rhan yna o'r hanes).

Pan glywodd ffrindiau Job - Eliffas, Bildad a Soffar - beth oedd wedi digwydd iddo, fe aethon nhw i'w weld.
Job 1:1-2:13

Y peth cyntaf a ddywedodd Job oedd, 'Trueni i mi gael fy ngeni erioed! Fe fyddai'n dda gen i gael marw!'
Job 3:1-26

Fe ddywedodd ffrindiau Job wrtho fod yn rhaid ei fod wedi gwneud rhywbeth ofnadwy i haeddu hyn. Ond fe wyddai Job doedd hynny ddim yn wir. Po fwyaf roedd Job yn dweud hynny, mwyaf yn y byd roedd ei ffrindiau yn dweud wrtho mai'n *rhaid* ei fod yn wir.
Job 11:14-22

Galwodd Job, 'Oes yna neb all siarad hefo Duw drosta i?' (9:32-33). Roedd o'n pendroni pam roedd Duw yn gadael iddo ddioddef, ac roedd o'n ddig wrth Dduw. Ond wnaeth Job ddim troi cefn ar Dduw o gwbl. Hyd yn oed pan oedd y dioddef ar ei waethaf, roedd yn dal i ymddiried yn Nuw a dweud, 'Mi wn fod fy amddiffynnwr yn fyw!' (19:25). O'r diwedd, fe ddechreuodd Duw siarad â Job. Chafodd Job ddim eglurhad pam roedd yn dioddef - fe welodd fawredd a gogoniant Duw, sy'n fwy nag unrhyw beth all ddigwydd i ni.
Job 38:1-21

Yn y diwedd, fe roddodd Duw ei iechyd yn ôl i Job ac fe ddaeth yn ddyn cyfoethog eto. (Roedd Duw yn ddig iawn wrth ffrindiau Job am eu bod yn cyhuddo Job heb wybod am beth roedden nhw'n sôn).
Job 42:7-17

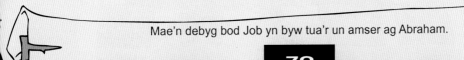
Mae'n debyg bod Job yn byw tua'r un amser ag Abraham.

Y Brenin Dafydd

Fe wnaeth Saul fywyd yn anodd i Dafydd, ond nid am hir. Lladdodd Saul ei hun ar faes y frwydr, ac yn fuan wedyn fe ddaeth Dafydd yn frenin, ar lwythau Jwda a Benjamin i ddechrau, ac yna ar holl Israel. *1 Samuel 31:1-5*

Darllen cyffrous:

● Saul a dewines Endor: **1 Samuel 28:1-25**

Dafydd oedd brenin Israel ond roedd un ddinas yng nghanol ei deyrnas nad oedd o wedi'i threchu eto: Jerwsalem (neu, Jebus, fel roedd hi'n cael ei galw bryd hynny am mai yno roedd y Jebusiaid yn byw).

Yn yr amser hwnnw, bychan iawn oedd y ddinas ond roedd hi'n anodd ei threchu am ei bod wedi'i chodi ar graig oedd yn sefyll allan o ochr bryn, a dyffrynnoedd ar dair ochr iddi.

Fe lwyddodd milwyr Dafydd i fynd i mewn i'r ddinas trwy ddringo i mewn trwy shiafft dŵr oedd yn mynd o'r ddinas i'r dyffryn islaw. Fe wnaeth Dafydd Jebus yn brif ddinas iddo a galwodd hi yn Jerwsalem sy'n golygu 'Dinas Heddwch'.

2 Samuel 5:1-12

Un o'r pethau cyntaf a wnaeth Dafydd ar ôl ennill Jerwsalem oedd dod ag arch y cyfamod yn ôl yno o bentref Ciriath Jearim lle roedd hi wedi cael ei chadw ers i'r Philistiaid ddod â hi'n ôl i Israel.

Fe gododd Dafydd gysgod dros dro i'r arch. Roedd arno eisiau codi teml i Dduw er mwyn i'r arch gael cartref iawn, ond roedd Duw wedi dweud wrth Dafydd na châi godi teml, braint ei fab fyddai hynny. Yr unig beth allai Dafydd ei wneud oedd casglu deunyddiau ar gyfer y gwaith.

Fe fu dathlu mawr, a chanu a dawnsio pan gafodd yr arch ei chludo i Jerwsalem. Roedd Dafydd wedi cyffroi cymaint nes iddo ddawnsio o flaen yr arch. (Roedd gwraig Dafydd dipyn yn 'sych' a doedd hi ddim yn fodlon iddo ddawnsio yn gyhoeddus).

2 Samuel 6:1-23

Darllen cyffrous:

● Addewidion Duw i Dafydd: **2 Samuel 7:11b-16**

O'r gora. Pwy sy wedi gneud llanast ar betha yma?

Mae Jerwsalem tua 3,800 o flynyddoedd oed - hynach o lawer na'r sôn cyntaf sydd amdani yn y Beibl.

Roedd Dafydd yn 37 pan goncrodd ddinas Jerwsalem.

Mae tair o grefyddau mwyaf y byd - Iddewiaeth, Cristnogaeth, ac Islam - yn meddwl am Jerwsalem fel dinas sanctaidd.

Fe gyfansoddodd Dafydd lawer o ganeuon hyfryd. Mae llawer ohonyn nhw'n dal gennym ni yn llyfr y Salmau. Does gennym ni ddim syniad beth oedd yr alawon na sut roedd y Salmau yn cael eu canu. Mae yna gyfarwyddiadau cerddorol ar ddechrau amryw ohonyn nhw, er enghraifft, Salm 53, ond dydyn ni ddim yn gwybod beth mae'r rhan fwyaf ohonyn nhw'n ei olygu. Fe wyddon ni, fodd bynnag, y byddai'r salmau yn swnio'n hyfryd am y bydden nhw'n cael eu canu o'r galon.

...Rhywle mae'n 'i ddewis!

Falla 'i bod yn amser mynd yn ôl at y Beibl. Be wyt ti'n 'i ddeud, Sglod?

Cytuno. Ble rydan ni rŵan, beth bynnag?

Dwi'm yn siwr. Beth am drio cael golygfa o'r awyr?

Y Salmau

Mae canu wedi bod yn rhan bwysig o addoli Duw erioed. Roedd yr Israeliaid wrth eu boddau yn canu, ac roedd ganddyn nhw lyfr emynau gwych: llyfr y Salmau.

Mae yna lawer o wahanol fathau o salmau. Os oedd pobl yn hapus, fe allen nhw ganu emynau o fawl. Os oedden nhw'n sâl, fe allen nhw ddweud eu gofidiau wrth Dduw mewn salm. Os oedden nhw'n teimlo'n euog, fe fedren nhw ddefnyddio salm i gyffesu eu pechodau i Dduw. Ac fe allen nhw ddefnyddio salm hyd yn oed i ddweud wrth Dduw eu bod yn ddig wrtho.

Fe gafodd y Salmau eu cyfansoddi gan amryw o bobl. Er enghraifft, Moses oedd awdur Salm 90. Y Brenin Solomon, mab Dafydd, oedd awdur Salmau 72 a 127. Ond Dafydd oedd awdur mwy na hanner y salmau (76 i fod yn fanwl).

Mae llawer o'r salmau yn weddïau yn ogystal ag yn emynau. Maen nhw'n mynegi pob math o brofiadau, ac yn dweud yn union sut rydych chi'n teimlo.

Er enghraifft,

Os ydych chi, fel yr Israeliaid, am foli Duw, darllenwch Salm 19 neu Salm 103 neu Salm 150

Os ydych chi am ddweud wrth Dduw eich bod yn ymddiried ynddo ac yn ei gariad atoch, darllenwch Salm 37.

Os ydych yn ddiolchgar, darllenwch Salm 100 neu Salm 136.

Os oes arnoch eisiau dweud wrth Dduw bod yn ddrwg gennych chi am rywbeth drwg wnaethoch chi, darllenwch Salm 32 neu Salm 51.

Os ydych yn teimlo'n drist, darllenwch Salm 130 neu Salm 131.

Os mai am feddwl am ddaioni Duw rydych chi, darllenwch Salm 23.

Mae yna salmau sy'n sôn am ddyfodiad Iesu, y Meseia: Salm 2 a Salm 22.

Ac mae yna salmau sy'n sôn am ffyddlondeb Duw yn y gorffennol ac yn dangos y gallwn ni ymddiried ynddo heddiw: Salm 106 a Salm 136.

Pan fyddwch chi'n darllen, yn canu neu yn gweddïo'r Salmau, fe fyddwch yn gwybod bod miliynau o bobl wedi darllen, canu a gweddïo'r union salmau hyn o'ch blaen ers miloedd o flynyddoedd!

Dafydd a Bathseba

2 Samuel

Dafydd oedd y brenin, ond roedd gan Israel lawer o elynion o hyd, pobl fel y Philistiaid, y Moabiaid, yr Edomiaid, a'r Ammoniaid. Blynyddoedd o ymladd a rhyfela oedd blynyddoedd cyntaf teyrnasiad Dafydd.

Roedd Duw wedi addo'r deyrnas i Dafydd, ond pan fydd Duw yn gwneud addewid dydy hynny ddim yn golygu y gallwn ni eistedd yn ôl a disgwyl i bethau ddigwydd.

Fe drechodd Dafydd ei holl elynion trwy gymorth Duw. Roedd ei deyrnas yn awr yn fawr a chryf, a doedd y cenhedloedd o gwmpas Israel ddim hyd yn oed yn meddwl am ymosod ar Dafydd. Roedd Jerwsalem yn wir yn dod yn 'ddinas heddwch'.

Un diwrnod, aeth Dafydd ddim allan i ymladd ar flaen ei fyddin fel arfer. Roedd arweinwyr ei fyddin yn medru wynebu'r rhyfel hebddo, ac fe wydden nhw y byddai'r deyrnas yn chwalu pe câi Dafydd ei ladd mewn brwydr. Felly fe arhosodd Dafydd gartref ac fe aeth ei filwyr allan i ymladd.

Tra oedd y fyddin yn ymladd, roedd Dafydd, un gyda'r nos, yn ymlacio ar do'r palas (to fflat oedd ar bob adeilad bryd hynny) ac fe welodd ferch brydferth iawn islaw. Fe benderfynodd Dafydd y munud hwnnw ei fod am ei phriodi.

Y broblem oedd fod y feerch, Bathseba, yn briod yn barod ag Ureia, un o filwyr Dafydd. Fe setlodd Dafydd y broblem trwy wneud rhywbeth ofnadwy. Fe benderfynodd Dafydd, y brenin roedd Duw yn ei garu ac wedi'i fendithio, (fel y gwelson ni yn y salmau a gyfansoddodd) gael gwared â gŵr Bathseba.

Fe ddywedodd wrth gapten y fyddin am osod Ureia ar flaen y fyddin yn y frwydr nesaf fel y byddai siawns dda y câi ei ladd. A dyna'n union beth ddigwyddodd.

2 Samuel 11:1-17

Mae pedair merch wedi'u cynnwys yn llinach Iesu gan Mathew: Tamar, Rahab, Ruth a Bathseba.

Yn awr fe allai Dafydd briodi Bathseba. Ond fe anfonodd Duw broffwyd o'r enw Nathan at Dafydd. Fe adroddodd Nathan ddameg wrtho am ddyn cyfoethog yn dwyn unig ddafad dyn tlawd oddi arno. Roedd Dafydd yn ddig pan glywodd am y fath dro sâl. Fe ddywedodd Nathan wrtho, 'Ti ydy'r dyn a wnaeth hyn pan gymerest ti Bathseba oddi ar Ureia!'

Mae canlyniadau drwg yn dilyn pob pechod. Wedi iddo bechu hefo Bathseba, fe ddywedodd Duw wrth Dafydd, 'Fydd y cleddyf ddim yn gadael dy dŷ di byth.' Ystyr hyn oedd y byddai cweryla ac ymladd yn nheulu ac yn nheyrnas Dafydd o hyd. Mor wir oedd geiriau Duw!

Fe ddywedodd Dafydd wrth Dduw ei bod hi'n wir, wir ddrwg ganddo. Ac roedd o ddifri. Fe ofynnodd i Dduw faddau iddo, ac fe wnaeth Duw.

2 Samuel 12:1-14
Salm 51 (Gweddi Dafydd am faddeuant)

Sori, giang. Gorlwytho'r RAM. Ydi pawb yn iawn? Dim mwy o fynd ar gefn camel, reit, Crad?

Sglod! Aros di i mi gael gafael arnat ti!

Mae bwa a saeth ymhlith yr arfau cyntaf y gwyddon ni amdanyn nhw. Gyda bwa da fe fedrid saethu saeth am 400 llath. (Hyd pedwar cae pêl-droed heb y ddau ben).

85

Dafydd ac Absalom

2 Samuel

Beth oedd y peth annisgwyl a wnaeth Absalom i ennill calonnau'r bobl? Edrychwch ar 2 Samuel 15:5-6

Fe ddaeth rhybudd Duw y byddai ymladd yn nheulu Dafydd yn wir yn fuan iawn. Roedd gan Dafydd lawer o feibion (roedd ganddo amryw o wragedd hefyd yn ôl arfer y dyddiau hynny). Un o'i feibion oedd Absalom, a benderfynodd fod arno eisiau bod yn frenin. Fe wnaeth Absalom ei orau glas i gael gwared â'i dad. Roedd hi'n torri calon Dafydd i weld ei fab, un roedd yn ei garu gymaint, yn ceisio ymladd yn ei erbyn.

Fe gollodd byddin Absalom y frwydr yn erbyn byddin Dafydd, ac fe fu'n rhaid i Absalom ffoi am ei fywyd. Fe geisiodd ffoi ar gefn mul (croesiad rhwng asyn a cheffyl). Fe redodd y mul o dan goeden, ond fe anghofiodd Absalom wyro wrth fynd o dani. Cydiodd ei wallt hir yng nghangau'r goeden, ac yno roedd Absalom yn hongian gerfydd ei wallt a'r mul yn mynd yn ei flaen. A dyna sut y gwelodd pennaeth byddin Dafydd o ac fe'i lladdodd yn y fan a'r lle.

Grêt! Rŵan dwi'n edrach fel Barbie doll!

Rhaid bod yna nam yn sistem chwyddo'r rhaglen animeiddio.

Drychwch ar faint y boi 'na!

86

Lle rydan ni?

Model o deml Solomon, mae'n rhaid.

Pan glywodd Dafydd beth oedd wedi digwydd i Absalom fe wylodd a galaru am amser hir. Ar waethaf yr holl bethau cas roedd Absalom wedi'u gwneud iddo, roedd Dafydd yn dal i garu ei fab.

2 Samuel 18:5-17; 19:4

Roedd Dafydd yn gwybod bod yna aml un fyddai'n hoffi bod yn frenin ar ei ôl. Felly, pan oedd yn mynd yn hen, fe wnaeth yn siwr bod pawb yn gwybod mai Solomon, ei fab o a Bathseba, fyddai'r brenin ar ei ôl. Fe ofynnodd Dafydd i arweinwyr Israel wneud yn siwr y byddai'r deyrnas yn para yn un ar ôl ei farwolaeth o trwy fod yn barod i helpu Solomon.

Fe ddangosodd Dafydd y cynlluniau ar gyfer y deml hefyd, y deml fyddai Solomon yn ei chodi yn Jerwsalem, ac fe ddywedodd wrthyn nhw am yr holl ddeunyddiau roedd wedi'u casglu ar gyfer y gwaith. Fe ofynnodd Dafydd hefyd i'r arweinwyr gyfrannu arian ar gyfer y deml newydd, ac fe wnaethon nhw'n llawen.

Pan fu farw Dafydd, a ddaeth yn arwr trwy ladd Goliath pan oedd yn fugail ifanc, roedd yn frenin dros deyrnas gref - ond yn bwysicach na hynny, fe fu farw yn caru Duw ar waethaf yr holl bechodau a gyflawnodd yn ystod ei fywyd.

Fe gododd Solomon ei deml ar yr union fan lle bu bron i Abraham aberthu'i fab, Isaac.

Solomon
1 Brenhinoedd

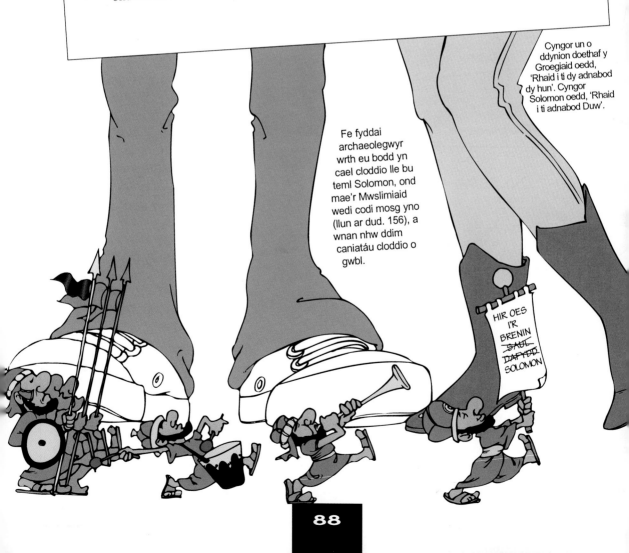

Falla ca i fy newis i'r tîm pêl-fasged rŵan!

Sglod, pam na fyddet ti wedi medru gneud hyn pan gwrddon ni â'r Cawr Mawr Gwyrdd?

Fe ddaeth Solomon yn frenin. Roedd yn ddyn doeth - mor ddoeth nes ei fod yn gwybod ei bod yn hawdd iawn gwneud camgymeriadau a gwneud pethau ffôl. Felly pan ddywedodd Duw wrth Solomon y câi unrhyw beth roedd arno ei eisiau ganddo, nid am arian na phŵer y gofynnodd Solomon, ond am ddoethineb. Ac fe roddodd Duw ddoethineb mawr iddo.

1 Brenhinoedd 3:1-28

Er enghraifft, fe ddaeth dwy wraig at Solomon. Roedd baban gan y ddwy, ond roedd un baban wedi marw, ac yn awr roedd y ddwy wraig yn hawlio'r baban arall. Roedd y ddwy yn dweud yr un peth: 'Fi piau'r baban!' Fe gynigiodd Solomon ateb hawdd: fe ddwedodd, 'Rhannwch y baban byw yn ddau, a rhowch hanner i'r naill a hanner i'r llall.' Roedd un o'r gwragedd yn meddwl bod hyn yn syniad da, ond meddai'r fam iawn oedd yn caru ei baban, 'Rhowch y plentyn byw iddi hi, a pheidiwch â'i ladd ar un cyfrif.' Felly roedd Solomon yn gwybod pwy oedd y fam iawn.

1 Brenhinoedd 3: 16-27

Cyngor un o ddynion doethaf y Groegiaid oedd, 'Rhaid i ti dy adnabod dy hun'. Cyngor Solomon oedd, 'Rhaid i ti adnabod Duw'.

Fe fyddai archaeolegwyr wrth eu bodd yn cael cloddio lle bu teml Solomon, ond mae'r Mwslimiaid wedi codi mosg yno (llun ar dud. 156), a wnan nhw ddim caniatáu cloddio o gwbl.

HIR OES I'R BRENIN ~~SAUL~~ ~~DAFYDD~~ SOLOMON

Gadwch i mi addasu'r chwyddo a mi awn ni ar blits. Barod, chi sy'n lecio bostio?

Jest galwch fi yn Fynydd Beca, uchder 1,600 o fetrau. Petai gen i ddandryff, mi fyddwn yn llethr sgïo!

Rwyt ti ben ac ysgwyddau'n uwch na'r lleill yn siwr.

Dyma'r cyfan sydd ar ôl o gedrwydd Lebanon. Fydden nhw ddim yn gwneud coed Nadolig da. Roedd y cedrwydd a ddefnyddiwyd i godi teml Solomon yn fwy o lawer, yn debycach i goed cochion yr Amerig.

Roedd Solomon wedi gofyn am ddoethineb yn hytrach nag arian. Fe roddodd Duw ddoethineb iddo, ond fe ddaeth Solomon yn gyfoethog iawn hefyd. Fe ddefnyddiodd ei ddoethineb i wneud yn dda ym myd busnes - yn prynu, yn gwerthu ac yn masnachu.

Y peth pwysicaf wnaeth Solomon oedd codi'r deml. Roedd Dafydd wedi gwneud y cynlluniau, ond Solomon a'i cododd, neu i fod yn fanwl, fe alwodd 30,000 o ddynion o Israel gyfan i wneud y gwaith.

Fe gytunodd brenin Tyrus yn Lebanon, i'r gogledd o Israel, i werthu iddo'r holl goed cedrwydd a ffynidwydd roedd arno'u hangen i godi'r deml ac adeiladau eraill. Yn amser Solomon roedd cedrwydd Lebanon yn enwog. Roedden nhw'n dal, yn syth ac yn hardd. Ers hynny, mae'r coed i gyd bron wedi'u torri, ac mae'r wlad yn edrych yn wahanol iawn.

Fe gymerodd hi saith mlynedd i godi'r deml, ond roedd hi'n sicr yn werth yr ymdrech. Roedd yn adeilad hardd a fu'n sefyll am bron i 500 mlynedd. Dyma dŷ Dduw lle roedd yr Israeliaid yn addoli Duw oedd wedi'u gwaredu o'r Aifft ac wedi rhoi gwlad iddyn nhw i fyw ynddi. Yn y deml, yn y Cysegr Sancteiddiaf, roedd arch y cyfamod, a'r ddwy garreg yr ysgrifennodd Duw y Deg Gorchymyn arnyn nhw.

1 Brenhinoedd 5:1-6:38

Diarhebion

Roedd Solomon, fel ei dad Dafydd, yn awdur. Fe gyfansoddodd Salmau (Salm 72 a Salm 127), ac fe ysgrifennodd lawer o ddiarhebion.

Gosodiad byr yn cynnwys gwirionedd am fywyd ydy dihareb. Er enghraifft, mae 'Nid aur popeth melyn' a 'Cyntaf i'r felin gaiff falu' yn hen ddiarhebion Cymraeg. Fe fedrech chi ddweud bod dihareb yn cynnwys pregeth gyfan mewn un frawddeg.

Y Brenin Solomon ydy awdur y rhan fwyaf o'r diarhebion sydd yn llyfr y Diarhebion, ond ymhen rhyw 250 o flynyddoedd ar ôl ei amser o y cawson nhw'u casglu yn llyfr gan y Brenin Heseceia, un o ddisgynyddion y Brenin Solomon.

Mae llyfr y Diarhebion yn llyfr ymarferol iawn. Mae'n sôn am bethau sy'n perthyn i fywyd bob dydd: gwaith, onestrwydd, byw hefo'ch cymdogion (sy'n cynnwys brodyr a chwiorydd!), peidio â bod yn falch, bod yn fab neu ferch dda, bod yn rhiant da, a llawer o bethau eraill.

Mae llyfr y Diarhebion y math o lyfr y byddwch yn ei ddarllen fesul tipyn ac wedyn yn meddwl am beth mae'n ei ddweud a beth fyddai'n digwydd pe baech yn gwneud (neu'n peidio â gwneud) beth mae'n ei ddweud wrthych chi.

90

SYRCAS BYWYD

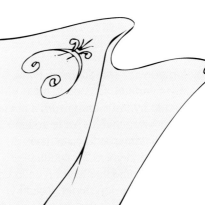

Mae sôn am gŵn bedwar deg un o weithiau yn y Beibl, ond does dim sôn am gathod o gwbl.

O geiniog i geiniog yr â'r arian yn bunt.

Hei, dydi hon'na ddim yn Diarhebion!

Hen ddihareb Gymraeg ydi hon'na.

Dyma ychydig o'r llaweroedd o bethau mae llyfr y Diarhebion yn eu dweud:

Rydych yn ddoeth os ydych
yn gwrando ar eraill (12:15)
yn caru'r sawl sy'n dweud wrthych chi pan ydych chi'n gwneud rhywbeth o'i le (9:7-8)
yn cynilo at y dyfodol (21:20)
yn gwneud eich rhieni yn hapus (29:3)

Rydych yn ffôl os ydych
yn gwastraffu eich amser (12:11)
yn gwrthod gwrando ar eraill (10:8)
yn dweud pethau sâl am eraill (10:18)
yn gwrthod gwrando ar gyngor eich rhieni (15:5)

Rydych yn ffrind da os ydych
bob amser yn ffyddlon (17:17)
byth yn troi cefn ar eich ffrindiau (27:10)
yn maddau camgymeriadau (17:9)

Rydych yn ddiog os ydych
yn cysgu'n hwyr (6:9)
yn gwneud esgusodion drosoch eich hun o hyd (22:13)
yn hoffi derbyn yn fwy na rhoi (21:25-26)

Rydych yn llwyddiannus os ydych
yn ymddiried yn Nuw (28:25)
yn ufuddhau i Air Duw (13:13)
yn gweithio'n galed (12:24)
yn cyfaddef eich camgymeriadau ac yn osgoi eu hailadrodd (28:13)

Cyfoeth Solomon

Roedd Solomon wrth ei fodd yn adeiladu. Nid y deml yn unig a gododd, fe gododd balas iddo'i hun (ac fe gymerodd hynny 30 mlynedd) a phalas i ferch Pharo, ei wraig, hefyd. Ac fe gododd a thrwsio llawer o ddinasoedd yn ei deyrnas.

Caethweision oedd yn codi'r adeiladau i Solomon: pobl o genhedloedd eraill oedd yn byw yn Israel neu garcharorion rhyfel. Roedd yr Israeliaid wedi bod yn gaethweision unwaith ac wedi bod yn codi dinasoedd i frenin yr Aifft; yn awr roedd brenin yr Israeliaid yn defnyddio pobl o genhedloedd eraill i godi dinasoedd.

I roi rhyw syniad i chi faint o bobl oedd yn byw ac yn gweithio ym mhalas Solomon, dyma beth roedd y bobl yn y llys yn ei fwyta bob dydd: 560 basged o flawd a pheilliad, 30 o wartheg, 100 o ddefaid a geifr, a llaweroedd o geirw, ewigod ac adar.

1 Brenhinoedd 4:20-28

Dydy hwn ddim yn edrych ddim byd yn debyg i balas Solomon, brawd bach Crad wnaeth hwn ac fe addawon ni ei roi yn ein hadroddiad.

Does dim yn well i ddyn na bwyta ac yfed a chael mwynhad o'i waith. (Pregethwr 2:24)

Dan deyrnasiad y Brenin Solomon roedd Israel yn wlad lwyddiannus a heddychlon. Fe ddaeth Solomon yn enwog iawn, mor enwog nes bod pobl o wledydd pell wedi clywed amdano. Un o'r bobl hynny oedd Brenhines Seba. Fe benderfynodd hi yr hoffai ymweld â Solomon i gael sgwrs.

Nid trip bach i lenwi prynhawn pan oedd hi heb unrhyw beth gwell i'w wneud oedd hwn. Roedd hi'n byw rywle yn ne Arabia, mae'n debyg, ryw 1,200 o filltiroedd o Jerwsalem. Roedd y daith ar gefn camel drwy'r anialwch poeth yn un hir iawn a pheryglus oherwydd y lladron fyddai'n barod i fanteisio ar y cyfle i ddwyn y trysorau roedd y frenhines yn eu cario'n anrhegion i Solomon.

Ymhlith y trysorau hynny roedd sbeisys. I ni mae'n beth od iawn rhoi sinamon neu nytmeg i frenin, ond yn y dyddiau hynny dim ond y bobl gyfoethog iawn oedd yn medru eu fforddio, ac roedd brenhines Seba wedi dod â mwy o sbeisys i Solomon nag oedd wedi cael eu cludo i Israel erioed o'r blaen nac a gâi eu cludo yno hyd yr oes fodern. Roedd hon yn rhodd frenhinol go iawn!

1 Brenhinoedd 10:1-13

Roedd teyrnas Seba yn masnachu'n rhyngwladol: roedd hi'n dod â nwyddau gwerthfawr o India ac Affrica ar draws yr anialwch i Gasa a Damascus.

Pa mor gyfoethog oedd Solomon?

I gael rhyw syniad o gyfoeth Solomon, darllenwch 1 Brenhinoedd 10:14-29. Fe welwch chi mai un o'r pethau a gafodd oedd aur - 666 o dalentau ohono bob blwyddyn. Mae hyn tua 22,700 kg o aur. Heddiw fe fyddai hynny'n ddigon i brynu wyth pizza mawr i bob dyn, dynes a phlentyn yng Nghymru - ac wedyn fe fyddai digon ar ôl i roi cildwrn mawr i'r gyrrwr fyddai wedi blino'n lân yn eu cario o dŷ i dŷ.

Waw! Welsoch chi gymaint o bres yn eich byw?

Gwylia hi, Bob. Cofia: 'Does dim digon o arian i'w gael i rywun sy'n caru arian'. (Pregethwr 5:10)

Blasus! Pryfed marw! (Pregethwr 10:1)

Un o'r pethau na fedrai fethu gwneud argraff ar Frenhines Seba oedd ceffylau a cherbydau rhyfel Solomon. Roedd ganddo gymaint - 12,000 o geffylau a 4,000 o gerbydau rhyfel - nes ei fod wedi codi dinasoedd arbennig ar hyd a lled y wlad i'w cadw, a medrai eu hanfon yn gyflym i amddiffyn y wlad rhag ymosodiad.

Ond fe all y person doethaf wneud camgymeriadau - ac fe wnaeth Solomon un MAWR. Fe ddechreuodd pan briododd â merch brenin yr Aifft, er bod Duw wedi dweud nad oedd yr Israeliaid i briodi neb y tu allan i'w cenedl eu hunain.

Roedd gan Solomon lawer iawn, iawn o wragedd - tua 700 i gyd. Nid Israeliaid oedd llawer ohonyn nhw, ac roedden nhw wedi dod â duwiau o'u gwledydd eu hunain hefo nhw ac roedden nhw'n addoli'r duwiau hynny. Ond y peth gwirioneddol drist oedd i Solomon ei hun, pan oedd yn hen, ddechrau addoli rhai o'r duwiau hyn ac fe adeiladodd leoedd arbennig ar gyfer hynny.

Fe drodd y dyn ifanc oedd wedi gofyn i Dduw am ddoethineb yn hen ŵr a wnaeth y camgymeriad mwyaf: fe drodd oddi wrth Dduw oedd wedi rhoi popeth iddo. Ac roedd Duw yn ddig. Fe ddywedodd wrth Solomon y byddai'r deyrnas, ar ôl ei amser o, yn cael ei chymryd oddi ar ei deulu.

1 Brenhinoedd 11:1-14

Roedd Solomon wedi cael popeth; roedd wedi gwneud popeth. Ond fe ddysgodd fod y cyfan, heb Dduw, yn ddiystyr ac yn wastraff amser. Tua diwedd ei oes fe ysgrifennodd Solomon lyfr trist yn dweud mor ddi-ystyr roedd bywyd wedi mynd: llyfr y Pregethwr.

Roedd Megido yn un o'r dinasoedd a gododd Solomon i'w 12,000 o geffylau. Yn y cefndir fe welwch y 'tell' sydd heb ei gloddio eto (t 35)

Wyddost ti, Sglod, wn i ddim pam ond dwi'n dal isio bwyd.

Wrth gwrs. Dim ond gram gwag, 'hollow' gram, ydi o!

Fe fu llawer o frwydrau yn Megido; mae llyfr y Datguddiad yn proffwydo mai yn Har Megido ('Mynydd Megido') y caiff y frwydr olaf rhwng da a drwg ei hymladd. Yr enw Groeg arni ydi Armagedon.

Pregethwr

Mae Solomon (sy'n ei alw ei hun yn Bregethwr) yn dechrau trwy ddweud, 'Gwagedd llwyr... gwagedd llwyr yw'r cyfan.' A dydy o fawr mwy siriol yng ngweddill y llyfr.

Pregethwr 1:1-14; 3:1-8

Pam mae'r llyfr hynod hwn yn y Beibl o gwbl? Ydych chi erioed wedi teimlo yn wag y tu mewn ac yn isel am nad oedd pethau'n gwneud synnwyr i chi? Mae llyfr y Pregethwr yn dweud yn union sut mae rhai oedolion a phlant yn teimlo ar brydiau: Beth ydy'r iws? Pam cynhyrfu ynglŷn â rhywbeth os na fydd yn gwneud unrhyw wahaniaeth yn y tymor hir beth bynnag? Er enghraifft, erbyn y byddwn ni wedi tyfu i fyny, fe fydd y ddaear wedi'i difetha beth bynnag.

Fe roddodd Duw lyfr y Pregethwr i ni i adael i ni wybod nad ni ydy'r unig rai i deimlo fel'na, a phan mae popeth fel pe bai yn ddi-ystyr dydy o ddim felly mewn gwirionedd - mae Duw yn dal wrth y llyw! Yn hwyr neu'n hwyrach fe fyddwn i gyd yn sylweddoli dydy

gwybod llawer
astudio'n galed
cael amser da
gweithio'n galed
gwneud pentwr o arian
ceisio bod y gorau am wneud rhywbeth

- yr un ohonyn nhw'n ein gwneud yn hapus am byth. Yn y pen draw does dim ystyr iddyn nhw.

Ond yn y diwedd, mae'r Brenin Solomon yn dweud bod yna ddau beth gwir bwysig mewn bywyd: ofni Duw (nid 'ofni' Duw ydy ystyr hyn ond ymddiried ynddo a'i garu gyda pharch ac arswyd) a chadw ei orchmynion (Pregethwr 12:13)

Pregethwr 12:1, 9-14

Hei, Crad, mae Solomon yn deud: 'Mae holl ymdrech dyn ar gyfer ei enau, ond dydi ei chwant byth yn cael ei fodloni.' (Pregethwr 6:7)

Reit o, dyna ddigon o ddoethinebu am un diwrnod.

Fedra i ddim credu 'mod i wedi byta'r cwbwl i gyd!

Dim ond un o'r 1,005 o ganeuon a gyfansoddodd Solomon yn ystod ei fywyd ydi Cân y Caniadau (sy'n golygu'r 'gân orau erioed') (1 Brenhinoedd 4:32).

Caniad Solomon

Fe ysgrifennodd Solomon lyfr arall eto, un sy'n wahanol iawn i'r Pregethwr. Cân serch hyfryd, a gyfansoddodd, mae'n fwy na thebyg, pan oedd yn frenin ifanc, ydy Cân y Caniadau. Y teitl ar y llyfr yn y Beibl Cymraeg Newydd ydi Caniad Solomon.

Rydyn ni'n defnyddio'r gair 'hoffi' yn aml. 'Rydw i'n hoffi mam a dad'; 'Rydw i'n hoffi fy chwaer (weithiau)'; 'Rydw i'n hoffi fy nghi'; 'Rydw i'n hoffi gwyliau'; 'Rydw i'n hoffi pizza'. Mae'r gair *hoffi* yn golygu rhywbeth ychydig yn wahanol ymhob un o'r brawddegu hyn (onibai am hynny fe fyddech chi'n cofleidio'ch pizza ac yn bwyta'ch ci).

Ond mae yna fath arall arbennig o hoffi neu garu - y cariad sydd gan ddyn a dynes at ei gilydd a hwnnw'n arwain at briodi. Dydy Caniad Solomon ddim hyd yn oed yn sôn am Dduw. Mae'r llyfr yn y Beibl am fod ar Dduw eisiau dweud wrthyn ni fod y cariad sydd rhwng dyn a dynes yn rhywbeth hardd iawn. Mae gan Dduw ddiddordeb, nid mewn pethau 'ysbrydol' yn unig ond ymhob peth sy'n bwysig ym mywydau pobl.

Pan mae pobl mewn cariad maen nhw'n dweud pethau wrth ei gilydd sy'n swnio'n hurt i bobl eraill. Gwrandewch ar beth sydd gan Solomon i'w ddweud wrth ei gariad: 'y mae dy lygaid fel llygaid colomen a'th wallt fel diadell o eifr' (Caniad Solomon 4:1). Yr hyn sy'n rhyfeddol ydy ei bod hi wrth ei bodd hefo geiriau Solomon am ei bod hi'n gwybod bod Solomon yn dweud wrthi ei fod yn ei charu.

Mae Duw yn ein caru ni yn fwy nag roedd Solomon yn caru ei gariad. Mae pobl nad ydyn nhw'n caru Duw yn meddwl yn aml fod y Beibl yn llyfr od iawn ac mai peth hurt ydy ei ddarllen. Ond pan ydych chi'n gwybod bod Duw yn eich caru, mae darllen y Beibl yn gwneud synnwyr am ei fod yn dweud wrthych chi am gymaint o ffyrdd mae Duw yn eich caru.

Caniad Solomon 2:1-17

Pwy sy 'na? Mr a Mrs Frank N. Stein?

Hei, Sglod, be nesa? Ydi'r chwyddo dan reolaeth gen ti? Be am Tecs? Pam mae o'n dal i ddŵad yn ôl? Fedri di ddim cael ei wared o? Be am adael i mi roi cynnig arni?

Ym... wel...

Pan fu Solomon farw, roedd wedi bod yn frenin am ddeugain mlynedd. Roedden nhw wedi bod yn flynyddoedd da. Ond dyna'r blynyddoedd olaf o heddwch a llwyddiant a welodd y wlad.

Yn ôl un hen ddywediad Iddewig, fe ddylai pobl ddarllen Caniad Solomon nes eu bod yn dri deg oed. (Dyna i chi raddfa PG30!)

Rhannu'r Deyrnas

Ar ôl marwolaeth Solomon, fe ddaeth ei fab Rehoboam yn frenin. Fe etifeddodd deyrnas ei dad, ond etifeddodd o mo'i ddoethineb o.

Roedd rhaglen adeiladu Solomon wedi costio llawer iawn, ac yn ystod blynyddoedd olaf ei deyrnasiad roedd pobl Israel wedi gorfod talu trethi trymion. Cyn gynted ag y daeth Rehoboam yn frenin fe bledion nhw arno i godi llai o drethi arnyn nhw.

Fe aeth Rehoboam at yr hen ddynion, oedd wedi arfer rhoi cyngor i'w dad yn y gorffennol, a gofyn beth ddylai ei wneud. Fe ddywedon nhw wrtho y dylai ganiatáu dymuniad y bobl a gostwng y trethi.

Ond fe ddywedodd ffrindiau Rehoboam, oedd yn dal yn ddynion ifanc, y dylai ofyn am ragor o arian gan y bobl, ac fe wrandawodd Rehoboam ar ei ffrindiau.

Pan ddywedodd wrth y bobl y byddai'n rhaid iddyn nhw dalu mwy o drethi, fe benderfynodd y deg llwyth oedd yn byw yng ngogledd Israel eu bod wedi cael digon. Fe ffurfion nhw eu teyrnas eu hunain, a dewis Jeroboam i fod yn frenin arni.

Roedd rhybudd Duw i Solomon wedi dod yn wir: yn awr roedd teyrnas wych Dafydd a Solomon wedi'i rhannu'n ddwy deyrnas lai a gwannach. Enw teyrnas y gogledd oedd Israel. Dau lwyth yn unig, Jwda a Benjamim, oedd ar ôl yn nheyrnas y de a'r enw arni oedd Jwda.

Roedd Duw wedi dweud wrth Dafydd y byddai ei dŷ yn ymladd yn ei erbyn ei hun, ac fe ddaeth hynny'n wir: roedd y ddwy deyrnas yn aml yn ymladd yn erbyn ei gilydd.

Yn yr hen gymunedau, y brenin newydd, fel arfer, oedd mab hynaf y brenin cynt.

Môr y Canoldir

Gadael Jwda, Teyrnas y De. Fe ddowch chi'n ôl!

Croeso i Israel, Teyrnas y Gogledd

Reuben
Simeon
Issachar
Sabulon
Gad
Aser
Dan
Nafftali
Effraim
Manasse

Benjamin
Jwda

Y Môr Marw

Bethel ●

Jerwsalem ●

Reit 'ta, Bob, os medri di neud yn well, 'mlaen â ti.

Mae hanes y ddwy deyrnas yn hanes trist, hanes pobl yn troi cefn ar Dduw ac yn gwneud pethau roedd Duw wedi'u gwahardd. Mae'n hanes rhyfel a phechod a drygioni.

Ym Mynydd Sinai roedd Duw wedi dweud wrth yr Israeliaid y bydden nhw'n byw yn y wlad tra bydden nhw'n ufuddhau i'w orchmynion. Ond pe bydden nhw'n anufudd iddo, fe gâi'r wlad ei choncro gan eu gelynion ac fe fydden nhw'n cael eu symud oddi yno. A dyna ddigwyddodd flynyddoedd yn ddiweddarach.

I ddechrau fe gawn ni weld beth ddigwyddodd i deyrnas y gogledd, Israel, nes iddi ddod i ben ymhen tua 200 mlynedd, ac yna fe gawn ni edrych ar hanes teyrnas y de, Jwda, a barhaodd am ychydig dros 300 mlynedd.

1 Brenhinoedd 11:41-12:33

Sichem

Pa frenin yn Israel fu'n teyrnasu am leiaf o amser? Darllenwch 1 Brenhinoedd 16:15

Wa-gwyliwch! Paid â chynhyrfu cymaint, Sglod. Doeddwn i ddim yn bwriadu gneud i ti deimlo'n ddrwg.

Da iawn - falla hefo Bob wrth y llyw awn ni ddim i gymaint o helynt!

Be sy'n mynd 'mlaen? Be sy'n bod ar Sglod?

Tyrd yn dy flaen, Crad. Dim ond wedi pwdu mae Sglod. Mi fydd o'n iawn.

Israel (Teyrnas y Gogledd)

1 Brenhinoedd

Roedd Jerwsalem a'r deml yn nheyrnas y de. Pan benderfynodd y deg llwyth ffurfio'u teyrnas eu hunain, roedden nhw'n eu gwahanu eu hunain oddi wrth y deml lle roedden nhw i fod i fynd i addoli Duw.

Roedd Jeroboam, brenin cyntaf teyrnas y gogledd, yn ofni y byddai ar y bobl eisiau dal i fynd i Jerwsalem i addoli yn y deml, felly fe ddechreuodd adeiladu allorau yn nheyrnas y gogledd ar unwaith, nid i Dduw ond i eilunod. Fe orchmynnodd i lo aur gael ei wneud ar gyfer pob allor, fel y gallai ei bobl addoli gartref - doedd o ddim yn poeni eu bod yn addoli eilunod yn lle Duw.

1 Brenhinoedd 12:25-33

Dowch i ni weld fedrwn ni hedfan drwy'r rhaglen 'ma.

Iawn. Fe bwysa i 'hedfan'.

Lle mae Sglod?

O, mi fydd yn ei ôl.

Yn amser y Beibl, y ffordd orau o wneud yn siwr o heddwch rhwng dwy wlad oedd i frenin un wlad briodi â merch brenin y llall neu i fab un brenin briodi â merch y llall.

PRYFED YDAN NI!

Delw o lo aur o gyfnod teyrnas y gogledd ydy hwn. Mae'n ddigon ciwt, ond pam byddai neb am ei addoli?

Does arna i mo'u hangen.

Rhaid bod Beti wedi gneud llanast ar y rhaglen wrth fynnu newid ein dillad ni o hyd. Rŵan mae hyd yn oed y cyfrifiadur wedi drysu.

Be ddigwyddodd?

BLITS!

Gwaith gwych, genod. Rŵan, be 'nawn ni?

Yn ystod y trigain mlynedd cyntaf ar ôl marwolaeth y Brenin Solomon, fe fu saith brenin yn rheoli dros deyrnas y gogledd. Fe gafodd dau ohonyn nhw eu diorseddu, ac fe laddodd un ohonyn nhw, Zimri, ei hun ar ôl saith diwrnod yn frenin trwy osod y palas ar dân.

Fe gododd y seithfed brenin, Omri, ddinas Samaria a'i gwneud yn brif ddinas teyrnas y gogledd.

Ahab oedd yr wythfed brenin. Roedd o'n waeth na'r un o'r saith arall fu o'i flaen. Fe anwybyddodd gyfraith Duw yn llwyr a phriododd ferch estron o'r enw Jesebel, oedd yn waeth nag Ahab ei hun. *1 Brenhinoedd 16:29-33*

Fe berswadiodd Jesebel Ahab i wneud Baal, duw y Canaaneaid, yn dduw swyddogol teyrnas y gogledd.

Roedd y Canaaneaid yn credu bod Baal yn dduw creulon yn hawlio aberthau dynol. Cyn i furiau dinas gael eu codi, er enghraifft, roedd plentyn yn cael ei ladd a'i osod yn sylfeini'r muriau, ac roedd plentyn arall yn cael ei ladd a'i osod yn sylfeini'r giatiau.

Ond fe anfonodd Duw ddyn i siarad yn erbyn Ahab: Elias y proffwyd.

Darllen cyffrous:
- Gwinllan Naboth: **1 Brenhinoedd 21:1-29**

TÎM S.W.A.D.E.N.

Yr Enwau Ar Israel

Mae nifer o enwau wedi bod ar y wlad lle mae'r Israeliaid wedi byw dros y canrifoedd, ac fe all hynny fod yn ddryslyd. Yr enw ar y wlad gyfan ar y dechrau oedd *Canaan* neu *Wlad yr Addewid*. Wedi i'r Israeliaid goncro Canaan yr enw ar y wlad gyfan oedd *Israel*.

Ond ar ôl marwolaeth y Brenin Solomon, roedd *Israel* yn cyfeirio at y deg llwyth yn y gogledd (yr enw ar y rhan ddeheuol oedd *Jwda*).

Enwau eraill ar y wlad gyfan ydy *Palesteina* a *Y Wlad Sanctaidd*.

Help! SGLOD!

Brysia! Mae'r gelyn ar ein gwartha ni!

Ble mae'r llythyren B?

Aw!

Y Proffwyd Elias

1 Brenhinoedd

Fe ddaeth Elias at y Brenin Ahab a dweud wrtho na fyddai hi'n bwrw glaw am rai blynyddoedd. Roedd pobl ac anifeiliaid yn dioddef newyn am nad oedd dim yn tyfu. Ond fe ofalodd Duw am Elias: fe ddaeth cigfrain â bwyd iddo, ac fe gafodd ddŵr i'w yfed o nant oedd yn dal i lifo.

Pan sychodd y nant, fe anfonodd Duw Elias at wraig weddw oedd heb fwyd ar wahân i ychydig o flawd ac olew - ond roedd y blawd a'r olew yn para a phara, tra oedd ei angen.   *1 Brenhinoedd 17:1-24*

Wedi rhai blynyddoedd o sychder, fe ddaeth hi'n amser penderfynu rhwng Duw a Baal.

Roedd dwy allor ar Fynydd Carmel: hen allor i Dduw, ac allor wedi'i chodi gan Ahab i Baal. Ar un ochr fe safai 450 o broffwydi Baal, ac ar y llall Elias, ar ei ben ei hun bach.

Fe ddaethon nhw â dau darw yno, ac fe ddywedodd Elias, 'Galwch chi ar eich duw chi, ac fe alwaf innau ar fy Nuw i, a'r un fydd yn ateb trwy anfon tân o'r nefoedd, hwnnw ydy Duw!'

Felly fe gymerodd proffwydi Baal un o'r teirw, ei dorri'n ddarnau, a'i roi ar allor Baal. Fe ddechreuon nhw weddïo a galw allan, 'O Baal, ateb ni!' Fe aeth hyn ymlaen o'r bore hyd ganol dydd. Yna fe ddechreuodd Elias wneud hwyl am ben offeiriaid Baal: 'Gwaeddwch yn uwch! Efallai bod Baal yn cysgu neu wedi mynd am dro.' Fe waeddodd proffwydi Baal yn uwch a dechrau eu torri eu hunain â chleddyfau a gwaywffyn nes eu bod yn waed i gyd - roedden nhw'n meddwl bod Baal yn hoffi arogl gwaed.

Beth ydy proffwyd?

Person wedi'i anfon gan Dduw ac yn cario neges arbennig ydy proffwyd. Fe anfonodd Duw broffwydi at frenhinoedd Israel a Jwda a'r bobl i ddweud wrthyn nhw am droi yn ôl at Dduw ac ufuddhau iddo eto.

Roedd y proffwydi hefyd yn medru dweud beth fyddai'n digwydd pe bai'r brenhinoedd a'r bobl yn gwrthod troi yn ôl at Dduw; felly roedd y proffwydi yn proffwydo am y dyfodol.

Ond hyd yn oed pan oedd y proffwydi yn dweud bod barn Duw ar ddod, roedden nhw hefyd yn sôn am gariad Duw a sut y byddai'n dod â'r bobl yn ôl ato fo yn y diwedd.

Fe fyddai'r proffwydi yn aml yn dechrau eu neges â'r geiriau: 'Fel hyn y dywed yr Arglwydd.' Rydyn ni'n gwybod hyn oddi wrth yr un deg saith o lyfrau yn yr Hen Destament a gafodd eu hysgrifennu gan broffwydi.

Wrth gloddio yn Samaria fe ddaeth archaeolegwyr o hyd i balas Ahab - adeilad anhygoel o hardd a phob math o addurniadau ifori ynddo.

Mae'n well i ti heb dy ffrindia, boi. Doedden nhw ddim yn gweld dy werth di, beth bynnag. Dyma chdi, sglodion i ti. Ddeudes i 'rioed wrthat ti am...

Trio rhoi swaden i ni, ie? Wel, cymer hon!

Bob, pa fotymau wnest ti'u pwyso, beth bynnag?

Wn i ddim! Ond mi rydan ni'n mynd yn fwy, beth bynnag!

Ddigwyddodd dim byd. Yn y diwedd, fe gododd Elias ar ei draed a chodi allor â deuddeg carreg (un ar gyfer pob llwyth) a chloddio ffos fechan o'i chwmpas. Rhoddodd y coed ar yr allor, torri'r tarw arall a rhoi'r darnau ar yr allor.

Yna fe dywalltodd ddeuddeg llond jar o ddŵr dros yr allor. Os ydych chi erioed wedi ceisio cynneu coed gwlyb, rydych yn gwybod bod Elias wedi gwneud pethau'n anodd iawn i Dduw. Fe weddïodd Elias un weddi syml - dim gweiddi, dim bloeddio, dim dawnsio - ac fe anfonodd Duw dân o'r nefoedd, tân a losgodd nid yn unig y tarw a'r coed, ond y cerrig a'r pridd o danyn nhw.

Fe gafodd y bobl eu hargyhoeddi, ac fe yrron nhw broffwydi Baal ar ffo a'u lladd. Roedd y Frenhines Jesebel yn gandryll ac roedd arni eisiau lladd Elias, oedd wedi ffoi am ei fywyd.

1 Brenhinoedd 18:16-46

Mae galw merch yn 'Jesebel' yn sarhad mawr iddi hyd heddiw.

Baal

Roedd y Canaaneaid yn credu mai Baal oedd y duw pwysicaf. Fo oedd duw'r storm oedd yn rheoli'r ffynhonnau a'r glaw, y mellt a'r taranau. Mewn lluniau a delwau ohono mae Baal yn aml yn cario taranfollt yn un llaw a phastwn yn y llall.

I'r Canaaneaid roedd yn dduw oedd yn codi arswyd, ac roedd arno angen aberthau dynol ambell dro. Roedd pobl yn credu pe baen nhw'n digio Baal y byddai'n atal y glaw.

Felly, yn y dechrau, pan ataliodd Duw y glaw ac wedyn anfon tân o'r nefoedd, fe ddangosodd i bawb mai fo oedd y gwir Dduw, nid Baal - duw ffug oedd hwnnw.

Y Proffwyd Eliseus

2 Brenhinoedd

Triwch chi deipio hefo pig!

Fe laddwyd Ahab mewn brwydr. A Frenhines Jesebel? Bedair blynedd ar ddeg a dau frenin yn ddiweddarach, pan oedd hi'n eistedd wrth ffenest ac yn edrych allan, fe ddaeth Jehu, y brenin newydd, heibio yn ei gerbyd. Rhoddodd orchymyn i rai o weision Jesebel ei thaflu hi allan trwy'r ffenest; fe syrthiodd hi dan draed ceffylau Jehu a chael ei lladd. Pan roddodd Jehu orchymyn i gladdu Jesebel, fe ddaeth ei weision yn ôl yn crynu: roedd y cŵn gwyllt oedd yn crwydro'r strydoedd wedi bwyta Jesebel, a'r cyfan oedd ar ôl ohoni oedd ei phenglog, ei thraed a'i dwylo.

2 Brenhinoedd 9:30-37

Roedd Duw wedi'i blesio gymaint gan Elias fel na fu'r proffwyd hwnnw farw fel pawb arall. Yn lle hynny, fe gafodd ei gymryd i'r nefoedd mewn corwynt mewn cerbyd ar dân yn cael ei yrru gan geffylau ar dân. Fedrwn ni ddim ond dychmygu sut olygfa oedd hon, ond rhaid ei bod yn arswydus.

2 Brenhinoedd 2:1-18

Fe ddaeth proffwyd arall, Eliseus, i gymryd lle Elias. Un peth a wyddon ni am Eliseus oedd ei fod yn foel (darllenwch 2 Brenhinoedd 2:23-25).

Baal ddwedon ni, nid bêl!

Falla dylwn i fod wedi bod yn fwy amyneddgar hefo nhw. Wedi'r cwbwl, doedden nhw ddim yn gwbod be oedd o'u blaena.

Fe wnaeth Eliseus nifer o wyrthiau. Er enghraifft, un tro roedd ffrindiau Eliseus yn torri coed ac fe syrthiodd bwyell haearn i'r dŵr. Roedd arfau fel hyn yn cael eu gwneud â llaw ac yn ddrud iawn. Fe daflodd Eliseus ddarn o bren i'r dŵr ac fe ddaeth y fwyell i'r wyneb!

2 Brenhinoedd 6:1-7

Darllen cyffrous:
- Y jar olew diddarfod: **2 Brenhinoedd 4:1-7**
- Y bachgen marw yn tisian: **2 Brenhinoedd 4:8-37**

Yn ddiweddarach, fe helpodd Eliseus frenin Israel i guro byddin brenin Syria. Roedd y Syriaid wedi ceisio ymosod ar deyrnas y gogledd lawer tro, ond, bob tro, roedd Eliseus yn dweud wrth frenin Israel lle byddai'r Syriaid yn ymosod wedyn, felly roedd y brenin bob amser yn barod amdanyn nhw.

Yn y diwedd fe ddeallodd brenin Syria beth oedd Eliseus yn ei wneud ac roedd arno eisiau ei ladd. Pan glywodd fod Eliseus yn ninas Dothan, fe amgylchynodd byddin Syria'r ddinas yn y nos. Ond doedd Eliseus ddim yn poeni. Fe welodd y bryniau o gylch Syria yn llawn ceffylau a cherbydau rhyfel ar dân.

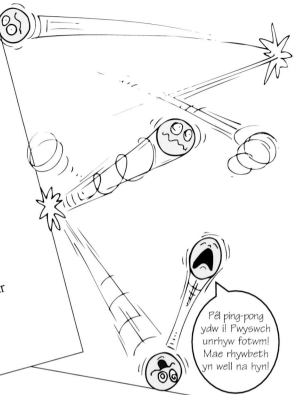

Pêl ping-pong ydw i! Pwyswch unrhyw fotwm! Mae rhywbeth yn well na hyn!

Elias oedd un o'r ddau berson a aeth i'r nefoedd heb farw. Pwy oedd y llall? Darllenwch Genesis 5:24.

Yna fe ofynodd Eliseus i Dduw wneud byddin Syria yn ddall, ac fe gerddodd allan i'w cyfarfod. Dywedodd wrth y Syriaid eu bod yn y lle anghywir a chynigiodd fynd â nhw i'r lle iawn. Felly aeth â nhw ar eu hunion i Samaria, prif ddinas teyrnas y gogledd.

Pan sylweddolodd y Syriaid lle roedden nhw, roedden nhw'n meddwl yn siwr y caen nhw'u lladd, ond fe ddywedodd Eliseus wrth y brenin am eu gollwng yn rhydd - a hynny ar ôl rhoi gwledd fawr iddyn nhw. Rhoddodd y Syriaid y gorau i boeni Israel, o leiaf am ychydig.

2 Brenhinoedd 6:8-23

Roedd llawer o frenhinoedd Aram yn cario'r enw 'Ben-Hadad'. Ystyr 'ben' ydy 'mab', a 'Hadad' ydy'r enw Aramaeg ar dduw'r daran.

Fe wna i 'ngora!

Mae yna ragor. Roedd Naaman, un o gapteniaid byddin Syria, yn dioddef o'r gwahanglwyf - afiechyd ofnadwy nad oedd gwella iddo. Roedd gan ei wraig forwyn fach o blith yr Israeliaid, ac fe ddywedodd hi wrth ei meistres fod proffwyd yn Israel a fedrai, efallai, helpu Naaman.

Felly fe aeth Naaman i weld Eliseus. Ar y dechrau roedd yn credu mai tric oedd hyn i'w gael i helynt hefo brenin Syria. Ond fe ddywedodd Duw wrth Eliseus am helpu Naaman.

Doedd Naaman ddim yn hoffi beth ddywedodd Eliseus wrtho am ei wneud o gwbl. Fe ddywedodd wrtho am fynd i ymolchi saith o weithiau yn Afon Iorddonen! Roedd Naaman wedi disgwyl rhywbeth mwy trawiadol neu anodd, ond ei 'drochi' ei hun mewn afon fwdlyd - roedd ganddyn nhw well afonydd yn Syria!

Fe ddywedodd ei weision wrtho, 'Da chdi, ufuddha!' Dan rwgnach yr aeth Naaman i'w olchi ei hun saith o weithiau - ac fe gafodd ei wella.

Addawodd Naaman i Eliseus na fyddai'n addoli unrhyw Dduw ond yr Arglwydd.

2 Brenhinoedd 5:1-27

Fe drodd yr estron hwn at yr Arglwydd, ond wnaeth brenhinoedd Israel ddim. Fe ddinistriodd Jehu (y brenin a orchmynnodd daflu Jesebel allan trwy'r ffenest) allorau Baal, ond dim mwy na hynny. Doedd o ddim yn gwasanaethu'r Arglwydd, er ei fod yn well na'r rhan fwyaf o frenhinoedd Israel.

Roedd un brenin ar ôl y llall yn anwybyddu cyfraith Duw. Fe anfonodd Duw amryw o broffwydi eraill, er enghraifft, Amos a Hosea, a ysgrifennodd lyfrau sy'n dal gennym ni yn ein Beibl.

Ond fu hynny ddim help o gwbl. Yn agos i'r diwedd fe gafodd dau frenin eu lladd un ar ôl y llall am fod ar rywun arall eisiau bod yn frenin. Fe laddwyd un ar ôl iddo fod yn frenin am chwe mis yn unig. Am fis yn unig y bu ei lofrudd yn rheoli cyn iddo yntau gael ei ladd.

106

O'r diwedd, doedd dim troi'n ôl. Am ddwy ganrif roedd cenhedloedd bychain o'i chwmpas wedi bod yn ymosod ar deyrnas y gogledd. Ond yn ystod y ddwy ganrif hynny roedd cenedl fwy o lawer wedi bod yn lledu ei hadenydd yn y dwyrain: Asyria. Roedd yr ymerodraeth enfawr hon yn bygwth concro Israel.

Mae ar bobl ofn y gair 'gwahanglwyf'. Dyna pam mai un enw ar yr afiechyd heddiw ydy 'Haint Hansen'.

Yr Asyriaid

Roedd yr Asyriaid yn hoffi rhyfel. Roedden nhw'n mynd allan bob blwyddyn i ymladd am fod arnyn nhw eisiau mwy o dir, neu fwy o gyfoeth neu fwy o gaethweision i godi eu dinasoedd mawrion - yn arbennig Ninefe, eu prif ddinas.

Pobl greulon iawn oedden nhw. Pan fyddwn ni'n sôn am 'gyfrif pennau' rydym yn sôn am gyfrif pobl. Mewn rhyfel fe fyddai'r Asyriaid yn gwneud cyfrif llythrennol: fe fyddai milwyr yn dod â phennau'r gelyn roedden nhw wedi'u lladd i'w cyfrif.

Dyna'n iselhau ni!

Brogo! Neidia, was. Neidia ar fotwm! Tyrd, was! Mi fedri di!

Chlywes i mo'r gair hud!

107

Jona

Yn union fel roedd Duw wedi bod yn garedig wrth
Naaman, capten byddin y Syriaid, fe fu'n garedig
wrth yr Asyriaid hefyd. Fe roddodd gyfle i'r Asyriaid
newid eu ffyrdd a throi at Dduw. Fe ddywedodd wrth
broffwyd o'r enw Jona am fynd i Asyria i ddweud
wrth bobl Ninefe, y ddinas fwyaf yno, y byddai'n
cael ei dinistrio ymhen deugain diwrnod.

Roedd gan Jona broblem fawr. Roedd yn gwybod
bod Duw yn Dduw trugarog a phe bai pobl Ninefe yn
edifarhau (troi at Dduw) yna fyddai Duw ddim yn
dinistrio'r ddinas. Ond pe na châi'r ddinas ei
dinistrio, fe fyddai'r Asyriaid yn siwr o ddod a
dinistrio Israel - a'r cyfan am i Jona bregethu yn Ninefe.

Fe geisiodd Jona ddatrys ei broblem trwy ffoi. Yn
lle mynd tua'r dwyrain i Ninefe, fe aeth ar long tua'r
gorllewin. Ond fe anfonodd Duw storm enbyd, a
dywedodd Jona wrthyn nhw am ei daflu o dros y
bwrdd i achub y llong.

Roedd Jona yn meddwl y byddai'n marw yn y môr,
ond roedd ar Dduw eisiau i Jona fynd i Ninefe o hyd,
felly fe anfonodd bysgodyn mawr i achub Jona.
Llyncodd y pysgodyn Jona (oedd yn gweddïo llawer),
ac ymhen tri diwrnod ei daflu i fyny ar y traeth.

Felly yn y diwedd fe aeth Jona i Ninefe a phregethu
yno - ac yn siwr ddigon, fe edifarhaodd y bobl ac fe
gafodd y ddinas ei harbed. Ond roedd Jona yn ddig
iawn wrth Dduw!

Jona 1-4 (y llyfr cyfan!)

Ble rydan ni?
Be ydan ni?
Whiw! Be ydi'r
ogla 'na?

Dwi'n meddwl bod
gen i deimlyddion!

Arglwydd, wnei
di gymryd gofal o fy
ffrindia? Helpa fi i gael
hyd iddyn nhw...

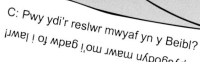

C: Pwy ydi'r reslwr mwyaf yn y Beibl?

A: Jona - fedrai'r pysgodyn mawr mo'i gadw fo i lawr!

Fe ddigwyddodd beth roedd Jona wedi'i ofni. Ymhen rhai blynyddoedd fe ddaeth yr Asyriaid a choncro Israel. Fe gymeron nhw bobl Israel yn gaethion i'w gwlad nhw ac anfon pobl o wledydd eraill i fyw yn Israel.

Dyna ddiwedd ar Israel a diwedd ar ddeg llwyth teyrnas y gogledd. Does neb yn siwr iawn beth ddigwyddodd iddyn nhw - fe ddiflannon nhw heb sôn amdanyn nhw ymhlith pobl Asyria.

Roedd ugain o frenhinoedd wedi rheoli dros Israel ers dyddiau Solomon, a doedd yr un ohonyn nhw wedi canlyn yr Arglwydd. Yn awr, 200 mlynedd wedi marwolaeth Solomon, doedd teyrnas y gogledd ddim yn bod mwyach.

2 Brenhinoedd 1:1-19

Dwi ddim isio gwbod. Dwi isio Sglod!

Ble mae'r bocs rheoli? Rhowch enw Sglod i mewn!

Roedd Jona yn byw yn ystod cyfnod Jeroboam II, pan oedd Israel (teyrnas y gogledd) ar ei gorau.

Does gennym ni ddim syniad sut bysgodyn a lyncodd Jona, fe allai fod yn siarc morfilaidd. (Os ydych chi am ddarllen am siarcod morfilaidd a Jona, chwiliwch am gopi o'r National Geographic Rhagfyr 1992).

109

Jwda (Teyrnas y De)

2 Brenhinoedd

Yn awr fe awn ni'n ôl at Jwda, teyrnas y de. Wedi marwolaeth Solomon, fe fu pethau beth yn well yn y de nag yn y gogledd. Fe ddilynodd rhai o frenhinoedd Jwda yr Arglwydd, ond roedd yno hefyd lawer o frenhinoedd a drodd eu cefnau ar Dduw a gwneud pethau drwg. Felly mae holl hanes teyrnas y de yn mynd yn ôl ac ymlaen rhwng gwneud beth oedd yn dda yng ngolwg yr Arglwydd, sef ei addoli, a beth oedd yn ddrwg yn ei olwg, sef addoli eilunod.

Pan ddechreuodd y deg llwyth eu teyrnas eu hunain, roedd yna lawer o bobl oedd wedi gadael teyrnas y gogledd a dod i Jwda am bod arnyn nhw eisiau bod lle roedd y deml ac i addoli Duw. A hyd yn oed pan oedd pethau'n wirioneddol ddrwg yn Jwda roedd yno rai pobl yn dal yn ffyddlon i Dduw.

O bum brenin cyntaf Jwda, dim ond dau a wnaeth ddymuniad Duw. Y chweched brenin oedd Ahaseia. Merch Ahab, brenin gwaethaf teyrnas y gogledd, oedd ei fam. Roedd Ahaseia bron cynddrwg â'i daid Ahab. Fe gafodd ei ladd gan Jehu, y dyn a orchmynnodd i Jesebel (nain Ahaseia) gael ei thaflu allan trwy'r ffenest.

Pan laddwyd Ahaseia, fe benderfynodd ei fam, Athaleia, yr hoffai hi fod yn frenhines. Felly fe aeth ati i ladd holl deulu brenhinol Jwda. O leiaf, dyna oedd hi'n ei feddwl. Fe gollodd hi un, bachgen blwydd oed, Joas a gafodd ei guddio yn y deml am chwe blynedd gan ei fodryb a'i ewythr. Roedden nhw'n ddigon siwr na ddeuai Athaleia fyth i deml Dduw!

Pan oedd Joas yn saith oed fe alwodd ei ewythr grŵp o ddynion arfog at ei gilydd i sefyll yn gylch o gwmpas Joas yn y deml tra oedd yn cael ei goroni'n frenin. Roedd y bobl yn curo dwylo - roedden nhw'n casáu'r frenhines Athaleia - a phan glywodd y frenhines y sŵn fe aeth i'r deml (am y tro cyntaf yn ei bywyd mae'n siwr) ac fe welodd beth oedd yn digwydd. Dyna'r peth olaf a welodd, oherwydd fe aeth y dynion arfog â hi allan o'r deml a'i lladd.

2 Brenhinoedd 11:1-21

Pa un ydy'r fyddin fwyaf mae sôn amdani yn y Beibl? Darllenwch 2 Cronicl 14:9.

110

Roedd Joas yn frenin da yn gwneud dymuniad Duw - ond dim ond tra oedd ei ewythr yno i ddweud wrtho beth i'w wneud. Ar ôl marwolaeth ei ewythr, fe ddechreuodd Joas addoli eilunod, ac yn y diwedd fe gafodd ei ladd gan ei arweinwyr ei hun.

Ar ôl Joas fe ddaeth tri brenin da, ond wedyn fe ddaeth Ahas, brenin oedd mor ddrwg nes iddo aberthu ei fab ei hun i Moloch, un o dduwiau'r Canaaneaid! Fe rybuddiodd Duw Ahas. Anfonodd broffwydi fel Micha ac Eseia i'w rybuddio beth fyddai'n digwydd pe bai'n gwrthod troi'n ôl at Dduw. Ond doedd Ahas ddim am wrando. *2 Brenhinoedd 16:1-4*

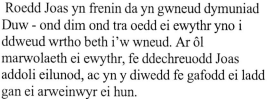

Brenhinoedd a Cronicl

Mae hanes teyrnas y gogledd a theyrnas y de yn cael ei adrodd yn llyfrau'r Brenhinoedd (1 Brenhinoedd a 2 Brenhinoedd). Hanes Dafydd, Solomon a theyrnas y de yn unig sydd yn llyfrau Cronicl.

Mae'n debyg mai brenin nesaf Jwda oedd y gorau
ers dyddiau Dafydd a Solomon. Ei enw oedd
Heseceia, ac roedd yn ffrind i'r proffwyd Eseia. Fe
lanhaodd Heseceia'r deml a gwnaeth yn siwr bod
pobl Jwda yn addoli Duw eto.

   Ond yn awr roedd yr Asyriaid oedd wedi concro
teyrnas y gogledd yn teimlo mai cystal oedd iddyn
nhw ddal ati a choncro Jwda hefyd. Roedden nhw'n
bygwth Jwda, ond fe lwyddodd Heseceia i'w prynu
trwy roi arian ac aur iddyn nhw.

   Yna, un diwrnod, fe ddywedodd Duw wrth
Heseceia y byddai'n marw'n fuan. Ond doedd ar
Heseceia ddim eisiau marw; roedd yna gymaint i'w
wneud o hyd dros yr Arglwydd a'i bobl. Felly fe
weddïodd, ac fe anfonodd Duw Eseia i ddweud wrth
Heseceia y byddai'n gadael iddo fyw am bymtheg
mlynedd. Bob dydd, wrth i'r haul symud trwy'r
awyr, gallai Heseceia weld cysgod adeilad yn symud
yn araf i fyny grisiau. Ond y diwrnod hwn fe
symudodd y cysgod ddeg gris yn ôl!
   2 Brenhinoedd 20:1-11
   Fe ddaeth yr Asyriaid yn ôl. Roedd byddin
Senacherib, brenin Asyria, yn gwersyllu o gylch
dinas Jerwsalem, ac fe ddywedodd Senacherib wrth
y bobl yn y ddinas na fedren nhw ennill ac na fedrai
eu Duw eu hachub. Y fath gamgymeriad! Yn ystod y
nos, fe laddodd angel yr Arglwydd 185,000 o filwyr,
ac fe fu'n rhaid i'r Asyriaid fynd yn ôl adref mewn
cywilydd.
   2 Brenhinoedd 18:17-37; 19:34-20, 32-37

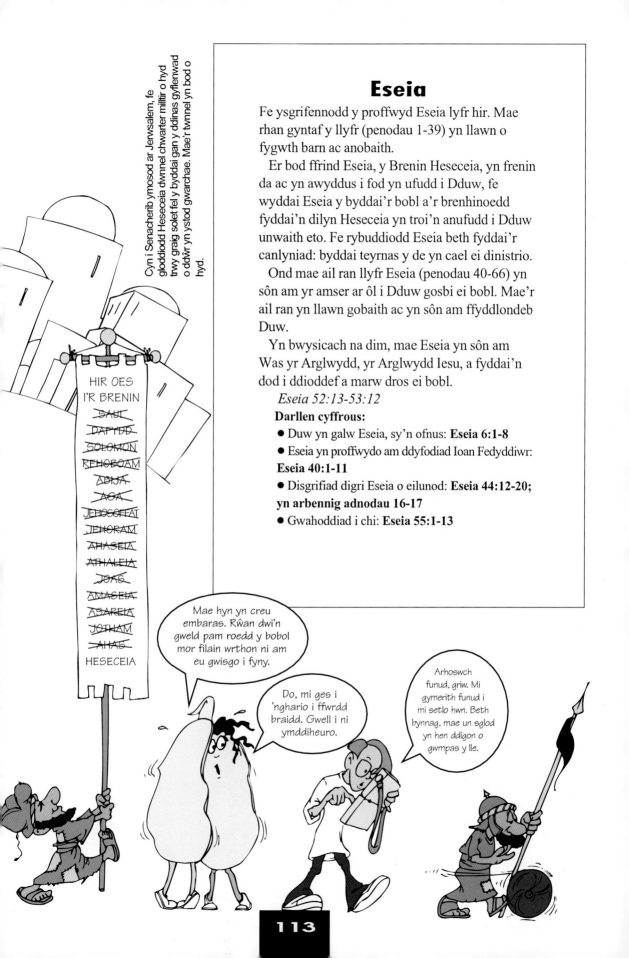

Eseia

Fe ysgrifennodd y proffwyd Eseia lyfr hir. Mae rhan gyntaf y llyfr (penodau 1-39) yn llawn o fygwth barn ac anobaith.

Er bod ffrind Eseia, y Brenin Heseceia, yn frenin da ac yn awyddus i fod yn ufudd i Dduw, fe wyddai Eseia y byddai'r bobl a'r brenhinoedd fyddai'n dilyn Heseceia yn troi'n anufudd i Dduw unwaith eto. Fe rybuddiodd Eseia beth fyddai'r canlyniad: byddai teyrnas y de yn cael ei dinistrio.

Ond mae ail ran llyfr Eseia (penodau 40-66) yn sôn am yr amser ar ôl i Dduw gosbi ei bobl. Mae'r ail ran yn llawn gobaith ac yn sôn am ffyddlondeb Dduw.

Yn bwysicach na dim, mae Eseia yn sôn am Was yr Arglwydd, yr Arglwydd Iesu, a fyddai'n dod i ddioddef a marw dros ei bobl.

Eseia 52:13-53:12

Darllen cyffrous:

● Duw yn galw Eseia, sy'n ofnus: **Eseia 6:1-8**

● Eseia yn proffwydo am ddyfodiad Ioan Fedyddiwr: **Eseia 40:1-11**

● Disgrifiad digri Eseia o eilunod: **Eseia 44:12-20; yn arbennig adnodau 16-17**

● Gwahoddiad i chi: **Eseia 55:1-13**

Cyn i Senacherib ymosod ar Jerwsalem, fe gloddiodd Heseceia dwnnel chwarter milltir o hyd trwy graig solet fel y byddai gan y ddinas gyflenwad o ddŵr yn ystod gwarchae. Mae'r twnnel yn bod o hyd.

HIR OES I'R BRENIN

~~SAUL~~
~~DAFYDD~~
~~SOLOMON~~
~~REHOBOAM~~
~~ABIJA~~
~~ASA~~
~~JEHOSOFFAT~~
~~JEHORAM~~
~~AHASEIA~~
~~ATHALEIA~~
~~JOAS~~
~~AMASEIA~~
~~ASAREIA~~
~~JOTHAM~~
~~AHAS~~
HESECEIA

Mae hyn yn creu embaras. Rŵan dwi'n gweld pam roedd y bobol mor filain wrthon ni am eu gwisgo i fyny.

Do, mi ges i 'ngharïo i ffwrdd braidd. Gwell i ni ymddiheuro.

Arhoswch funud, griw. Mi gymerith funud i mi setlo hwn. Beth bynnag, mae un sglod yn hen ddigon o gwmpas y lle.

Jeremeia

Pe bai pob brenin a ddaeth ar ôl Heseceia yn debyg iddo fo ac wedi bod yn ufudd i Dduw, fe fyddai teyrnas Jwda wedi para. Ond o'r saith brenin a ddaeth ar ôl Heseceia dim ond un oedd yn barod i ddilyn yr Arglwydd. Ei enw oedd Joseia.

Fe wnaeth Joseia, a ddaeth yn frenin yn wyth oed, bopeth a fedrai i gael y bobl yn ôl at Dduw. Ac fe anfonodd Duw y proffwyd Jeremeia i'w helpu.

Fe atgyweiriodd Joseia y deml, ac wrth i'r gweithwyr fynd trwy'r adeilad fe gawson nhw afael ar lyfr (sgrôl oedd o'n wir) yn cynnwys Cyfraith Moses. Doedd neb wedi darllen Cyfraith Duw ers blynyddoedd lawer, felly pan gafwyd hyd i'r sgrôl fe alwodd Joseia bawb at ei gilydd i'r deml a darllenodd y llyfr i gyd yn uchel i'r bobl. Ac fe gytunodd y bobl eu bod am droi yn ôl i wasanaethu'r Arglwydd!

2 Brenhinoedd 22:1-11; 23:1-3

Ond unwaith eto, fe aeth pethau'n ddrwg. Doedd ar y pedwar brenin a ddaeth ar ôl Joseia ddim awydd gwneud dim hefo Duw. Ac fe aeth Jeremeia i helynt am rybuddio y byddai Duw yn anfon byddin o estroniaid i ddinistrio Jerwsalem os na fyddai'r bobl yn newid eu ffyrdd. Doedd ar y bobl ddim eisiau clywed newydd drwg. Roedd yn well ganddyn nhw wrando ar broffwydi gau oedd yn dal i ddweud wrthyn nhw y byddai popeth yn iawn ac na fyddai Duw byth yn gadael i'w bobl gael eu dinistrio. Am gamgymeriad!

Spam i ginio ydi'r Jwdeaid 'na!

Fe afaelodd un o frenhinoedd Jwda yn y negesau roedd Jeremeia wedi'u hysgrifennu, eu rhwygo'n ddarnau a'u taflu i'r tân (Jeremeia 36:1-7, 16-28). Fe aeth Jeremeia ati i'w hailysgrifennu.

Mami, be ydi 'Bab boloni aid'?

Wn i ddim, cariad. Falla mai rhywbeth roedd y proffwydi yn ei roi yn eu brechdanau.

Babiloniaid? Pa Fabiloniaid? Dwi ddim yn gweld Babiloniaid!

Falla eich bod chi'n gweld petha, syr?

Mae'r Babiloniaid yn dŵad!

Mae Jeremeia yn un o'r proffwydi a gyfansoddodd bregethau hir ac a ysgrifennodd amdano'i hun.

Pan amgylchynodd y Babiloniaid Jerwsalem, roedd y bobl yn mynnu dweud, 'Fe fydd Duw yn ein hachub am mai ei bobl o ydyn ni,' ond roedd Jeremeia yn dweud, 'Na, dydych chi ddim wedi bod yn gwrando ar beth mae Duw wedi bod yn ei ddweud. Fydd Duw ddim yn eich achub chi am eich bod yn mynnu bod yn anufudd iddo o hyd!'

Dyma pam roedd y bobl (ac yn arbennig y brenin) yn meddwl mai bradwr oedd Jeremeia ac fe gafodd ei daflu i garchar.

Doedd Jeremeia ddim yn hoffi beth oedd yn rhaid iddo'i ddweud wrth y bobl. Fel mater o ffaith, roedd o'n gofidio llawer ynghylch beth fyddai'n digwydd. Dyna pam mae Jeremeia yn cael ei alw yn Broffwyd Gofidiau.

Darllen cyffrous:

● Duw yn galw Jeremeia sy'n dweud, 'Ond dim ond bachgen ydw i!': **Jeremeia 1:4-19**
● Arestio Jeremeia: **Jeremeia 26:1-24**
● Y brenin Jehoiacim yn llosgi'r llyfrau a ysgrifennodd Jeremeia: **Jeremeia 36:1-32**
● Taflu Jeremeia i garchar: **Jeremeia 37:1-21**
● Taflu Jeremeia i'r pydew i lwgu: **Jeremeia 38:1-13**
● Dinistrio Jerwsalem a mynd â'r bobl i Babilon: **Jeremeia 52:1-16**

Yn yr hen oesoedd, roedd tudalennau llyfr yn cael eu gludio wrth ei gilydd neu eu gwnïo i wneud sgrôl - stribed hir oedd yn cael ei rowlio o bob pen. Sgrôl o'r Torah, pum llyfr cyntaf y Beibl, ydy hon.

Babiloniaid. Wela i ddim Babiloniaid!

Drychwch! Sbïwyr o Babilon!

Ble? Ble?

Hei. Sglod, mae'n ddrwg gen i am y petha cas ddwedes i. Rwyt ti wir yn gneud gwaith da.

Diolch, Bet. Sori am bob nam ar y rhaglen.

Mae'n iawn, Sglod. Rydan ni'n cael hwyl. Wir yr!

Fel ro'n i'n deud, 'r hen froga, mi drodd y plant 'na'n bryfed i ddechra, ac wedyn yn adar, ac wedyn...

Dinistrio Jerwsalem

2 Brenhinoedd

Fe fu'r Asyriaid oedd wedi concro teyrnas y gogledd ac wedi mynd â'r Israeliaid i Asyria yn genedl gref am tua 300 mlynedd. Ond fe ddaeth ymerodraeth arall gryfach fyth: Babilon.

Fe goncrodd y Babiloniaid Asyria a dinistrio Ninefe, y ddinas fawr lle roedd 120,000 o bobl yn byw, yn llwyr. Roedd y dinistr mor llwyr fel nad oedd neb yn gwybod lle roedd hi wedi bod am tua 2,500 o flynyddoedd - nes iddi gael ei darganfod eto yn y bedwaredd ganrif ar bymtheg.

Ac yn awr roedd y Babiloniaid ar fin concro teyrnas y de, Jwda. Ar y dechrau, fe ddaeth brenin Babilon, Nebuchadnesar, a chymryd nifer fechan o'r bobl o Jerwsalem yn wystlon i Babilon i wneud yn siwr na fyddai pobl Jwda yn achosi helynt.

2 Brenhinoedd 24:8-17

Ond ymhen tua deng mlynedd fe geisiodd brenin olaf Jwda wrthryfela yn erbyn Babilon, felly fe ddaeth Nebuchadnesar yn ei ôl a dinistrio Jerwsalem a'r deml yn llwyr y tro hwn. A dyna ddiwedd ar deyrnas y de.

2 Brenhinoedd 24:20b-25:12

Aeth Jeremeia ddim i Babilon. Fe arhosodd yn Jerwsalem ac ysgrifennu cân drist iawn am gwymp Jerwsalem, cân sydd gennym ni hyd heddiw yn y Beibl. Yr enw arni ydy Galarnad. (Yn ddiweddarach fe aeth Jeremeia i'r Aifft ac yno y bu farw).

Tyn dy fwgwd llygad, y twpsyn.

Mor wag ydi'r ddinas fu unwaith mor llawn o bobl! O Dduw, gwêl mor ddigalon ydw i! Rydw i'n llawn gofid.

Babiloniaid? Pa Fabiloniaid? Dwi ddim yn gweld Babiloniaid!

Yn 1903, fe ddarganfu archaeolegwyr gerrig yn rhoi fersiwn Nebuchadnesar o hanes mynd â'r Brenin Jehoiacin i Babilon. Mae'n debyg iawn i'r hanes yn y Beibl.

Galarnad

Cân drist iawn ydy galarnad. Â'i lygaid yn llawn dagrau, fe ganodd Jeremeia bum cân am beth welodd o pan ddinistriodd y Babiloniaid Jerwsalem.

Fe welodd blant yn llwgu i farwolaeth, pobl, hen ac ifanc, yn gorwedd yn farw ar y strydoedd, tanau'n llosgi ymhobman (a dim injan dân i'w diffodd). Roedd y pethau hyn yn digwydd i bobl Jwda oherwydd eu pechodau.

Ond hyd yn oed pan na fedrai pethau ddim mynd yn waeth roedd Jeremeia yn dal i ymddiried yn Nuw. Ydych chi erioed wedi canu'r gân 'Mawr yw dy ffyddlondeb'? Fe ddaw'r geiriau o lyfr Galarnad (3:23). Gallai Jeremeia ddal i ddweud wrth y bobl fod Duw yn eu caru ac y byddai'n maddau iddyn nhw ac yn cadw'i addewid i ddod â'i bobl yn ôl i Jerwsalem.

Filwyr? Oes gynnoch chi rywbeth i'w ddeud? Hm?

O, O, nag oes, Syr, capten, dwi'n feddwl, ym, gadfridog, ym...

Psst. Cuddwisg grêt, Sglod. Be nesa?

Mae hi'n edrych fel pe bai'r Babiloniaid yn ymosod ar ddinas trwy daflu peli a phinau dros y mur, ond, mewn gwirionedd, roedd y brwydrau hyn yn rhai cas iawn.

Yn ôl ei gofnod fe roddodd Nebuchadnesar lety i Jehoiacin, ei deulu a'i weision yn ei balas ei hun.

Yn Babilon

Fe gafodd y rhan fwyaf o'r bobl a gafodd eu symud o Jwda le i fyw yn rhywle yng ngwlad fawr Babilonia, ar hyd glannau'r Afon Ewffrates. Fe fyddai'n dda ganddyn nhw'n awr pe baen nhw wedi gwrando ar Jeremeia yn lle gwrando ar y proffwydi gau!

Ond nid 'proffwyd gofidiau' yn dod â newyddion drwg yn unig oedd Jeremeia. Roedd Duw wedi rhoi neges o obaith iddo hefyd.

Ar ôl i'r bobl gyntaf gael eu symud o Jerwsalem i Babilon, roedd Jeremeia wedi proffwydo y byddai Nebuchadnesar yn dod yn ôl ac y byddai bron pawb o bobl Jwda yn cael eu symud i Babilonia.

Ond fydden nhw ddim yno am byth! Fe fydden nhw'n dod yn ôl ymhen saith deg o flynyddoedd. Roedd hynny'n golygu, wrth gwrs, y byddai'r rhan fwyaf o'r bobl a gafodd eu symud i Babilonia yn marw yno - ond fe fyddai eu plant yn dod yn ôl, ac fe fyddai Duw yn profi ei fod yn ffyddlon.

118

Roedd sigwrat anferth yn ninas Babilon. Efallai mai dyma'r Tŵr Babel gwreiddiol.

Y Ddinas Hynaf yn y Byd?

Efallai mai Babilon, prif ddinas Babilonia, ydy'r ddinas hynaf yn y byd. Fe gafodd ei sefydlu gan Nimrod (Genesis 10:10), ac yno y cafodd Tŵr Babel ei godi (Genesis 11:1-9). Roedd Babilon lle mae Irac heddiw.

Wedi i'r Babiloniaid goncro'r Asyriaid, fe benderfynodd Nebuchadnesar wneud y ddinas yn harddach nag erioed. Ac fe wnaeth waith ardderchog ar hynny! Wedi ei gorffen, roedd yn ddinas rhwng 3 a 6 milltir sgwâr mewn maint - dinas arswydus o fawr yr amser hwnnw.

Roedd yno demlau, palasau a sigwrat enfawr - nid rhyw fath o lygoden ydy hwnnw ond bryncyn sgwâr wedi'i godi o frics, a theml ar ei dop.

Yn Babilon hefyd fe fedrech chi weld un o Saith Rhyfeddod yr hen fyd: Gerddi Crog Babilon. (Roedd Pyramidiau'r Aifft yn un arall o'r saith rhyfeddod). Doedd y gerddi ddim wir yn hongian - roedden nhw wedi'u gosod ar bum teras, pob un yn bum deg troedfedd o uchder.

Ond pharhaodd Ymerodraeth Babilon ddim yn hir - llai na chan mlynedd. Wedyn fe goncrodd y Mediaid a'r Persiaid Babilonia, ac fe ddaeth ymerodraeth Persia i gymryd ei lle.

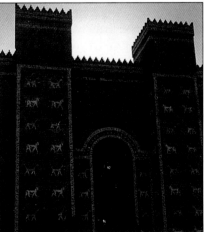

Porth Istar, prif giât Babilon wedi'i hail-lunio. Roedd y giât wreiddiol gymaint ddwywaith - yn ddigon llydan i wyth camel tew iawn fynd drwyddi ochr yn ochr.

Daniel

Un o'r gwystlon a gymerodd Nebuchadnesar hefo fo y tro cyntaf iddo ddod i Jerwsalem oedd Daniel, oedd tua deg neu ddeddeg oed pan aeth i fyw yn llys y brenin yn Babilon.

Roedd gan y gwystlon broblem. Roedd Cyfraith Moses yn dweud na châi'r Israeliaid fwyta rhai bwydydd, er enghraifft, porc. Roedd Daniel a'i ffrindiau yn gwrthod bwyta unrhyw beth roedd y Gyfraith yn ei wahardd. Ac fe wnaeth Duw nhw yn iachach na'r un o'r bechgyn eraill oedd yn bwyta popeth oedd yn cael ei roi o'u blaenau.

Daniel 1:1-21

Un noson fe gafodd Nebuchadnesar freuddwyd. Roedd arno eisiau gwybod beth oedd ei hystyr, felly fe ddywedodd ei wŷr doeth wrtho, 'Dywed wrthon ni beth oedd dy freuddwyd ac fe ddywedwn ninna beth ydy ei hystyr.' Ond dywedodd y brenin, 'Na, dim o gwbwl. Deudwch chi wrtha i beth wnes i ei freuddwydio neithiwr. Os medrwch chi ddeud, fe fydda i'n gwybod hefyd y byddwch chi'n gwybod ei hystyr.'

Wrth gwrs, fedrai'r gwŷr doeth ddim dweud, felly roedd y brenin yn barod i'w lladd i gyd pan glywodd Daniel beth oedd yn digwydd. Aeth Daniel at y brenin ac fe ddangosodd Duw iddo beth oedd Nebuchadnesar wedi'i weld yn ei freuddwyd: delw anferth, ei phen yn aur, ei brest a'i breichiau yn arian, ei bol a'i chluniau yn bres, ei choesau yn haearn a'i thraed yn gymysgedd o haearn a phridd. Yna fe ddaeth carreg anferth a tharo'r ddelw nes ei malu'n deilchion - fe drodd y garreg yn fynydd oedd yn llenwi'r holl ddaear.

Daniel 2:1-19

Eglurodd Daniel i'r brenin mai fo oedd y pen aur, ond y byddai teyrnasoedd eraill yn dod ar ei ôl, rhai heb fod mor fawr a chryf â theyrnas Nebuchadnesar, ac yn y diwedd fe fyddai Duw yn sefydlu ei deyrnas ei hun ac fe fyddai honno'n dinistrio'r gweddill i gyd ac yn llenwi'r holl ddaear!

Daniel 2:36-49

Fe ffeindiodd yr archaeolegydd Leonard Woolley fod patrwm adfeilion teml Nebuchadnesar yn hynod o debyg i'r manylion yn y Beibl.

Ysgol, 3,700 o flynyddoedd oed, o wlad yr Amoriaid ydy hon. Fe fyddai'r disgyblion yn eistedd ar y meinciau cerrig ac yn ysgrifennu trwy wthio pwyntil i glai meddal. Pan oedd disgybl wedi gorffen ei wers, fe fyddai'n 'glanhau' ei glai trwy ei wasgu'n fflat. (Doedd genethod ddim yn cael mynd i'r ysgol - rydw i'n falch nad oeddwn i'n byw bryd hynny).

Rydan ni'n colli'n lliw.

Hei, be sy'n digwydd?

120

Fe fyddech yn meddwl y byddai Nebuchadnesar yn sylweddoli erbyn hyn mai Duw Daniel oedd y gwir Dduw. Ond na, fe orchmynnodd i ddelw dau ddeg saith metr o daldra gael ei gwneud ac roedd pawb i'w haddoli. Roedd unrhyw un oedd yn gwrthod i gael ei daflu i ffwrnais eirias o boeth.

Fe wrthododd tri ffrind Daniel - Sadrach, Mesach ac Abednego, ac fe gawson nhw'u taflu i'r tân a gafodd ei wneud yn saith gwaith poethach nag arfer. Roedd mor boeth nes i'r gwres ladd y milwyr oedd yn taflu ffrindiau Daniel iddo.

Ond roedd syrpréis yn aros y brenin. Pan edrychodd gweision Nebuchadnesar i'r ffwrnais, fe welson nhw ffrindiau Daniel, nid wedi'u llosgi'n golsyn, ond yn cerdded o gwmpas y ffwrnais a phedwerydd dyn (oedd yn angel yr Arglwydd yn wir) yn cerdded hefo nhw. Wedi iddyn nhw ddod allan o'r ffwrnais, fe gafodd ffrindiau Daniel eu dyrchafu gan Nebuchadnesar ac fe wnaeth gyfraith yn gwahardd pob un rhag dweud dim yn erbyn Duw yr Israeliaid.

Daniel 3:1-30

Fe aeth Nebuchadnesar ati i adfer Ur, tref enedigol Abram, tua 605-562 CC.

Delw hyll o Nebuchadnesar

Ond fedrai Nebuchadnesar yn ei fwy ddeall mai
Duw sy'n rheoli. Roedd o'n falch iawn o Babilon, y
ddinas fawr roedd o wedi'i chodi, ac roedd Duw
wedi cael hen ddigon ar ei fostio.

Fe gollodd Nebuchadnesar ei synhwyrau, ac fe fu
am saith mlynedd fel buwch yn pori ac yn bwyta
gwellt. O'r diwedd pan oedd y brenin yn barod i
gydnabod mai Duw oedd yn rheoli, fe gafodd ei
synhwyrau yn ôl a dod yn frenin unwaith eto.
Daniel 4:18-37

Ar ôl marwolaeth Nebuchadnesar, fe ddechreuodd
ei freuddwyd am y ddelw fawr ddod yn wir. Daeth
Belsassar yn frenin, ac roedd Daniel, oedd erbyn hyn
yn hen ŵr, yn dal yn y llys. Un noson yn ystod
gwledd fawr, fe ymddangosodd llaw yn ysgrifennu
ar fur yr ystafell lle roedd y wledd yn cael ei
chynnal. Fe eglurodd Daniel ystyr hyn: roedd
teyrnas fawr Babilon ar fin cael ei choncro gan y
Mediaid a'r Persiaid ac ni fyddai'n bodoli mwyach.
A dyna ddigwyddodd. Fe ddaeth diwedd ar deyrnas
fawr Nebuchadnesar, a daeth Darius y Mediad yn
frenin.   *Daniel 5:1-31*

Fe ddywedir bod person sy'n
meddwl ei fod yn anifail ac yn
byw yn y caeau yn dioddef o
'boanthropi'.

Ble rydan ni?

Crynu. Dwi'n meddwl ein bod ni hefo Daniel yn ffau'r llewod.

Helo, blantos! Ydan ni'n cael hwyl eto? Ddweda i be. Dowch i ni neud bargen. Am gan punt fe gewch chi'ch lliw yn ôl. Be amdani?

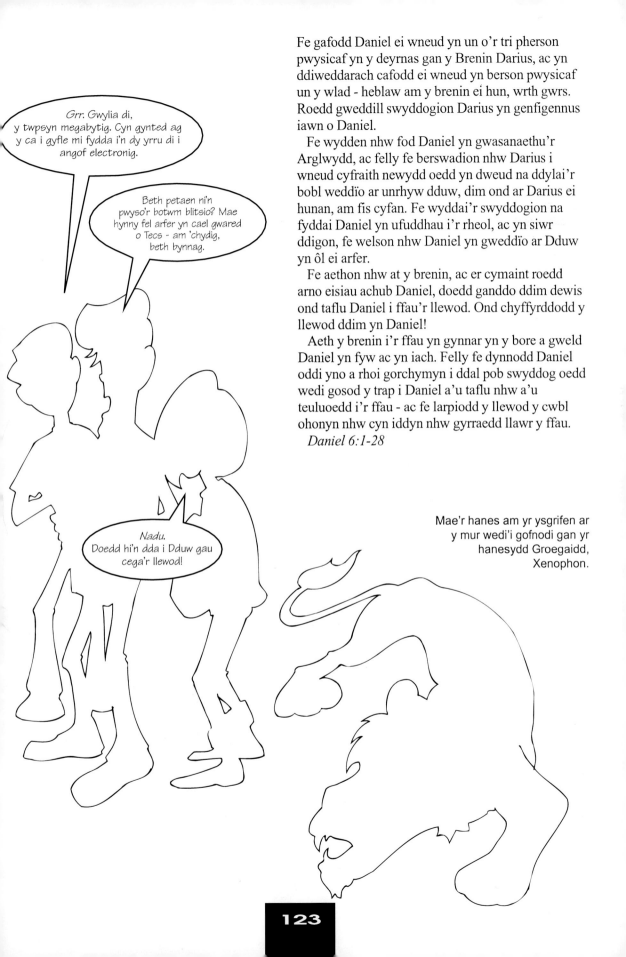

Grr. Gwylia di, y twpsyn megabytig. Cyn gynted ag y ca i gyfle mi fydda i'n dy yrru di i angof electronig.

Beth petaen ni'n pwyso'r botwm blitsio? Mae hynny fel arfer yn cael gwared o Tecs - am 'chydig, beth bynnag.

Nadu. Doedd hi'n dda i Dduw gau cega'r llewod!

Fe gafodd Daniel ei wneud yn un o'r tri pherson pwysicaf yn y deyrnas gan y Brenin Darius, ac yn ddiweddarach cafodd ei wneud yn berson pwysicaf un y wlad - heblaw am y brenin ei hun, wrth gwrs. Roedd gweddill swyddogion Darius yn genfigennus iawn o Daniel.

Fe wydden nhw fod Daniel yn gwasanaethu'r Arglwydd, ac felly fe berswadion nhw Darius i wneud cyfraith newydd oedd yn dweud na ddylai'r bobl weddïo ar unrhyw dduw, dim ond ar Darius ei hunan, am fis cyfan. Fe wyddai'r swyddogion na fyddai Daniel yn ufuddhau i'r rheol, ac yn siwr ddigon, fe welson nhw Daniel yn gweddïo ar Dduw yn ôl ei arfer.

Fe aethon nhw at y brenin, ac er cymaint roedd arno eisiau achub Daniel, doedd ganddo ddim dewis ond taflu Daniel i ffau'r llewod. Ond chyffyrddodd y llewod ddim yn Daniel!

Aeth y brenin i'r ffau yn gynnar yn y bore a gweld Daniel yn fyw ac yn iach. Felly fe dynnodd Daniel oddi yno a rhoi gorchymyn i ddal pob swyddog oedd wedi gosod y trap i Daniel a'u taflu nhw a'u teuluoedd i'r ffau - ac fe larpiodd y llewod y cwbl ohonyn nhw cyn iddyn nhw gyrraedd llawr y ffau.

Daniel 6:1-28

Mae'r hanes am yr ysgrifen ar y mur wedi'i gofnodi gan yr hanesydd Groegaidd, Xenophon.

Eseciel

Nid Jeremeia oedd yr unig broffwyd yn Jwda cyn i'r Babiloniaid ddod a dinistrio Jerwsalem. Proffwyd arall oedd Eseciel, ac roedd o wedi gorfod mynd i Babilon hefo'r criw cyntaf.

Pan glywodd Eseciel fod y deml wedi'i dinistrio, yn union fel roedd o wedi proffwydo, fe ddywedodd Duw wrtho am ddweud wrth y bobl y bydden nhw, un diwrnod, yn cael mynd yn ôl i Jerwsalem i ailgodi'r deml.

Mae'r proffwyd Eseciel yn enwog am y pethau rhyfeddol a welodd. Er enghraifft, fe gafodd weledigaeth o olwynion o fewn olwynion (sy'n ddigon i'ch gwneud yn benysgafn wrth ddarllen amdani), ac fe gafodd weledigaeth fawr o sut y byddai pobl Dduw yn cael eu hadfer - gweledigaeth yr esgyrn sychion.

Fe welodd Eseciel hefyd deml newydd, ac mae'n ei disgrifio yn llawn gan roi'r mesuriadau'n fanwl. Er i'r deml yn Jerwsalem gael ei hailgodi saith deg o flynyddoedd ar ôl i Nebuchadnesar ddinistrio teml Solomon, yn y dyfodol y byddai teml Eseciel yn cael ei chodi.

Darllen cyffrous:
- Gweledigaeth ryfeddol yr olwynion a'r creaduriaid: **Eseciel 1:1-28**
- Rhoi bywyd yn yr esgyrn sychion: **Eseciel 37:1-14**

Fe wnaeth Eseciel bethau hynod. Er enghraifft, fe orweddodd ar ei ochr chwith o flaen y bobl am 390 o ddyddiau (dros flwyddyn), ac yna fe orweddodd ar ei ochr dde am 40 o ddyddiau (Eseciel 4:1-8).

Pan oedd yn byw yn Babilon, fe gafodd Eseciel weledigaeth o Dduw. Fe achosodd hyn gyffro ymhlith yr Iddewon achos roedden nhw'n credu mai yn Jerwsalem yn unig roedd Duw yn byw.

Hei, rydan ni wedi blitsio i 'sgythriad gan Doré!
Pwy ydi Doré?
Arlunydd enwog o Ffrainc fu'n darlunio'r Beibl yn y bedwaredd ganrif ar bymtheg.
Waw! Mi fedrwn i fod wedi cael 7-UP!
Arhoswch funud - mae'r cyfrifiadur yn dal i drio dod â'r rhith holograffig yn ôl. Mi fyddwn yn fodau 'concrit' yn y munud.
Dwi wedi colli 'mhen! Dwi'n gwbod i mi ei roi o yn fan'ma yn rhywle!
Mae asgwrn y penglin yn sownd wrth asgwrn y ffêr. Mae asgwrn y ffêr yn sownd wrth asgwrn...
Rydach chi'n meddwl bod gynnoch chi broblema!

Yn ôl yn Jerwsalem

2 Brenhinoedd

Fe gadwodd Duw ei addewid. Saith deg o flynyddoedd
ar ôl i'r Iddewon cyntaf gael eu symud, fe ddywedodd
y Brenin Cyrus o Bersia, oedd yn rheoli hen
Ymerodraeth Babilon, y câi'r Iddewon fynd adref.
Doedd ar lawer o'r Iddewon ddim eisiau gadael
Babilonia lle roedden nhw wedi codi tai a lle roedden
nhw'n gysurus iawn eu byd, ond fe aeth 42,000 ohonyn
nhw'n ôl.
2 Cronicl 36:22-23; Esra 1:1-4

Roedden nhw'n meddwl y byddai'n beth hawdd
symud yn ôl adref, ond doedd hi ddim. Yn ystod y
saith deg mlynedd roedden nhw wedi bod i ffwrdd yn
Babilonia roedd pobl eraill wedi symud i mewn ac
wedi meddiannu'u gwlad, a doedd y rheiny ddim yn
rhy falch o weld yr Iddewon yn ôl. Fe wnaethon nhw
fywyd yn galed iawn i'r Iddewon a ddaeth yn ôl.

Er bod y bobl a ddaeth yn ôl wedi dechrau ailgodi'r
deml, aethon nhw ddim pellach na'r sylfeini. Fe gollon
nhw ddiddordeb a rhoi'r gorau iddi. Roedd Jerwsalem
yn ddinas heb furiau a heb deml. *Esra 3:7-4:5*

Roedd dau broffwyd, Haggai a Sechareia, yn dal i
ddweud wrth y bobl am beidio â rhoi'r ffidil yn y to
ond am orffen y gwaith ac ymddiried yn Nuw, ond
doedd dim brys ar y bobl i orffen, ac fe gymerodd hi
ugain mlynedd cyn i'r deml gael ei gorffen - saith deg
mlynedd ers i deml Solomon gael ei ddinistrio. Doedd y
deml newydd ddim hanner mor hardd â theml
Solomon, ond y peth pwysig oedd y gallai'r Iddewon
unwaith eto addoli Duw yn ei dŷ ei hun yn Jerwsalem.
Esra 5:1-2; 6:1-12

Y gyfres o fryniau hyn sy'n ymestyn am bum
milltir ydy'r unig beth sydd ar ôl o ddinas
fwyaf a harddaf y byd ar un adeg: dinas
Babilon (gweler tudalennau 118-9).

Be ddigwyddodd?
Ydan ni wedi cyflawni
trosedd farwol?

Sglod - oedd
raid i ti ddeud 'concrit' cyn
i ni blitsio?

Paid ag ofni,
Brogo! Jest pwysa'r
botwm blitsio!

Geidwaid!
Arestiwch Haman!

Esther

Pan oedd hyn yn digwydd yn Jwda, roedd llawer o Iddewon yn dal yn Babilonia (oedd yn awr yn rhan o Ymerodraeth Persia). Mae llyfr Esther yn adrodd hanes Duw yn diogelu ac achub hyd yn oed yr Iddewon oedd heb fynd yn ôl adref - ac eto does dim sôn am Dduw yn llyfr Esther.

Fe briododd Ahasferus (neu Xerxes), yr un a ddaeth yn frenin ar ôl Darius, y brenin a daflodd Daniel i ffau'r llewod, ag Esther, Iddewes brydferth oedd wedi ei mabwysiadu gan ei chefnder Mordecai, swyddog uchel yn llywodraeth Ahasferus.

Ond roedd Haman yno hefyd, swyddog arall yn llywodraeth Ahasferus, un pwysicach hyd yn oed na Mordecai. Roedd Haman am i bobl ymgrymu iddo fo pan fyddai'n mynd heibio - ac roedd pawb yn gwneud ond Mordecai.

Roedd hyn yn gwylltio Haman yn gacwn. Fe wyddai Haman mai Iddew oedd Mordecai, felly fe benderfynodd mai'r ffordd orau i gael gwared ohono oedd cael caniatâd y brenin i ladd pob Iddew oedd yn holl Ymerodraeth Persia i gyd.

Ond fe ffeindiodd Mordecai beth oedd bwriad Haman a gofynnodd i Esther ei helpu. Wedi i Esther ddweud wrth y brenin beth oedd cynllwyn Haman, fe orchmynnodd y brenin i Haman gael ei grogi ar y crocbren oedd wedi cael ei godi ar gyfer Mordecai.

Ond roedd yna broblem fach. Fedren nhw ddim newid gorchymyn y brenin i ladd yr Iddewon (roedd hi'n amhosibl newid cyfraith y Mediaid a'r Persiaid). Felly rhoddodd y brenin hawl swyddogol i'r Iddewon i'w hamddiffyn eu hunain, ac fe lwyddodd yr Iddewon ym Mhersia i osgoi ymosodiad fyddai wedi eu difa yn llwyr.

Esther 2:1-11, 17-23   Esther 3
Esther 4:1-5:8   Esther 6:1-14
Esther 7   Esther 8

127

Roedd y deml wedi'i gorffen, ond doedd pethau ddim yn iawn. Doedd yr Iddewon yn Jerwsalem ddim yn canlyn Duw â'u holl galon, felly fe anfonodd Duw broffwyd arall, Malachi (a ysgrifennodd y llyfr olaf yn yr Hen Destament), i gael y bobl i droi yn ôl ato. Ond doedd hynny chwaith ddim yn ddigon.

Chwe deg mlynedd ar ôl gorffen y deml, fe anfonwyd dyn o'r enw Esra, athro yng Nghyfraith Moses, o Bersia i Jerwsalem. Fe fu Esra yn pregethu yn Jerwsalem, yn arbennig yn erbyn yr Iddewon oedd wedi priodi merch heb fod yn Iddewes. (Ydych chi'n cofio'r Brenin Solomon? Dyna lle dechreuodd ei drafferthion).

Fe bregethodd Esra ac fe wrandawodd y bobl. Fe gytunon nhw i anfon y gwragedd heb fod yn Iddewon i ffwrdd. Fe ailddechreuon nhw addoli yn y deml, ac roedd pethau'n edrych yn dda - ar wahân i'r ffaith nad oedd muriau Jerwsalem wedi'u hailgodi ac felly y medrai unrhyw elyn feddiannu'r ddinas yn hawdd iawn, a hynny wyth deg o flynyddoedd ar ôl i'r Iddewon cyntaf ddod yn ôl yno.

Esra 7:8-10; 10:1-4

Yn awr fe anfonodd Duw Nehemeia, oedd yn swyddog uchel yn llys Artaxerxus, Brenin Persia, yno. Fe roddodd y brenin ganiatâd i Nehemeia fynd i Jerwsalem i ailgodi muriau'r ddinas. Roedd hi'n dda bod gan Nehemeia lythyr swyddogol gan y brenin oherwydd doedd rhai o'r bobl oedd yn byw o gwmpas Jerwsalem ddim yn awyddus i weld ailgodi'r muriau. Roedd arnyn nhw ofn y byddai'r Iddewon yn tyfu'n gryf unwaith eto.

Nehemeia 2:1-10; 4:1-23

Fe wnaeth Nehemeia ddau beth: fe weddïodd ar Dduw am help, ac fe osododd wylwyr o gylch y ddinas i ofalu na châi'r muriau eu tynnu i lawr gan y gelynion. Ymhen chwe mis roedd y muriau wedi'u gorffen, ac fe ddarllenodd Esra Gyfraith Duw i'r bobl i gyd.

Nehemeia 6:15-19; 8:1-18

Môr y Canoldir

Môr Galilea

JERWSALEM

Y Môr Marw

Anialwch Arabia

Y weddi hiraf yn y Beibl ydy'r un yn Nehemeia 9:5-38.

Mwynhau bywyd

Pan fyddwn ni'n gweddïo ar Dduw am help, dydy o ddim yn disgwyl i ni eistedd yn ôl yn gwneud dim. Fe weddïodd Nehemeia ac wedyn gosod gwylwyr a gweithio cyn galeted ag y medrai. Os, er enghraifft, y bydd prawf gennych chi, gofynnwch i Dduw am help ac yna gweithiwch cyn galeted ag y medrwch chi ar ei gyfer.

Wmff!
Hei, symud dy
benelin!

Penelin?!
Hei, dydan ni ddim
yn golofna rŵan!

Pam mae hi
mor dywyll?

Dwi'n meddwl mai am ein
bod ni wedi dod i ddiwadd hanesion
yr Hen Destament.

Oes 'na ddim
mwy o hanesion ar
ôl Esther?

Nag oes. Dyna'r un ola.
Barddoniaeth a phroffwydoliaetha ydi gweddill
yr Hen Destament a'r rheiny wedi'u sgwennu gan bobol
rydan ni wedi'u cyfarfod yn barod - pobol fel
Dafydd, Solomon ac Eseia.

Felly'r Testament Newydd
sy'n dod nesa, iawn? Dowch, fe awn ni!
Rydw i am weld Iesu!

Mae stori'r Hen Destament yn gorffen hefo Nehemeia (roedd Esther yn byw cyn amser Nehemeia). Ond pan edrychwch chi ar y rhestr o lyfrau'r Hen Destament ar ddechrau'r Beibl, fe welwch chi fod Nehemeia tua hanner ffordd trwy'r Hen Destament.

Y rheswm am hyn ydy mai un deg saith llyfr cyntaf yr Hen Destament sy'n adrodd hanes Duw a'i bobl. Fe ysgrifennwyd gweddill y llyfrau yn ystod y digwyddiadau sy'n cael eu disgrifio yn yr un deg saith llyfr cyntaf (y llyfrau hanes).

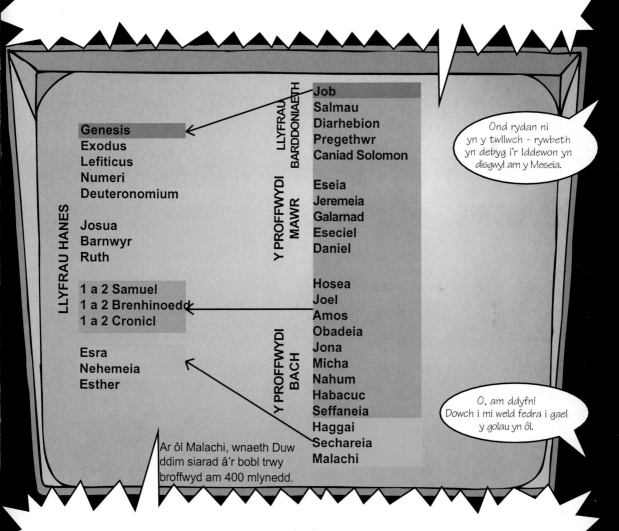

Mae gweddill llyfrau'r Hen Destament yn cael eu rhannu yn dri grŵp:

y llyfrau barddonol (Job, Salmau, Diarhebion, Pregethwr, Caniad Solomon)

y proffwydi mawr (Eseia, Jeremeia, Eseciel, Daniel)

y proffwydi bach (Hosea, Joel, Amos, Obadeia, Jona, Micha, Nahum, Habacuc, Sephaneia, Haggai, Sechareia, Malachi)

Mae'r saethau'n dangos sut mae gweddill llyfrau'r Hen Destament yn ffitio i'r llyfrau hanes.

Rhwng y Ddau Destament

Iawn, mae'r goleuada'n ôl... Ond nŵan dydi'r cyfrifiadur ddim yn gadael i ni fynd i mewn i'r Testament Newydd.

Am bod gynnon ni 400 mlynedd heb eu cynnwys o hyd. Cofio? Mi wnes i sganio'r llyfra 'na sy'n deud be ddigwyddodd rhwng yr Hen Destament a'r Newydd i mewn.

400 mlynedd o blitsio?!

O 'mhen bach i, mae o'n brifo.

Mae gen i syniad. Falla bydden ni'n symud yn gynt petaen ni'n troi'n amlinelliad yn lle bod yn 'twns!

Ar ddiwedd yr Hen Destament
- y Persiaid sy'n rheoli
- dim ond teml fechan sydd yn Jerwsalem
- does dim brenin dros Jwda
- mae pawb yn siarad Hebraeg

Ar ddechrau'r Testament Newydd
- y Rhufeiniaid sy'n rheoli
- mae teml hardd yn Jerwsalem
- mae'r Brenin Herod yn rheoli dros Jwda (sy'n awr yn cael ei galw yn Jwdea)
- mae yna amryw o grwpiau crefyddol, yn arbennig y Phariseaid a'r Sadwceaid
- mae'r rhan fwyaf o'r bobl yn siarad Groeg
- mae'r wlad wedi'i rhannu'n ddwy: Galilea yn y gogledd a Jwdea yn y de (a Samaria rhyngddyn nhw)

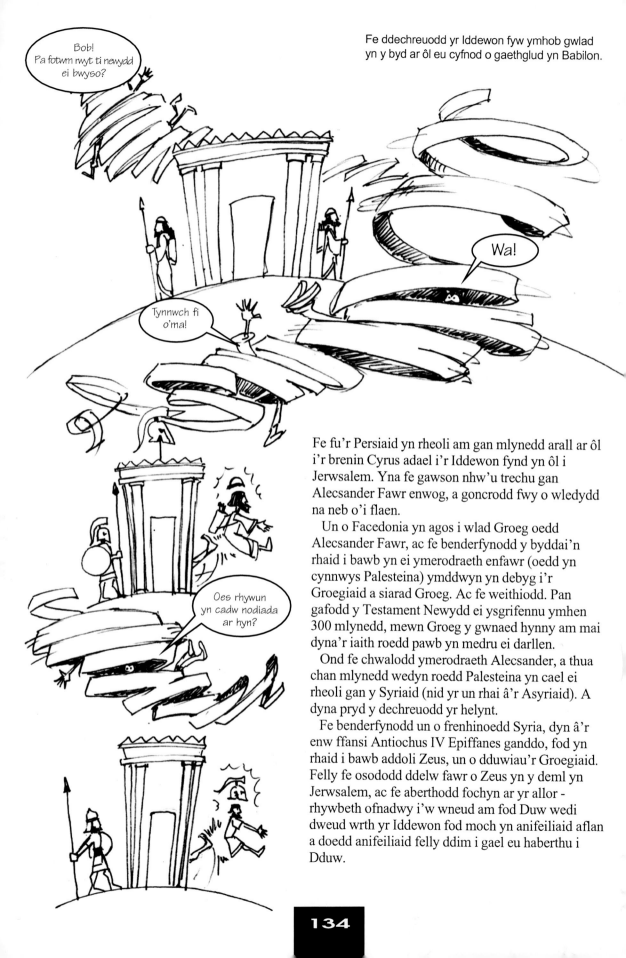

Fe ddechreuodd yr Iddewon fyw ymhob gwlad yn y byd ar ôl eu cyfnod o gaethglud yn Babilon.

Fe fu'r Persiaid yn rheoli am gan mlynedd arall ar ôl i'r brenin Cyrus adael i'r Iddewon fynd yn ôl i Jerwsalem. Yna fe gawson nhw'u trechu gan Alecsander Fawr enwog, a goncrodd fwy o wledydd na neb o'i flaen.

Un o Facedonia yn agos i wlad Groeg oedd Alecsander Fawr, ac fe benderfynodd y byddai'n rhaid i bawb yn ei ymerodraeth enfawr (oedd yn cynnwys Palesteina) ymddwyn yn debyg i'r Groegiaid a siarad Groeg. Ac fe weithiodd. Pan gafodd y Testament Newydd ei ysgrifennu ymhen 300 mlynedd, mewn Groeg y gwnaed hynny am mai dyna'r iaith roedd pawb yn medru ei ddarllen.

Ond fe chwalodd ymerodraeth Alecsander, a thua chan mlynedd wedyn roedd Palesteina yn cael ei rheoli gan y Syriaid (nid yr un rhai â'r Asyriaid). A dyna pryd y dechreuodd yr helynt.

Fe benderfynodd un o frenhinoedd Syria, dyn â'r enw ffansi Antiochus IV Epiffanes ganddo, fod yn rhaid i bawb addoli Zeus, un o dduwiau'r Groegiaid. Felly fe osododd ddelw fawr o Zeus yn y deml yn Jerwsalem, ac fe aberthodd fochyn ar yr allor - rhywbeth ofnadwy i'w wneud am fod Duw wedi dweud wrth yr Iddewon fod moch yn anifeiliaid aflan a doedd anifeiliaid felly ddim i gael eu haberthu i Dduw.

Roedd hyn yn ormod i'r Iddewon. Fe benderfynodd pum brawd, oedd yn cael eu galw yn Facabeaid, ymladd yn erbyn Antiochus. Er syndod i bawb fe gipion nhw Jerwsalem, taflu'r ddelw o Zeus o'r deml, ac ailgodi allor yr Arglwydd yn y deml. (Mae'r Iddewon yn dal i ddathlu'r digwyddiad hwn heddiw ym mis Rhagfyr ar ŵyl Hanukkah).

O'r diwedd, bron i 400 mlynedd wedi i'r Babiloniaid ladd brenin olaf Jwda a mynd â'r Iddewon i Babilon, roedd Palesteina yn wlad rydd unwaith eto, y tro hwn yn cael ei rheoli gan archoffeiriad yn lle brenin.

Ond pharhaodd hynny ddim mwy na rhyw saith deg pump o flynyddoedd, pan fynnai dau frawd fod yn archoffeiriaid. Fe ofynnodd y ddau am help gan Rufain (hi erbyn hyn oedd yr Ymerodraeth fwyaf a welodd y byd erioed - yn fwy hyd yn oed nag ymerodraeth Alecsander Fawr).

Roedd hwn yn syniad hurt iawn, oherwydd fe ddaeth y Rhufeiniaid i helpu, ond fe welson nhw yr un pryd mai cystal fyddai iddyn nhw wneud Palesteina yn rhan o'u hymerodraeth nhw gan eu bod nhw yno!

Felly y Rhufeiniaid oedd yn rheoli yn awr, er eu bod wedi caniatáu i Herod fod yn frenin - cyn belled â'i fod yn gwneud beth oedd y Rhufeiniaid am iddo'i wneud.

Gair Hebraeg yn golygu 'morthwyl' ydy 'Macabead'. Fe roddodd y Macabeaid gurfa iawn i lywodraethwyr Syria ac ennill y rhyfel.

Mae yna amryw o bethau yn y Testmaent Newydd nad oedden nhw ddim yn bod yn yr Hen Destament.

Synagogau

Cyn i'r Iddewon gael eu symud i Babilon roedden nhw'n addoli Duw mewn un lle: y deml yn Jerwsalem. Ond fe gafodd y deml ei dinistrio gan y Babiloniaid, felly fe ddyfeisiodd yr Iddewon yn Babilon y synagog, sydd rywbeth yn debyg i'n capeli a'n heglwysi ni.

Roedd gan bob tref ei synagog ei hun lle roedd pobl yn dod at ei gilydd i ddarllen Beibl yr Iddewon (ein Hen Destament ni) ac i weddïo.

Wedi i'r Iddewon ddod yn ôl o Babilon, fe ailadeiladon nhw'r deml ond fe gadwon nhw'u synagogau hefyd. Roedden nhw'n mynd i'r deml unwaith neu ddwy bob blwyddyn ond yn mynd i'r synagog unwaith yr wythnos ar y Sabath.

Hm, doeddwn i 'rioed wedi sylweddoli y gallai bocs geiria fod mor gyffyrddus. Zzzzz.

Agor ceg. Mae'r blits dwetha 'na wedi 'mlino i'n lân!

Deffrwch fi pan ddown ni i'r darn da.

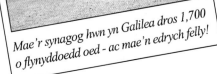

Mae'r synagog hwn yn Galilea dros 1,700 o flynyddoedd oed - ac mae'n edrych felly!

Y Phariseaid a'r Sadwceaid

Pan benderfynodd Alecsander Fawr ei fod am i bawb yn ei ymerodraeth siarad Groeg ac ymddwyn fel y Groegiaid, doedd yr Iddewon ddim yn fodlon iawn. Fe wydden nhw fod Duw am iddyn nhw fod yn Iddewon, nid Groegiaid, ac roedd y Groegiaid yn gwneud llawer o bethau yn erbyn Cyfraith Duw.

Fe gafodd yr Iddewon oedd am gadw'n glir o syniadau'r Groegiaid ac a oedd yn awyddus i lynu wrth Gyfraith Duw eu galw yn Phariseaid.

Roedd y Sadwceaid, ar y llaw arall, yn grŵp o Iddewon pwysig oedd yn gwrthod derbyn bod popeth oedd yn perthyn i'r Groegiaid yn ddrwg, a doedden nhw ddim yn poeni am gadw Cyfraith Duw yn rhy fanwl.

Y Sanhedrin

Roedd y Sanhedrin rywbeth yn debyg i gyfuniad o Dŷ'r Cyffredin a'r Uchel Lys. Y Sanhedrin oedd yn gyfrifol am fywyd bob dydd ym Mhalesteina, yn cynnwys materion crefyddol.

Roedd y saith deg un aelod o'r Sanhedrin yn dod o blith y Phariseaid a'r Sadwceaid. Yr archoffeiriad oedd llywydd y Sanhedrin. (Y Sanhedrin a gondemniodd Iesu i farwolaeth).

Amser i hepian rhwng y ddau Destament. Zzzzz.

Fe gollodd cymaint o'r Iddewon eu Hebraeg nes i grŵp o ysgolheigion Hebraeg fynd ati i gyfieithu'r Hen Destament i'r iaith Roeg; yr enw ar y cyfieithiad hwn ydy y Septuagint.

Aros funud, Bob! Mi gawn ni hepian mewn steil...

Y Samariaid

Roedd y Samariaid yn byw yn Samaria, rhwng Galilea yn y gogledd a Jwdea yn y de. Cymysgedd oedden nhw o'r Israeliaid oedd wedi'u gadael ar ôl wedi i'r Asyriaid fynd â gweddill y deg llwyth o deyrnas y gogledd a phobl oedd wedi dod yno o wledydd eraill.

Roedd y Samariaid yn addoli Duw, ond roedden nhw'n credu mai ym Mynydd Gerisim, nid yn Jerwsalem, roedd ei addoli. Roedd yn gas gan yr Iddewon y Samariaid, a doedd y Samariaid ddim yn rhy hoff o'r Iddewon chwaith.

Adfail arall! (Rydw i'n hoffi dychmygu sut roedd pethau'n edrych cyn iddyn nhw fynd yn adfeilion). Dyma'r cyfan sydd ar ôl o furiau Samaria, a godwyd 900 mlynedd cyn dyddiau Iesu.

Rydw i wedi llwytho'r rhaglen dynwared hedfan. Felly fe fedrwn ni wibio trwy'r gweddill! Clymwch eich beltiau, bawb!

Fydd hyn yn ychwanegu pwyntia at fy ngherdyn aml-hedfan?

Zzzz Zzzz

Zzz Zzzz

Dwi wrth fy modd yn hedfan dosbarth cynta...

O,O! Wedi 'nal yn y dosbarth cynta!

Y Brenin Herod Fawr a'r Deml

Roedd y Brenin Herod Fawr wrth ei fodd yn codi adeiladau. Fe gododd balasau iddo'i hun yn Jericho ac yn agos i'r Môr Marw yn Masada. Fe gododd yr Herodium hefyd, caer a gafodd ei gwneud trwy gloddio twll ar ben mynydd. Fe gododd ddinas newydd sbon, Cesarea, a gafodd ei henwi ar ôl yr ymerawdwr Cesar.

Doedd Herod ddim yn ddyn crefyddol iawn - fel mater o ffaith doedd o ddim hyd yn oed yn Iddew, un o Idwmea oedd o. Fe geisiodd blesio'r Iddewon trwy wneud y deml yn Jerwsalem mor hardd ag y medrai. (Ond weithiodd hynny ddim - doedd yr Iddewon erioed wedi ei hoffi o beth bynnag).

Erbyn amser geni Iesu, roedd pobl wedi bod yn gweithio ar y deml ers ugain mlynedd, ond dim ond yr adeilad ei hun oedd wedi'i orffen. Roedd y cynteddoedd a'r muriau yn dal heb eu gwneud - fe fyddai'n cymryd hanner can mlynedd arall cyn y câi popeth ei orffen, ac roedd hynny flynyddoedd ar ôl marwolaeth Herod.

Y peth trist oedd na fyddai'r deml gyflawn yn sefyll am fwy na chwe blynedd cyn cael ei dinistrio'n llwyr gan y Rhufeiniaid yn 70 OC.

Mae rhan o furiau teml Herod yn para i sefyll. I chi gael rhyw syniad pa mor fawr oedd hi, edrychwch ar lun o beth sy'n cael ei alw yn Fur yr Wylofain lle, hyd heddiw, mae Iddewon yn dod i weddïo. Rhan fach o ran isaf muriau cyntedd y deml ydy Mur yr Wylofain.

Wrth ymyl y deml fe gododd y Rhufeiniaid Gaer Antonia â'i thyrau yn edrych i lawr ar y deml fel y gallen nhw gadw golwg ar bopeth yno.

Roedd Herod yn amau pobl eraill gymaint ac mor genfigennus ohonyn nhw nes iddo ladd ei wraig a'i ddau fab ei hun, am ei fod yn meddwl bod amyn nhw eisiau gwared ohono fo.

139

Yn ôl yng Ngardd Eden, wedi'r Cwymp, roedd Duw wedi addo i Adda ac Efa y byddai un o'u disgynyddion yn trechu Satan ac yn gwneud pethau'n iawn rhwng Duw a'i greadigaeth.

Genesis 3:15

Byth ers hynny, roedd pobl Dduw wedi bod yn disgwyl am y gwaredwr hwn, y Meseia. (Gair Hebraeg ydy *Meseia* yn golygu 'Yr Un Eneiniog'; os nad ydych yn cofio beth ydy ystyr *eneinio* edrychwch yn ôl ar dudalen 75).

Adeg geni Iesu, roedd yr Iddewon yn disgwyl yn nerfus am i'r gwaredwr ddod. Y drafferth oedd bod yr Iddewon yn disgwyl un fyddai'n gwaredu pobl Dduw oddi wrth y Rhufeiniaid hefo byddin fawr ac yn gwneud Israel yn genedl gref unwaith eto.

Ond pan ddaeth Iesu, y Meseia, roedd yn wahanol iawn i beth roedd pawb yn ei ddisgwyl, a doedd y rhan fwyaf o'r bobl ddim yn hapus hefo hynny o gwbl.

Y gair Groeg am *Meseia* ydy *Crist*. Felly pan ddywedodd Pedr wrth Iesu, 'Ti ydy'r Crist,' beth roedd yn ei olygu oedd, 'Ie, ti ydy'r Meseia, yr un rydyn ni i gyd wedi bod yn disgwyl amdano!'

Mathew 16:13-16

Dyna be rydw i'n ei alw'n 'syrthio i gysgu'!

Mae'r parasiwtia'n gwrthod agor hefyd, gwaetha'r modd!

Dwi'n deud y daw'r Meseia fel brenin.

Dwi'n deud y daw'r Meseia fel brenin doeth a deallus.

Dwi'n deud y daw'r Meseia fel brenin doeth, deallus a buddugoliaethus!

140

Beth ydy ystyr 'efengyl'?

Ystyr *efengyl* ydy 'newyddion da'. Yr efengyl ydy'r newyddion da bod Duw wedi anfon ei fab Iesu i glirio ein pechodau ni trwy farw ar y groes.

Ond fe all efengyl hefyd olygu hanes Iesu, hanes ei eni, ei fywyd, ei farwolaeth a'i atgyfodiad. Mae yna bedair efengyl yn y Beibl wedi'u hysgrifennu gan Mathew, Marc, Luc ac Ioan.

Ai hunllef ydi hyn? Neu realiti? Neu hologram? Neu ffilm? HELP! Rhaid i mi wbod be sy'n REAL!

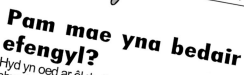

Fe ddywedodd Charles Dickens, awdur *A Christmas Carol,* 'Y Testament Newydd ydy'r llyfr gorau mae'r byd wedi gwybod amdano erioed ac y bydd yn gwybod amdano byth.'

Pam mae yna bedair efengyl?

Hyd yn oed ar ôl rhoi'r pedair efengyl at ei gilydd dydyn nhw ddim ond yn dweud rhan fechan o hanes Iesu (darllenwch Ioan 21:25). Mae'r pedair efengyl wedi'u hysgrifennu ar gyfer gwahanol bobl.

Mae efengyl Mathew wedi'i hysgrifennu ar gyfer Iddewon ac mae'n dangos Iesu fel y Meseia am ei fod yn cyflawni'r pethau a gafodd eu proffwydo am y Meseia.

Mae efengyl Marc wedi'i hysgrifennu ar gyfer unrhyw un sydd heb wybod am Iesu. Mae'n llawn o ddigwyddiadau ac yn defnyddio geiriau fel 'ar unwaith' a 'cyn gynted â' yn aml.

Mae efengyl Luc wedi'i hysgrifennu ar gyfer pobl heb fod yn Iddewon. Mae'n dweud faint oedd diddordeb Iesu mewn pobl dlawd a phobl nad oedd neb yn hoff ohonyn nhw.

Mae efengyl Ioan yn wahanol iawn. Mae'n defnyddio geiriau syml ond mae'n cynnwys meddyliau dwfn. Mae Ioan yn dangos mai Mab Duw ydy Iesu.

Mae'r efengylau yn dangos mai Iesu oedd 'yr un mwyaf caredig, yr un mwyaf tyner, yr un mwyaf addfwyn, yr un mwyaf amyneddgar, yr un oedd yn deall orau o bawb a fu erioed. Roedd yn caru pobl. Roedd yn gas ganddo weld pobl mewn trafferthion. Roedd wrth ei fodd yn helpu. Roedd wrth ei fodd yn maddau. Wrth ei fodd yn gwneud gwyrthiau rhyfeddol o fwydo pobl newynog. Roedd y llaweroedd o bobl flinedig, dryslyd, a phryderus oedd yn dod ato yn cael rhyddhad ac iachâd. Dyna'r math o berson oedd Iesu. Dyna'r math o un ydy Duw. Ac am hynny mae'r Beibl yn sôn, yn arbennig y Testament Newydd).' (H.H.Halley).

Llygaid i gyfeiriad Bethlehem!... Be dwi'n ddeud? Traed i gyfeiriad Bethlehem!

Bachan, mae'r ffilmia ar yr awyren yn holograffig. Dwi'n teimlo'n union fel petawn i'n syrthio.

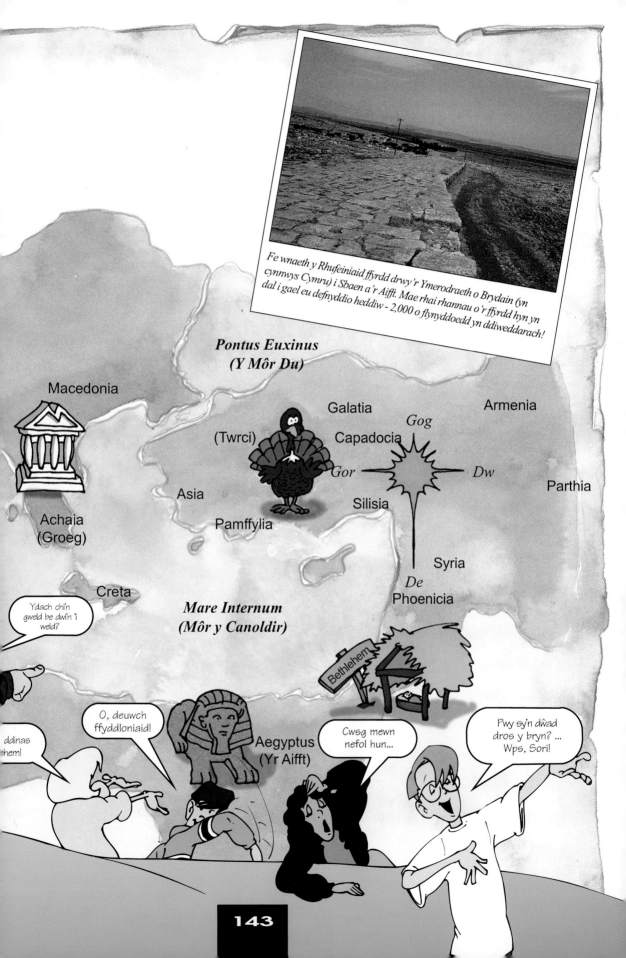

Geni Ioan a Iesu

Yr Efengylau

Offeiriad oedd Sachareias. Roedd ar ei ben ei hun yn y deml pan safodd angel yn annisgwyl wrth ei ochr, ac roedd Sachareias wedi dychryn - pwy na fuasai? Fe ddywedodd yr angel wrtho y byddai o a'i wraig, Elisabeth, yn cael bachgen ac y byddai hwnnw'n broffwyd. Doedd dim proffwyd wedi bod yn Israel ers 400 mlynedd, ond yn awr roedd Duw am siarad â'i bobl eto!

Roedd Sachareias yn ei chael yn anodd credu neges yr angel oherwydd roedd o a'i wraig yn hen. Felly fe ddywedodd yr angel wrtho, 'Fyddi di ddim yn medru siarad nes bydd dy fab wedi'i eni.' Ac yn wir i chi, pan aeth Sachareias allan i fendithio'r bobl fedrai o ddim dweud gair, dim ond chwifio'i ddwylo!   *Luc 1:5-25*

Pan anwyd ei fab, fe ysgrifennodd Sachareias mai Ioan fyddai ei enw (fel roedd yr angel wedi dweud wrtho) ac yn sydyn roedd Sachareias yn medru siarad eto. Y peth cyntaf a wnaeth oedd canu cân hyfryd: fe fyddai Ioan yn broffwyd i'r Arglwydd ac yn dweud wrth y bobl sut y byddai eu pechodau yn cael eu maddau a sut y bydden nhw'n cael eu hachub!

Luc 1:57-80

Bethlehem fel y mae heddiw. Yn amser Iesu dim ond ychydig o bobl ac ychydig gannoedd o ddefaid oedd yno.

Dau bersawr wedi'u gwneud o sudd coeden oedd thus a myrr, dau o roddion y sêr-ddewiniaid i Iesu. Roedd yn rhaid eu mewnforio o Arabia a phobl gyfoethog IAWN yn unig oedd yn medru eu fforddio.

Wele, cawsom y Meseia.

Roedd gan yr angel a ymddangosodd i Sachareias neges i berthynas i wraig Sachareias - merch ifanc o'r enw Mair oedd yn byw yn nhref fechan Nasareth. Fe ddywedodd yr angel wrth Mair hefyd y byddai hi'n cael mab. Roedd Mair yn methu deall hyn - 'Ond dydw i ddim wedi priodi!' meddai. Dywedodd yr angel wrthi y byddai geni ei phlentyn yn wyrth.

Iesu fyddai ei enw (ystyr yr enw ydy 'Mae'r Arglwydd yn achub'). Fe fyddai'n Fab Duw, ac fe fyddai Duw yn rhoi gorsedd Dafydd iddo. Fe fyddai'n frenin! Roedd teyrnas Dafydd wedi'i chwalu, ond fyddai byth ddiwedd ar deyrnas Iesu. Ac roedd Mair, a fyddai'n fam i Iesu, yn barod i ufuddhau i Dduw.

Luc 1:26-38

Ychydig cyn geni Iesu, fe benderfynodd yr ymerawdwr Rhufeinig ei fod am wybod faint o bobl oedd yn byw yn Ymerodraeth Rhufain.

Roedd yn rhaid i bawb fynd i'r dref roedden nhw'n dod ohoni'n wreiddiol ar gyfer y cyfrif. Roedd yn rhaid i Mair a'i gŵr, Joseff, fynd i'r de i Fethlehem oherwydd roedd eu teulu - teulu'r Brenin Dafydd - yn dod oddi yno.

Roedd yn rhaid iddyn nhw deithio tua 100 milltir, taith a gymerai fwy nag wythnos. Pan gyrhaeddon nhw Fethlehem, roedd y bobl eraill roedd eu teuluoedd yn dod oddi yno wedi cyrraedd o'u blaenau, a fedrai Joseff a Mair ddim cael lle i aros. Yn y diwedd fe gawson nhw le mewn stabl (ogof o bosibl), ac yno y cafodd Mair ei baban, Iesu, Mab Duw, oedd wedi'i eni i fod yn frenin.

Luc 2: 1-7

Dionysius Exiguus a ddechreuodd ddyddio digwyddiadau yn ôl CC (Cyn Crist) ac OC (Oed Crist, hynny ydy, ar ôl Crist) a hynny tua 525 OC.

Plentyndod Iesu

Yng nghyfnod y Beibl roedd plentyn newydd ei eni yn cael ei lapio mewn cadachau hir o'i fogail (botwm bol) i'w draed am y credid bod symud y coesau yn debyg o wneud drwg i'w esgyrn meddal. Dyma'r 'dillad baban' yn hanes y baban Iesu.

Y bobl gyntaf i glywed am eni Iesu y Meseia oedd y bugeiliaid (doedd bugeiliaid ddim yn bobl barchus ym Mhalesteina!) Fe ddywedodd y bugeiliaid wrth bawb oedd am glywed - ac wrth y rheiny nad oedden nhw ddim am glywed - beth oedden nhw wedi'i glywed a'i weld.

Fe ddefnyddiodd Duw y sêr hefyd i gyhoeddi geni Iesu. Un noson fe welodd tri gŵr o'r dwyrain (o Bersia, efallai), oedd yn astudio'r sêr, seren oedd yn dweud wrthyn nhw fod brenin i'r Iddewon wedi'i eni.

Fe deithion nhw i Jerwsalem i ofyn i'r Brenin Herod am y brenin newydd hwn. Fe holodd Herod yr ysgrifenyddion a'r Phariseaid, oedd yn astudio'r Hen Destament. Fe ddywedon nhw wrth Herod fod y proffwydi wedi dweud y byddai'r Meseia yn cael ei eni ym Methlehem.

Felly fe aeth y tri gŵr doeth o'r dwyrain i Fethlehem. Fe gawson nhw Iesu a'i addoli a rhoi anrhegion drud iawn, iawn iddo.

Mathew 2:1-12

Fe aeth y Brenin Herod hefyd i Fethlehem - nid i addoli Iesu ond i'w ladd. Pe bai Duw heb rybuddio Mair a Joseff i adael Bethlehem a mynd i'r Aifft am ychydig, fe fyddai wedi llwyddo am iddo orchymyn i bob plentyn dwyflwydd oed a llai ym Methlehem gael eu lladd. Dyma'r dyn a ailadeiladodd deml yr Arglwydd.

Mathew 2:13-18

Pan ddaeth Mair, Joseff a Iesu yn ôl o'r Aifft, fe aethon nhw i Nasareth ac yno y tyfodd Iesu. *Mathew 2:19-23*

Darllen cyffrous:
• Cyflwyno Iesu yn y deml:
Luc 2:22-42

Ychydig iawn a wyddon ni am Iesu yn tyfu. Roedd ganddo frodyr a chwiorydd ac am flynyddoedd roedd yn gwneud gwaith saer fel Joseff. Un hanes yn unig sydd yn y Beibl am Iesu yn blentyn.

Pan oedd Iesu yn ddeuddeg oed fe aeth i'r deml yn Jerwsalem am y tro cyntaf, fel roedd pob Iddew oedd yn oedolyn i fod i fynd. (Mae pob bachgen o Iddew yn cael ei gyfrif yn oedolyn yn ddeuddeg oed). Mae'r daith o Nasareth i Jerwsalem bron cyn hired â'r daith o Nasareth i Fethlehem - tua naw deg o filltiroedd, mwy nag wythnos o deithio.

Ar y ffordd adref, roedd Mair a Joseff yn cerdded hefo grŵp o bobl oedd hefyd wedi bod yn Jerwsalem, pan sylweddolon nhw'n sydyn nad oedden nhw wedi gweld Iesu ers tro. Dyma holi hwn a'r llall, ond doedd dim golwg o Iesu yn unman.

Fe aethon nhw'n ôl i Jerwsalem, yn poeni y gallai rhywbeth ofnadwy fod wedi digwydd iddo. Ond pan gyrhaeddon nhw yno, fe gawson nhw Iesu yn eistedd yn y deml yn siarad ag athrawon y gyfraith (Phariseaid oedd rhai ohonyn nhw). Roedd yn gwrando arnyn nhw ac yn holi cwestiynau, ac roedden nhw i gyd wedi synnu at ei wybodaeth o Air Duw a faint roedd yn ei ddeall.

Pan ofynnodd Mair a Joseff i Iesu pam roedd wedi aros ar ôl, ei ateb oedd, "Oeddech chi ddim yn gwybod bod yn rhaid i mi fod yn nhŷ fy Nhad?"
Luc 2:41-52

Môr Galilea

Nasareth •

Afon Iorddonen

Pan oedd Iesu yn ddeuddeg...

Gog

Gor

Dw

De

Môr y Canoldir

Jerwsalem

Bethlehem

Y Môr Marw

• Hebron

I'r Aifft

Roedd gan Iesu frodyr a chwiorydd; fe ddaeth o leiaf ddau o'i frodyr yn ddilynwyr iddo a nhw a ysgrifennodd lythyrau Iago a Jwdas sydd yn y Beibl.

Ioan Fedyddiwr

Yr Efengylau

Edifarhewch, mae teyrnas nefoedd yn agos!

Erbyn yr adeg y cafodd Iesu ei fedyddio, mae'n debyg bod ei dad daearol, Joseff, wedi marw; dyna pam na chawn ni ddim mwy o'i hanes yn yr Efengylau.

Rhywun am damaid i aros pryd? Gwyliwch y coesa. Maen nhw'n tueddu i fynd rhwng y dannadd.

Roedd Iesu wedi bod yn saer am nifer go dda o flynyddoedd pan glywodd fod ei gefnder, Ioan, mab Sachareias, wedi dechrau pregethu yn agos at Afon Iorddonen, i'r dwyrain o Jerwsalem.

Roedd Ioan yn byw yn syml iawn: yn bwyta mêl gwyllt a locustiaid (sy'n cynnwys llawer o brotein), ac yn gwisgo côt syml o flew camel.

Roedd ei neges yn syml hefyd. Roedd Ioan yn galw ar y bobl i edifarhau (troi yn ôl at Dduw) er mwyn i'w pechodau gael eu maddau. Pan oedd pobl yn dweud, 'Ydw, rydw i eisiau ufuddhau i Dduw,' roedd Ioan yn eu bedyddio yn Afon Iorddonen. Dyna pam mae'n cael ei alw'n Ioan Fedyddiwr.

Roedd hi'n syndod faint o bobl oedd yn dod o Jerwsalem i wrando ar Ioan. Ond pan ddaeth y Phariseaid i'w weld, fe'u galwodd nhw yn haid o wiberod (nadroedd) oedd yn ceisio cuddio rhag dicter Duw. Fe ddywedodd wrthyn nhw nad oedd bod yn Iddewon yn ddigon - na hyd yn oed bod yn Phariseaid! Roedd yn rhaid iddyn nhw brofi eu bod wedi edifarhau trwy wneud gweithredoedd da.

Mathew 3:1-10

Fe wyddai Ioan fod y bobl yn meddwl yn eu calonnau tybed ai fo oedd y Meseia. Ond roedd yn dweud wrthyn nhw o hyd, 'Nid fi ydy'r Meseia - mae o'n dod ar fy ôl i, ac fe fydd yn eich bedyddio â'r Ysbryd Glân, nid â dŵr.'

Mathew 3:11-12

LOCUST

Ond yna'n sydyn, un diwrnod, fe edrychodd Ioan ar y bobl oedd yn gwrando arno ac fe welodd Iesu yn sefyll yn y dyrfa. Fe bwyntiodd at Iesu a dweud, 'Dyma Oen Duw, sy'n tynnu ymaith bechod y byd! Fo ydy'r un rydw i'n sôn amdano.'

   Ac wedyn fe ofynnodd Iesu i Ioan ei fedyddio (er nad oedd dim angen iddo edifarhau!), a phan wnaeth Ioan hynny fe agorodd y nef a daeth Ysbryd Duw i lawr fel colomen a gorffwys ar Iesu. Ac fe ddaeth llais o'r nef yn dweud: 'Hwn ydy fy Mab; rydw i wedi fy mhlesio ynddo.'
Ioan 1:29-31; Mathew 3:13-17

Darllen cyffrous:
● Ioan Fedyddiwr yn y carchar:
   Luc 3:19-20
   Mathew 14:1-13

Dyma Afon Iorddonen lle cafodd Iesu ei fedyddio gan Ioan.

Welsoch chi gyndeidiau'r Phariseaid ar dudalen 43?

Na, fedra i ddim. Fedrwch chi weld Iesu?

Fedra i weld dim byd!

Na, fedra i ddim gweld Iesu. Fedrwch chi?

Fedra i ddim gweld Iesu. Fedrwch chi?

Newch chi roi'r gora i hyn'na, y cnafon bach?

Roist ti ganiatâd i Ioan fedyddio pobol?

Rois i ddim caniatâd iddo fo. Roist ti?

Rois i ddim caniatâd iddo fo. Falla mai **fo** roddodd. Roist ti ganiatâd iddo fo?

149

Dechrau Gweinidogaeth Iesu

Yr Efengylau

Yng Ngardd Eden roedd Satan wedi perswadio Efa i fod yn anufudd i Dduw. Ac yn awr fe geisiodd Satan wneud yr un peth hefo Iesu. Roedd Satan yn gwybod pe bai'n medru cael Iesu i fod yn anufudd i Dduw, y byddai cynllun Duw i achub y byd yn methu. Fe demtiodd Satan Iesu, yn union fel y mae'n ein temtio ni.

Roedd eisiau bwyd ar Iesu, a dyma Satan yn dweud, 'Os ti ydy'r Meseia, fe fedri di wneud bara o'r cerrig hyn!' Roedd yn ceisio dweud wrth Iesu y medrai gael (ac y dylai gael) beth bynnag roedd arno ei eisiau!

Yna fe aeth â Iesu i ben tŵr uchaf y deml a dweud, 'Os ti ydy'r Meseia, fe fedri di neidio i lawr ac fe fydd Duw yn anfon ei angylion i d'achub di.' Fe geisiodd argyhoeddi Iesu y medrai wneud beth bynnag roedd yn ei ddymuno, ac na fyddai dim niwed yn digwydd iddo!

Yn olaf, fe aeth Satan â Iesu i ben mynydd uchel a dangos holl deyrnasoedd mawr y byd iddo a dweud, 'Fe gei di'r holl deyrnasoedd hyn gen i ond i ti f'addoli i.' Bwriad Satan oedd cael Iesu i ddewis gallu'r byd hwn (nad ydy o ddim yn para ond tra mae un person yn gryfach nag un arall) yn lle gallu cariad a gwirionedd ac onestrwydd sy'n para am byth!

Mathew 4:1-11

Dim siop sglods yn y golwg yn unman...Sut roedd pobol yn medru byw yn y fath le?

Falla gwelwn ni Iesu wrth ddilyn y map 'ma.

Wn i ddim. Mae hi'n goblyn o anodd ffeindio ffordd drwy anialwch. Ydach chi'n cofio'r daith ar y camelod drwy'r anialwch? A'r daith gerdded hir 'na i Fethlehem?

Paid â fatgoffa i, wir.

Fe ddechreuodd Iesu bregethu. Fel Ioan Fedyddiwr roedd yntau'n pregethu am yr amser y byddai teyrnas Dduw yn dod, ac y byddai pobl yr holl fyd yn ufuddhau i Dduw. Fe ddywedodd wrth bobl am eu gwneud eu hunain yn barod ar gyfer y deyrnas honno trwy droi at Dduw, trwy edifarhau.

Roedd y bobl yn disgwyl i deyrnas Dduw fod yn debyg i deyrnas fel Ymerodraeth Rhufain, ond ei bod yn gryfach, a milwyr a chyfoeth a gallu ganddi.

Ond fe ddywedodd Iesu wrth y bobl mai math o deyrnas 'o chwith' oedd teyrnas Dduw - un wahanol iawn i Ymerodraeth Rhufain, teyrnas lle byddai Duw yn rheoli yng nghalonnau ei bobl a lle byddai pobl oedd yn llai pwysig i bob golwg yn bwysicach na neb arall.

Luc 9:46-48;   Luc 17:20-21;   Ioan 18:36-37.

Ac fe ddangosodd Iesu i'r bobl sut un ydy Duw trwy iacháu pobl, a gofalu am y tlawd a'r bobl gyffredin, ac wrth roi amser i wrando ar blant a siarad â nhw.

Roedd Iesu hefyd am i bobl wybod nad i Iddewon yn unig roedd ei neges - mae'n neges i bawb, hyd yn oed y Samariaid a'r Cenhedloedd (pobl heb fod yn Iddewon).

Y Disgyblion

Pan ddechreuodd Iesu bregethu, fe ddewisodd ddeuddeg o ddynion fyddai'n teithio hefo fo ac y byddai'n eu dysgu. Nhw fyddai disgyblion Iesu. (Doedd athrawon Iddewig, oedd yn cael eu galw yn rabiniaid, ddim yn dewis eu disgyblion eu hunain - y disgyblion oedd yn dewis y rabi roedden nhw am gael eu dysgu ganddo).

Marc 1:14-20; Marc 3:13-19

Pe baech chi wedi cyfarfod â'r dynion hyn, fyddech chi ddim yn meddwl eu bod yn arbennig o gwbl. Doedden nhw ddim yn bwysig iawn, doedden nhw ddim wedi bod yn yr ysgol am flynyddoedd, a doedden nhw ddim yn adnabod llawer o bobl bwysig. Ond i Iesu roedden nhw'n arbennig iawn.

Fe ddangosodd Iesu nad ydy Duw ddim yn poeni pa mor bwysig neu pa mor glyfar neu boblogaidd ydy person. Mae'n defnyddio pobl nad ydyn nhw ddim yn arbennig, nac yn glyfar a phoblogaidd.

Fe ddewisodd Iesu ddeuddeg o ddisgyblion i'w helpu. Yn ddiweddarach, wedi i Iesu fynd yn ôl i'r nefoedd, fe fyddai'r disgyblion yn apostolion.

Mae'r rhestr o'r disgyblion braidd yn ddryslyd, achos mae yna ddau Simon, dau Iago a dau Jwdas.

Pedr, arweinydd y disgyblion; fe gâi ei alw yn Simon a Simon Pedr hefyd. Roedd Pedr yn caru Iesu, ond fe fedrai fod yn fyrbwyll a doedd o ddim bob amser yn meddwl cyn gwneud rhywbeth. (Darllenwch, er enghraifft, Ioan 18:10-11, lle cewch chi hanes Pedr yn gwneud rhywbeth nad oedd yn glyfar nac yn help).

Andreas, brawd Simon Pedr.

Mathew, oedd hefyd yn cael ei alw yn Lefi; awdur yr efengyl gyntaf. Casglu trethi oedd ei waith cyn iddo gyfarfod â Iesu (darllenwch Mathew 9:9-13).

5 disgybl arall

Disgyblion? Hy! Prin maen nhw allan o'r Ysgol Sul!

Simon, oedd hefyd yn cael ei alw y Selotiad, a allai olygu ei fod, cyn iddo gyfarfod â Iesu, yn perthyn i grŵp o derfysgwyr oedd yn cael eu galw yn Selotiaid.

Mae mwy o Iddewon yn byw yn UDA nag sydd yn Israel heddiw.

Ioan, y disgybl oedd yn ffrind arbennig i Iesu. Fe ysgrifennodd un o'r efengylau. Ioan a Pedr oedd arweinwyr yr Eglwys Fore.

Iago, brawd Ioan.

Philip, oedd yn dod o'r un dref â Pedr ac Andreas - roedden nhw wedi tyfu hefo'i gilydd.

Bartholomeus, o bosibl yr un un â Nathanael, ffrind Philip nad oedd mor siwr o Iesu ar y dechrau (darllenwch Ioan 1:43-51).

Thomas, oedd hefyd yn cael ei alw yn Didymus. Rydyn ni'n ei alw yn 'Thomas yr Amheuwr' hefyd oherwydd ar ôl yr Atgyfodiad roedd yn ei chael hi'n anodd credu bod Iesu yn fyw (darllenwch Ioan 20:24-29).

Iago, na wyddon ni ddim amdano ond mai enw'i dad oedd Alffeus. Nid dyma'r Iago a ysgrifennodd lythyr Iago sydd yn y Beibl - Iago brawd Iesu oedd hwnnw (a doedd o ddim yn un o'r deuddeg disgybl).

Jwdas, mab Iago.

Jwdas Iscariot, a fradychodd Iesu a'i ladd ei hun yn ddiweddarach.

Fel y disgyblion gynt, mae pysgotwyr Môr Galilea heddiw yn pysgota yn y nos; maen nhw'n disgleirio goleuadau i ddenu'r pysgod a'u dal mewn rhwydi.

x

Damhegion Iesu

Fe ddywedodd Iesu lawer o storïau er mwyn i'r bobl ddeall beth oedd yn ei ddysgu. Yr enw ar y storïau hyn ydy 'damhegion'.

Er enghraifft, roedd Iesu yn treulio amser hefo pobl roedd pawb yn edrych i lawr arnyn nhw. Roedd yn sgwrsio â Samariaid, â chasglwyr trethi (roedd pawb yn eu casáu), ac â phob math o bobl doedd neb am fod yn ffrindiau hefo nhw.

Roedd yr Iddewon yn meddwl nad oedd Duw am iddyn nhw siarad â phobl felly. Felly fe adroddodd Iesu stori i geisio cael yr Iddewon i ddeall bod ar Dduw eisiau achub pobl sydd ar goll.

Fe ddywedodd, 'Os oes gan fugail gant o ddefaid ac mae un ddafad yn crwydro oddi wrth y gweddill ac yn mynd ar goll, fe fydd y bugail yn gadael y naw deg naw arall ac yn mynd i chwilio am yr un ddafad sydd ar goll.' Mae Duw fel y Bugail. Mae bob amser yn ceisio cael hyd i bobl sydd wedi rhedeg i ffwrdd oddi wrtho a dod â nhw'n ôl yn ddiogel. A dyna pam roedd Iesu yn siarad â phechaduriaid: roedd yn gwneud ei orau glas i ffeindio pobl oedd ymhell oddi wrth Dduw ac i'w cael yn ôl at Dduw.

Fe ddywedodd, 'Edrychwch yma, does ar bobl iach ddim angen meddyg, ond mae ar bobl sy'n sâl ei angen.' *Luc 15:1-7; Luc 5:27-31*

Mae Dameg y Mab Colledig yn dangos mai Duw ydy'r tad gorau y medrwch chi ei ddychmygu. Pan awn ni oddi wrtho fo a gwneud pethau hurt neu ddrwg, mae'n disgwyl i ni ddod yn ôl, ac yn ein cofleidio (hyd yn oed pan fyddwn ni'n drewi fel moch) ac yn dathlu am ei fod yn falch ein bod yn ôl.
Luc 15:11-32

Mae Iesu ei hun yn egluro Dameg yr Heuwr a Dameg yr Hedyn Mwstard.
Mathew 13:1-23

154

Mae Dameg y Samariad Trugarog yn dangos nad ydy Duw, pan fydd yn dweud, 'Carwch eich cymydog fel chi eich hun,' ddim yn golygu i ni wneud pethau'n gymhleth trwy geisio meddwl pwy ydy ein cymydog. Eich cymydog ydy unrhyw un sydd angen eich help - unrhyw un rydych yn ei gyfarfod, tlawd neu gyfoethog, clên neu gas. *Luc 10:25-37*

Mae Dameg yr Efrau (chwyn) yn dangos y gellwch chi bob amser weld yn glir pwy sy'n perthyn i deyrnas Dduw a phwy sydd heb berthyn. Weithiau fe all pobl sydd yn ymddangos yn Gristnogion da beidio â bod felly, ac fe all pobl sy'n ymddangos fel pe baen nhw ymhell oddi wrth Dduw fod yn agos iawn ato.
    Mathew 13:24-30

Roedd olew olewydden yn cael ei ddefnyddio i feddalu'r croen, ac i esmwytho briwiau, anafiadau a llosgiadau. Fe dywalltodd y Samariad olew i anafiadau'r dyn oedd wedi'i frifo.

Mae Dameg y Tŷ ar y Graig yn dangos pa mor braf bynnag y mae eich bywyd yn edrych o'r tu allan, fe fydd yn chwalu os na fyddwch yn ymddiried yn Nuw.   *Mathew 7:24-27*

Ai Iesu ydy'r Meseia?

Yr Efengylau

Fe gymerodd hi amser hir i'r disgyblion ddeall pwy oedd Iesu mewn gwirionedd! Fel pawb arall, roedden nhw'n disgwyl Meseia fyddai'n cicio'r Rhufeiniaid allan ac yn gwneud Israel yn deyrnas gref eto - o leiaf mor gryf ag oedd hi yn amser y Brenin Dafydd.

Ond wnaeth Iesu ddim ymdrech i wneud ffrindiau â'r bobl bwerus. Doedd ganddo ddim diddordeb mewn gwleidyddiaeth a cheisiodd o ddim ffurfio byddin. Yn lle hynny, fe wnaeth ffrindiau â phobl nad oedd neb yn meddwl eu bod yn bwysig nac yn eu cael yn hawdd eu hoffi.

Ai hwn oedd y gwir Feseia, yr un roedd pawb wedi bod yn disgwyl amdano? Roedd Iesu yn sôn am deyrnas Dduw, ond roedd hi'n deyrnas wahanol iawn i'r un roedden nhw'n ei disgwyl. Nid teyrnas yn meddu byddin fawr a dinasoedd cadarn oedd yr un roedd Iesu yn sôn amdani. Roedd Iesu yn pregethu am garu eraill a gofalu amdanyn nhw. Doedd ei deyrnas o ddim yn perthyn i'r byd hwn o gwbl.

Mae o mor bell!

Awn ni byth ato fo a'r holl bobol 'na o gwmpas.

Porthi'r 5,000 ydi hwn? Dwi ar lwgu!

Pe baech chi wedi bod yn byw ym Mhalesteina pan oedd Iesu yn cerdded y wlad yn pregethu am ei deyrnas, fyddech chi wedi ei gredu? Mae'n debyg i ddisgwyl cael anrheg pan fydd eich rhieni wedi bod am drip. Ond yn lle hynny, pan ddôn nhw'n ôl, maen nhw'n eich cofleidio ac yn dweud gymaint wnaethon nhw'ch colli chi a chymaint maen nhw'n eich caru chi. Mae'n debyg y cymerai hi beth amser i chi sylweddoli bod eich caru chi a gofalu amdanoch chi yn llawer iawn pwysicach na chael y gêm fideo 'na.

Rhaid mai rhywbeth yn debyg i hyn'na roedd y disgyblion yn ei deimlo. Roedden nhw'n disgwyl i Dduw ddangos un peth neu ddau i'r Rhufeiniaid, ond yn lle hynny fe ddangosodd Duw i bobl ei fod yn eu caru. Fe gymerodd hi beth amser iddyn nhw ddeall hynny, ond fe wnaethon nhw yn y diwedd.

Dyma Jerwsalem heddiw. Mae'r mosg, Cromen y Graig, yn sefyll lle roedd y deml unwaith. Mae Mynydd Olewydd y tu ôl iddo.

Pwy ydych chi'n ei feddwl ydi Iesu?

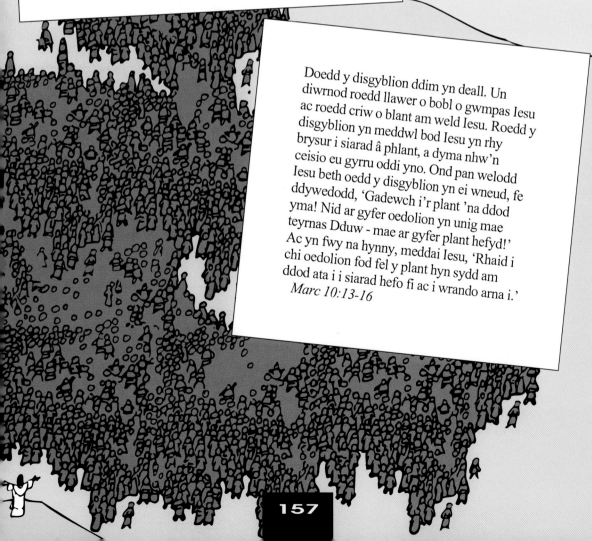

Un diwrnod fe ofynnodd Iesu i'w ddisgyblion, 'Pwy mae pobl yn ei ddweud ydw i?' Ac fe ddywedon nhw wrtho fod y rhan fwyaf o bobl yn meddwl mai un o'r proffwydi oedd o wedi dod yn ôl yn fyw, Elias efallai. Ond pan ofynnodd Iesu iddyn nhw, 'Pwy ydych chi'n ei feddwl ydw i?' fe atebodd Pedr, 'Ti ydy'r Meseia, Mab y Duw Byw!' (*Crist* ydy'r gair Groeg am 'Meseia').

Mathew 16:13-20

Ond doedd hynny ddim yn golygu bod y disgyblion yn awr yn deall popeth roedd Iesu yn ceisio'i ddysgu iddyn nhw. Er enghraifft, un tro fe glywodd Iesu nhw'n dadlau prun ohonyn nhw oedd y pwysicaf. Wnaeth Iesu ddim gwylltio wrthyn nhw, ond fe ddywedodd, 'Os oes arnoch chi eisiau bod yn wir bwysig, rhaid i chi fod yn barod i fod y rhai lleiaf pwysig yng ngolwg pobl!'

Marc 9:33-37

Mae archaeolegwyr wedi darganfod modelau bychain o glai a allai fod yn ddoliau. Maen nhw hefyd wedi canfod ratls, chwibannau, modelau o anifeiliaid a cherbydau rhyfel oedd yn deganau plant, mae'n debyg.

Doedd y disgyblion ddim yn deall. Un diwrnod roedd llawer o bobl o gwmpas Iesu ac roedd criw o blant am weld Iesu. Roedd y disgyblion yn meddwl bod Iesu yn rhy brysur i siarad â phlant, a dyma nhw'n ceisio eu gyrru oddi yno. Ond pan welodd Iesu beth oedd y disgyblion yn ei wneud, fe ddywedodd, 'Gadewch i'r plant 'na ddod yma! Nid ar gyfer oedolion yn unig mae teyrnas Dduw - mae ar gyfer plant hefyd!' Ac yn fwy na hynny, meddai Iesu, 'Rhaid i chi oedolion fod fel y plant hyn sydd am ddod ata i i siarad hefo fi ac i wrando arna i.'

Marc 10:13-16

Gwyrthiau Iesu

Yr Efengylau

Fe wnaeth Iesu lawer o wyrthiau - pethau roedd pobl yn meddwl nad oedden nhw'n digwydd, fel pobl wedi marw yn dod yn ôl yn fyw eto.

Nid gwneud gwyrthiau i'w ddangos ei hun nac i wneud argraff ar bobl roedd Iesu. Roedd yn gwneud gwyrthiau am yr un rheswm ag roedd yn adrodd y damhegion: i'n helpu ni i ddeall sut un ydy Duw.

Roedd Iesu yn mynd o gwmpas yn iacháu pobl. Roedd yn gwneud i bobl ddall weld, ac i bobl fyddar glywed, ac i bobl gloff gerdded eto. Ac roedd yn rhyddhau pobl oedd yng ngafael ysbrydion drwg o'u gafael.

Roedd Iesu yn gwneud gwyrthiau i ddangos bod Duw yn malio - nid yn unig am y pethau mawr ond hefyd am y pethau bach. Gwyrth gyntaf Iesu oedd gwneud gwin allan o ddŵr am fod arno eisiau arbed ffrindiau ei fam rhag teimlo cywilydd.   *Ioan 2:1-11*

Un diwrnod, roedd Iesu yn cerdded ar hyd y ffordd pan welodd bobl yn mynd i angladd. Roedd dyn ifanc wedi marw, ac roedd ei fam wedi'i gadael ar ei phen ei hun. Fe afaelodd Iesu yn llaw oer y dyn ifanc (doedd Iddewon ddim i fod i gyffwrdd â chorff marw!) ac fe ddaeth yn ôl yn fyw.
    Luc 7:11-16

Fe ddaeth Iesu yn enwog. Pe bai'n byw heddiw, fe fyddai pobl am ei holi ar y teledu ac ar y sioeau sgwrsio.

Unwaith fe fwydodd Iesu bum mil o bobl o gynnwys bocs cinio bachgen bach oedd wedi dod i wrando arno. Fe ddechreuodd Iesu dorri'r bara a'r pysgod yn ddarnau ac fe ddaliodd i wneud hynny nes i bawb gael digon i'w fwyta. Roedd mwy o fwyd ar ôl nag oedd yno ar y dechrau!
    Marc 6:32-44

Fe wnaeth Iesu i ddyn, na fedrai weld o gwbl, weld am y tro cyntaf erioed yn ei fywyd. Fe boerodd ar y ddaear a gwneud mwd a'i roi ar lygaid y dyn, a phan olchodd y dyn ei lygaid roedd yn medru gweld.
    Ioan 9:1-34

Mae Môr Galilea yn dawel fel arfer, ond fe all tonnau chwe troedfedd godi arno pan fydd y gwynt o gyfeiriad y bryniau yn chwipio'r dŵr.

Dro arall roedd Iesu yn siarad â phobl pan ddaeth arweinydd y synagog ato a dweud wrtho fod ei ferch fach yn ddigon gwael i farw. Cyn i Iesu fedru cyrraedd y tŷ, fe ddaeth rhywun a dweud, 'Mae hi'n rhy hwyr, mae hi wedi marw.' Ond fe aeth Iesu i'r tŷ beth bynnag a dweud wrth y rhai oedd yno'n galaru am fynd allan. Gafaelodd yn llaw'r ferch a dweud, 'Cod, 'mechan i!' Ac fe neidiodd hi ar ei thraed a cherdded.
Marc 5:21-43

Unwaith roedd y disgyblion mewn cwch ar Fôr Galilea mewn storm fawr. Os ydych chi erioed wedi bod mewn cwch mewn storm fe fyddwch yn gwybod profiad mor ddychrynllyd ydy hynny. Ond yna fe ddaeth Iesu gan gerdded ar y tonnau. (Roedd gweld Iesu yn cerdded ar y dŵr yn codi mwy o ofn ar y disgyblion na'r storm ei hun!) Fe ddringodd Iesu i'r cwch, ac fe gyrhaeddon nhw'r lan yn ddiogel.   *Mathew 14:22-33*

Falla cawn ni gliw lle gall Iesu fod o'r allbrintia 'ma. Be ti'n ddarllan, Beti?

Hanas y dyn dall. Fedri di ddychmygu sut brofiad fyddai gweld am y tro cynta yn dy fywyd?

Dwi'n methu dallt pam na fedrwn ni fynd yn agos at Iesu.

Y cwbwl rydan nîn î weld ydi be mae o wedii neud. Mae hi fel petaen nîn cyrraedd ryw ddau funud yn rhy hwyr o hyd.

Fel pawb arall, roedd yn rhaid i Iesu dalu treth i'r deml. Felly fe ddywedodd wrth Pedr am fynd i bysgota, ac yng ngheg y pysgodyn cyntaf a ddaliai fe fyddai darn o arian fyddai'n ddigon i dalu treth y deml dros y ddau ohonyn nhw.
Mathew 17:24-27

Hm... Torthau a physgod. Pysgodanau!

Nid siarad am Dduw yn unig a wnaeth Iesu, roedd yn dangos i'r bobl sut un ydy Duw hefyd.

Roedd yn iacháu pobl ac yn codi pobl o farw i ddangos bod gan Dduw ddiddordeb ynon ni a'i fod yn gryfach nag unrhyw afiechyd a hyd yn oed marwolaeth ei hun.

Fe dawelodd y storm i ddangos bod Duw yn gryfach na nerthoedd natur.

Fe fwydodd y pum mil am fod arno eisiau dangos y gall Duw roi inni'r pethau mae arnon ni eu hangen bob dydd.

Dyna sut un ydy Duw!

Wrth gwrs, doedd pawb oedd yn gweld y gwyrthiau ddim yn credu yn Iesu. Fe ddywedodd rhai o'r Phariseaid a welodd Iesu yn anfon ysbrydion drwg o bobl, 'Tric ydy hyn, dim arall! Meistr yr ysbrydion drwg, Satan ei hun, sy'n ei helpu i wneud hyn'na.'

Roedd pobl eraill nad oedden nhw ddim yn dymuno credu yn Iesu, ond roedden nhw'n cael blas ar ei wylio yn gwneud gwyrthiau - roedden nhw'n meddwl ei bod yn sioe werth chweil.

Ond roedd yna bobl eraill wedyn oedd yn gweld beth roedd Iesu yn ei wneud ac yn clywed beth roedd yn ei ddweud ac yn credu mai fo oedd Mab Duw, y Meseia go iawn.

Fe gafodd deg o ddynion oedd yn dioddef o'r gwahanglwyf eu hiacháu, ond un yn unig a ddaeth i ddweud "Diolch yn fawr"!
Luc 17:11-19

Roedd rhai o'r rabiniaid Iddewig enwog yn honni eu bod yn medru gwneud gwyrthiau, ond wnaeth yr un ohonyn nhw erioed ddweud ei fod yn medru codi rhywun o farw'n fyw.

Fe ddywedodd Iesu wrth Simon Pedr oedd heb ddal yr un pysgodyn trwy'r nos am fwrw ei rwyd i'r dŵr unwaith wedyn - ac fe ddaliodd Pedr gymaint o bysgod nes bu bron i'w rwyd rwygo. *Luc 5:1-11*

Fe gafodd dyn cloff, oedd yn methu cyrraedd y pwll yn ddigon buan, ei iacháu a cherddodd oddi yno gan gario ei fatres. *Ioan 5:1-15*

Fe iachaodd Iesu ddau ddyn oedd
wedi'u meddiannu gan ysbrydion
drwg - a'r ysbrydion hynny'n mynd i
genfaint o foch.
Mathew 8:28-34

Fe ddaeth Iesu â thri o bobl yn ôl yn fyw: geneth fach, bachgen, a dyn mewn oed.

Fe iachaodd Iesu law ddiffrwyth dyn
- ond roedd y Phariseaid yn
grwgnach am iddo wneud hynny ar y
Sabath, y dydd gorffwys!
Mathew 12:9-14

Dwi'n meddwl 'mod i wedi cael gafael ar Iesu! Mae'r bocs rheoli yn deud ei fod yn pregethu'r Bregeth ar y Mynydd y funud hon. Dowch!

Beth Ddysgodd Iesu

Yr Efengylau

Am ychydig, roedd Iesu yn boblogaidd iawn hefo'r bobl. Roedden nhw'n heidio o bobman i wrando arno'n siarad am deyrnas Dduw ac yn dweud wrth y bobl sut y dylen nhw fyw.

Doedd Iesu ddim yn athro diflas. Roedd yn adrodd storïau a damhegion i wneud i bobl ddeall beth roedd yn ei ddweud. Yn y pedair efengyl fe gawn ni lawer o'r hyn roedd Iesu yn ei ddysgu.

Y Bregeth ar y Mynydd ydy'r bregeth hiraf yn yr Efengylau. Mae'n dechrau â naw dywediad, pob un ohonyn nhw'n dechrau â'r geiriau 'Gwyn eu byd...' .

Mathew 5:1-12

Yn y Bregeth ar y Mynydd hefyd, fe ddysgodd Iesu i'w ddisgyblion sut i weddïo. Dywedodd wrthyn nhw am beidio â'u dangos eu hunain wrth weddïo a pheidio â defnyddio geiriau ffansi. Fe ddysgodd weddi wych a syml iddyn nhw, Gweddi'r Arglwydd (sydd yn cael ei galw yn 'Ein Tad' ambell dro am mai dyna'r ddau air cyntaf ynddi).

Mathew 6:5-15

Yn Sinai, roedd Duw wedi rhoi gorchmynion i'r Israeliaid. O'r holl orchmynion hynny, pa rai ydy'r rhai pwysicaf? Fe ddywedodd Iesu fod dau o'r gorchmynion yn bwysicach na'r lleill i gyd. Os na fyddai pobl yn cadw'r ddau orchymyn hynny doedd fawr o werth iddyn nhw gadw'r lleill i gyd. Dyma'r cyntaf o'r ddau:

'...câr yr Arglwydd dy Dduw â'th holl galon ac â'th holl enaid ac â'th holl feddwl ac â'th holl nerth.'

A'r ail un ydy:

'Câr dy gymydog fel ti dy hun.' Fedrwch chi ddim caru Duw a pheidio â charu eich cymydog. Cofiwch - eich 'cymydog' ydy unrhyw un fyddwch chi'n ei gyfarfod.

Marc 12:28-34

Mae'r ddau orchymyn pwysicaf yn ôl Iesu i'w gweld hefyd yn yr Hen Destament. (Deuteronomium 6:5 a Lefiticus 19:18).

162

Yn ôl traddodiad yma y pregethodd Iesu'r Bregeth ar y Mynydd.

Darllen cyffrous:

- Gwrthod Iesu yn Nasareth, ei dref ei hun: **Luc 4:13-30**
- Iesu yn dysgu Nicodemus: **Ioan 3:1-21**
- Iesu a'r wraig o Samaria: **Ioan 4:4-42**
- Bwyta hefo pechaduriaid a chasglwyr trethi: **Mathew 9:9-13**
- Ai Iesu ydy'r Crist (y Meseia)?: **Mathew 16:13-20**
- Y Gweddnewidiad: **Luc 9:28-36**
- Pwy sydd fwyaf?: **Marc 9:33-37**
- Mair a Martha: **Luc 10: 38-42**
- Iesu a'r Plant: **Marc 10:13-16**
- Sacheus fychan: **Luc 19:1-10**
- Y gorchymyn mwyaf: **Marc 12:28-34**
- Offrwm y wraig weddw: **Marc 12:41-44**

Brysia, Crad, cod fi'n uwch! Dwi'n meddwl medra i ei weld o!

Iawn, ond rhaid i ti 'nghodi i wedyn.

Y Phariseaid

Rois i ddim caniatâd iddyn nhw. Roist ti ganiatâd iddyn nhw?

Roist ti ganiatâd iddyn nhw i eistedd ar dy law di ar y Sabath?

Roedd un grŵp o Phariseaid mor gul nes iddyn nhw gael eu galw'n 'Phariseaid cas'. Roedden nhw mor benderfynol o beidio â phechu nes roedden nhw'n cerdded o gwmpas â'u llygaid ar gau!

Waw! Rhowch Bolo Mints i'r creadur 'ma!

'Drycha ar faint wyneb hwn'na!

Sglod! Rho gynnig ar 'hen law', nid jest 'llaw'!

Iawn; dyma ni.

Fedrai'r arweinwyr Iddewig - yn arbennig y Phariseaid - ddim dioddef Iesu. Ac roedd hynny'n beth od, achos pe baech chi'n cyfarfod â Pharisead fe fyddech yn meddwl ei fod yn ddyn ardderchog. Roedd y Phariseaid yn mynd i'r synagog (eglwys yr Iddewon) bob wythnos, yn gweddïo mwy na neb arall, ac yn gwybod Beibl yr Iddewon (ein Hen Destament ni) o glawr i glawr.

Roedden nhw'n siarad am Dduw ac yn gweddïo ar Dduw ac roedden nhw'n gofalu cadw Cyfraith Duw - felly pam roedden nhw'n casáu Iesu, Mab Duw?

Y drwg oedd eu bod nhw'n caru Cyfraith Duw yn fwy na Duw ei hun. A doedden nhw ddim yn caru pobl fel roedd Iesu yn eu caru - eu hunig ddiddordeb oedd gwneud yn siwr bod pobl yn cadw Cyfraith Duw.

Roedd ar y Phariseaid gymaint o ofn i bobl dorri'r gyfraith nes iddyn nhw wneud llawer iawn o reolau newydd, dim ond i wneud yn siwr. Er enghraifft, roedd Duw wedi dweud wrth yr Iddewon nad oedden nhw i weithio ar y Sabath. Ond fe wnaeth y Phariseaid restr hir o'r union bethau na châi'r Iddewon eu gwneud ar y Sabath (ac roedd hynny'n gadael rhestr fer iawn o beth gaen nhw'i wneud).

Roedd ar y Phariseaid eisiau gwneud argraff dda ar bobl. Roedden nhw o hyd yn eu dangos eu hunain, pa mor dda roedden nhw'n cadw'r gyfraith a pha mor aml roedden nhw'n gweddïo - roedden nhw hyd yn oed yn gweddïo ar gonglau'r strydoedd! *Luc 11:37-46*

Rois i ddim caniatâd iddyn nhw. Rhaid mai **ti** roddodd. Wedi'r cwbwl ar dy law **di** maen nhw.

Roedd y Phariseaid yn dweud ei bod yn bechod cerdded mwy na thri chwarter milltir ar y Sabath.

Roedd yn gas gan y Phariseaid Iesu am fod Iesu yn dweud wrthyn nhw (ac wrth bawb arall) nad oedd y Phariseaid mor wych ag roedden nhw'n meddwl eu bod.

Fe ddywedodd Iesu ddameg unwaith am Pharisead a chasglwr trethi. Doedd neb yn hoffi casglwyr trethi am eu bod yn gweithio i lywodraeth Rhufain. Fe fyddai'r Rhufeiniaid yn dweud wrth y casglwyr trethi faint o arian roedd yn rhaid iddyn nhw'i gasglu oddi ar y bobl, ac yna fe fyddai'r casglwyr trethi yn gofyn llawer mwy gan y bobl ac yn pocedu'r gwahaniaeth, felly roedden nhw'n mynd yn gyfoethog iawn.

Roedd y Pharisead yn y ddameg yn sefyll yn nhu blaen y synagog, yn gweddïo, 'O Dduw, diolch i ti nad ydw i yn debyg i'r casglwr trethi hwn; rydw i'n diolch i ti fy mod i yn ddyn da.'

Nid fel yna roedd y casglwr trethi yn gweddïo o gwbl. Ei eiriau oedd, 'O Dduw, cymer drugaredd arna i am mai pechadur ydw i - dydw i werth dim.' Fe ddywedodd Iesu fod Duw wedi gwrando ar weddi'r casglwr trethi am ei fod wedi gweddïo yn y ffordd iawn, ond wnaeth Duw ddim gwrando ar weddi'r Pharisead am mai ei unig bwrpas oedd dweud wrth Dduw y dylai gael ei blesio ynddo fo am ei fod yn berson mor wych.

Luc 18:9-14

Fe wyddai'r Phariseaid yn iawn na fyddai'r bobl yn gwrando arnyn nhw pe baen nhw'n gwrando ar Iesu, ac y bydden nhw'n colli eu hawdurdod. Neu efallai y byddai'r Rhufeiniaid yn cynhyrfu ac yn mynd â'u hawdurdod oddi ar arweinwyr yr Iddewon.

Felly dyma'r Phariseaid a'r arweinwyr eraill yn penderfynu ei bod yn bryd iddyn nhw wneud rhywbeth ynglŷn â Iesu.

Iesu a'r Phariseaid

Roedd y Phariseaid yn gwisgo blychau bychain yn cynnwys adnodau o Exodus a Deuteronomium ar eu talcennau a'u breichiau. (Mae'r rheswm am hyn yn Deuteronomium 6:4-8).

Pwyll! Dyma daith fuddugoliaethus Iesu i Jerwsalem!

Dydan ni ddim mymryn nes at Iesu. Rhaid i ni roi cynnig ar rywbeth arall.

Hosanna i Fab Dafydd!

Wythnos cyn y Pasg Iddewig oedd hi, gŵyl bwysicaf y flwyddyn, pan oedd yr Iddewon yn cofio sut yr achubodd Duw nhw o'r Aifft dan arweiniad Moses, ganrifoedd lawer yn gynt.

Fe ddaeth Iesu i mewn i Jerwsalem ar gefn asyn. Roedd y bobl yn wyllt gan gyffro. Roedden nhw'n ei drin fel brenin. Fe dynnon nhw'u cotiau a'u rhoi ar y ffordd o'i flaen; torri cangau o goed palmwydd ar ochr y ffordd a rhoi'r rheiny ar lawr hefyd. (Roedd cangen o balmwydd yn symbol o frenhiniaeth ac o genedlaetholdeb Iddewig). Fe waeddon nhw, 'Hosanna i Fab Dafydd'

sy'n golygu, 'Bydded i Dduw fendithio Mab Dafydd!' Roedd y ddinas i gyd yn ferw gan gyffro - pawb ond y Phariseaid.

Fe welson nhw beth oedd yn digwydd ac roedden nhw'n meddwl yn siwr y byddai Iesu'n cychwyn rhyw fath o wrthryfel a fyddai'n arwain at drafferth hefo'r Rhufeiniaid.

Ac yna, i wneud pethau'n waeth, fe gerddodd Iesu i gyntedd y deml ac achosi cynnwrf yno. Yng nghyntedd y deml roedd masnachwyr yn cyfnewid arian ac yn gwerthu anifeiliaid ar gyfer eu haberthu er mwyn i'r bobl fedru rhoi eu rhoddion i

Dduw. Fe gerddodd Iesu i mewn a throi'r byrddau wyneb i waered nes bod popeth yn rowlio ar hyd y llawr. Lle i addoli Duw oedd y deml; fe ddylai fod yn dŷ gweddi, nid yn lle i bobl wneud arian.

Mathew 21:1-16

Roedd hyn yn ormod i'r arweinwyr Iddewig. Fe ddaethon nhw at Iesu a gofyn iddo, 'Pwy roddodd yr hawl i ti i wneud hyn?' Roedden nhw'n dal i fethu deall mai Duw ei hun oedd wedi rhoi ei awdurdod i Iesu ac nad herio saer o Nasareth roedden nhw ond herio Mab Duw.

Yn lle ateb eu cwestiwn, fe ofynnodd Iesu iddyn nhw, 'Dywedwch chi yn gyntaf, gafodd Ioan Fedyddiwr ei anfon gan Dduw ai peidio?' Fe ddywedodd yr arweinwyr Iddewig wrthyn nhw'u hunain, 'Os dywedwn ni fod Ioan wedi'i anfon gan Dduw, yna fe fydd Iesu yn gofyn, "Pam na wrandawoch chi arno?" Ac os dywedwn ni, "Na, chafodd o mo'i anfon gan Dduw" yna fe fydd y bobl ar ein holau achos maen nhw'n credu bod Ioan yn broffwyd i Dduw.' Felly dyma nhw'n troi'n llwfr ac yn dweud, 'Wyddon ni ddim.' Ymateb Iesu oedd, 'Os felly, wna i ddim ateb eich cwestiwn chi chwaith!'

Mathew 21:23-27

Ond fe geision nhw faglu Iesu eto. Fe ofynnon nhw iddo, 'Ydy hi'n iawn talu trethi i Gesar, ymerawdwr Rhufain?' Roedd hwn yn gwestiwn anodd oherwydd pe bai Iesu yn dweud na, fe allai'r arweinwyr Iddewig ei roi yn nwylo'r Rhufeiniaid fel bradwr; ond pe bai'n dweud ydy, yna fe fyddai'r bobl yn lloerig wrth Iesu oherwydd fe fydden nhw'n credu ei fod yn hoffi'r Rhufeiniaid.

Fe synnodd pawb at ateb Iesu. Dywedodd, 'Pam rydych chi'n ceisio fy maglu? Dangoswch ddarn arian i mi.' Felly dyma un o'r arweinwyr Iddewig yn rhoi darn arian yn ei law. Fe ofynnodd Iesu, 'Llun ac enw pwy sydd ar y darn arian hwn?' Fe atebon nhw, 'Llun ac enw Cesar, yr ymerawdwr.'

Pam roedd llun ac enw pwy oedd ar y darn arian yn bwysig? Roedd yr Iddewon yn credu nad oedd yn beth iawn rhoi llun rhywun ar unrhyw beth, a llun cangen o balmwydden yn unig oedd ar ddarnau arian yr Iddewon cyn dyddiau'r Rhufeiniaid. Ond yn awr pan ddaeth hi'n fater o drin arian roedd y Phariseaid yn dangos eu bod yn barod i anwybyddu eu rheolau eu hunain - roedden nhw'n defnyddio darnau arian â llun Cesar arnyn nhw!

Felly dyma Iesu yn dweud, 'Pam na rowch chi beth sy'n eiddo i Gesar yn ôl iddo - ond rhowch i Dduw beth sy'n eiddo iddo fo!' Roedd yr Iddewon yn teimlo'n annifyr iawn a'r cyfan a wnaethon nhw oedd cerdded i ffwrdd.

Mathew 22:15-22

Wn i - dowch i ni ei faglu hefo'r cwestiwn tric am ddarn arian.

Cwestiwn tric am ddarn arian! Dyna syniad gwych! Dowch i ni ei faglu o hefo'r cwestiwn tric am ddarn arian.

Does neb byth yn cael yr ateb iawn iddo.

Fe gafodd o'r ateb iawn i'r cwestiwn tric am ddarn arian! Fedra i ddim credu iddo fo lwyddo. Syniad pwy oedd hyn'na?

Nid fy syniad i. Dy syniad di oedd o?

Nid fy - wps.

Ymhlith y trethi roedd yn rhaid i'r Iddewon eu talu roedd treth y tir, treth y pen, treth eiddo, tollau a threth y deml. Roedd trigolion Jerwsalem hefyd yn gorfod talu treth dai.

Mae gen i syniad, Sglod. Be am ddod â'r paentiada o Iesu ddaru ni 'u sganio i mewn i'r sgrîn.

Ond wedyn welwn ni ddim ond llunia dau-ddimensiwn o Iesu.

Iawn - paentiada. Maen nhw'n well na methu ei weld o gwbwl.

Reit - fe ro i gynnig arni.

Jwdas oedd trysorydd disgyblion Iesu, ond fe ladrataodd beth o'r arian i'w wario arno'i hun (Ioan 12:1-6).

Bob tro roedden nhw'n ceisio cael Iesu i roi ateb fyddai'n ei gael i helynt, roedd ei ateb yn gwneud iddyn nhw deimlo'n annifyr iawn. Roedden nhw'n dechrau blino, ac mewn cyfarfod yng nghartref yr archoffeiriad fe benderfynon nhw mai'r peth gorau i'w wneud fyddai lladd Iesu. Ond fe wydden nhw y byddai'n rhaid iddyn nhw wneud hynny'n ddirgel neu fe fyddai'r bobl yn debyg o godi helynt.

Rywfodd fe glywodd Jwdas, un o'r deuddeg disgybl, beth oedd bwriad yr arweinwyr Iddewig. Aeth atyn nhw a dweud, 'Faint ydych chi'n fodlon ei dalu i mi os dyweda i wrthych chi sut i ddal Iesu heb i'r ddinas i gyd ddod i wybod beth sy'n digwydd?' Fe gytunon nhw ar dri deg darn o arian (oedd, gyda llaw, yn cyfateb i'r ddirwy am ladd caethwas rhywun arall yn ddamweiniol yn amser yr Hen Destament).

Mathew 26:105, 14-16

Wps - ymerawdwr anghywir! Llun Vespasian sydd ar y darn arian hwn. Roedd yn ymerawdwr tua deng mlynedd ar hugain ar ôl i'r Phariseaid fod yn dadlau â Iesu. (Ond pan fyddwch chi wedi gweld un ymerawdwr rydych chi wedi'u gweld nhw i gyd).

Y Swper Olaf

Noson cyn y Pasg, yr ŵyl i ddathlu rhyddhau'r Israeliaid o'r Aifft, oedd hi. Ar y noson honno mae pob teulu Iddewig yn dod at ei gilydd i fwyta swper y Pasg. Roedd Iesu a'i ddisgyblion yn bwyta'r Pasg yn nhŷ ffrind.

Am fod y ffyrdd a'r strydoedd yn Jerwsalem heb eu tario roedd y ddinas yn lle llychlyd iawn ac roedd pobl yn golchi eu traed cyn bwyta. Fel arfer roedd gwas yn gwneud hyn, ond y tro hwn fe gymerodd Iesu dywel a dechrau golchi traed ei ddisgyblion. Roedden nhw'n teimlo'n annifyr, ond roedd Iesu yn dangos beth roedd

wedi bod yn ei bregethu: os oes arnoch chi wir eisiau bod yn arweinydd, rhaid i chi fod yn was hefyd.

Ioan 13:1-17

Pan oedden nhw'n bwyta, fe ddywedodd Iesu, 'Fe fydd un ohonoch chi'n fy mradychu i.' Fe roddodd y cyfle olaf i Jwdas newid ei feddwl. Ond roedd Jwdas wedi penderfynu. Fe adawodd a mynd at arweinwyr yr Iddewon (pobl ddylai fod wedi bod yn dathlu swper y Pasg!). Fe ddywedodd wrthyn nhw y caen nhw hyd i Iesu yng Ngardd Gethsemane, ychydig y tu allan i Jerwsalem.

Ioan 13:21-30

Pan oedden nhw'n bwyta, fe gymerodd Iesu ddarn o fara, ei dorri, a dweud, 'Cymerwch a bwytewch; fy nghorff i ydy hwn.' Yna fe

Un o'r pechodau mwyaf yn amser y Beibl oedd bradychu ffrind roeddech chi newydd fwyta pryd o fwyd yn ei gwmni.

Leonardo da Vinci (1452-1519)
Y Swper Olaf
Santa Maria della Grazie, Milan

gymerodd gwpanaid o win a dweud, 'Yfwch o hwn, bawb ohonoch chi. Hwn ydy'r cyfamod (cytundeb neu gontract) newydd yn fy ngwaed, fydd yn cael ei dywallt i faddau pechodau.' Mae'n siwr y byddwch wedi clywed y geiriau hyn yn y capel neu'r eglwys yn ystod gwasanaeth y Cymun Bendigaid, neu Swper yr Arglwydd i roi enw arall arno. Beth oedd Iesu yn ei olygu?   *Mathew 26:26-29*

Yng Ngardd Eden, roedd Duw wedi dweud mai'r gosb am bechod oedd marwolaeth. A phan wnaeth Duw gyfamod â phobl Israel ym Mynydd Sinai, fe ddywedodd wrth yr Israeliaid am gyflwyno eu haberthau bob dydd am eu pechodau - fe fyddai anifail yn marw yn eu lle nhw ar yr allor.

Arwydd oedd yr aberthau bod ar y bobl eisiau ufuddhau i Dduw; yna fe fyddai Duw yn maddau eu pechodau.

Ond yn awr roedd Duw ar fin gwneud cyfamod newydd, cytundeb newydd, nid yn unig â phobl Israel ond â phawb, pwy bynnag fydden nhw, lle bynnag bydden nhw'n byw a phryd bynnag.

Dydy'r cyfamod newydd hwn ddim yn gofyn am aberthau bob dydd. Un aberth yn unig oedd ei angen arno, a hwnnw wedi'i ddarparu gan Dduw ei hun: ei Fab ei hun, Iesu. Fe fu Iesu farw unwaith ac am byth yn ein lle ni.

Y cyfan mae'n rhaid i ni ei wneud ydy dweud, 'Diolch yn fawr!' wrth Dduw am ei aberth, a phan fyddwn ni'n gwneud rhywbeth o'i le, fe fedrwn ni ddweud wrth Dduw ac mae yntau wedi addo maddau i ni! Dyna beth roedd Iesu yn ei olygu pan ddywedodd wrth ei ddisgyblion am fwyta'r bara ac yfed o'r cwpan.

Bradychu Iesu

Yr Efengylau

Yng Ngardd Gethsemane ar Fynydd yr Olewydd, fe weddïodd Iesu a gofyn i Dduw a oedd hi'n bosibl iddo osgoi'r dioddef a'r farwolaeth y gwyddai y byddai'n eu hwynebu'n fuan. Ond fe ddywedodd Iesu hefyd, 'Nid fy ewyllys i, ond dy ewyllys di sydd i'w chyflawni!' Roedd yn rhaid i Iesu ddioddef ar ei ben ei hun - roedd y disgyblion wedi syrthio i gysgu!
Luc 22:39-46

Yn fuan fe ddaeth criw mawr o ddynion yno, yn cario cleddyfau a phastynau. Roedd Jwdas hefo nhw. Fe gerddodd at Iesu a'i gusanu er mwyn i'r dynion arfog wybod pwy i'w arestio. Ac yna fe ddywedodd Iesu y geiriau tristaf yn y Beibl: 'Jwdas, wyt ti yn fy mradychu â chusan?'

Fe ddywedodd Iesu wrth y bobl oedd wedi dod i'w arestio, 'Pam rydych chi'n cario cleddyfau a phastynau i f'arestio i fel pe bawn i'n droseddwr? Dyma fi i chi.' A'r disgyblion? Fe redon nhw oddi yno.   *Luc 22:47-53*

> Waw! Roedd y boi Giotto 'na yn byw dros 700 mlynedd yn ôl!

> Clyfar 'te! Yr amser hwnnw doedd y rhan fwya o bobol ddim yn medru darllan, felly mi fydden nhw'n dysgu hanas Iesu trwy edrych ar lunia fel hwn!

> Ych! - mae Pedr yn torri clust y boi 'na i ffwrdd.

172

Giotto (1266-1337)
Cusan Jwdas,
Capel yr Arena, Padua

Jwdas

Roedd Jwdas wedi bod hefo Iesu am dair blynedd ond doedd o erioed wedi'i ddeall. Roedd Jwdas yn meddwl mai Iesu oedd y Meseia - ond roedd yn credu y dylai Iesu wneud beth roedd ar bawb eisiau i'r Meseia ei wneud: cael gwared o'r Rhufeiniaid a gwneud Israel yn wlad hefo'i brenin ei hun eto.

Pan welodd Jwdas nad oedd Iesu am fod yn frenin ac na fyddai'n cael gwared o'r Rhufeiniaid, fe gollodd ddiddordeb. Doedd o ddim yn deall pwy oedd Iesu mewn gwirionedd, a doedd arno ddim eisiau deall chwaith. Dydyn ni ddim yn gwybod a oedd o'n sylweddoli bod ar y Phariseaid eisiau lladd Iesu.

Rhoddodd y Phariseaid dri deg darn o arian i Jwdas am ddweud wrthyn nhw ble gallen nhw ddal Iesu heb i ormod o bobl fod o gwmpas. Ond wedi deall bod yr awdurdodau am i Iesu gael ei gondemnio i farw ar groes, fe sylweddolodd Jwdas ei fod yn euog o achosi marwolaeth Iesu; fe gyrhaeddodd ben ei dennyn a mynd allan i'w ladd ei hun.

Mathew 27:3-10

Mae'r darnau arian hyn yn union yr un fath â'r rhai a gafodd Jwdas am fradychu Iesu. Roedd tri deg darn o arian yn cyfateb i gyflog tua phum mis (neu gyflog pum mlynedd pan ydych chi'n gweithio rhan amser mewn siop 'sgod a sglods).

Dim ond dweud yn syml fod Jwdas wedi'i grogi ei hun mae Mathew. Ond mae adroddiad Luc yn Actau 1:18 yn llawnach - ac yn codi croen gŵydd ar rywun!

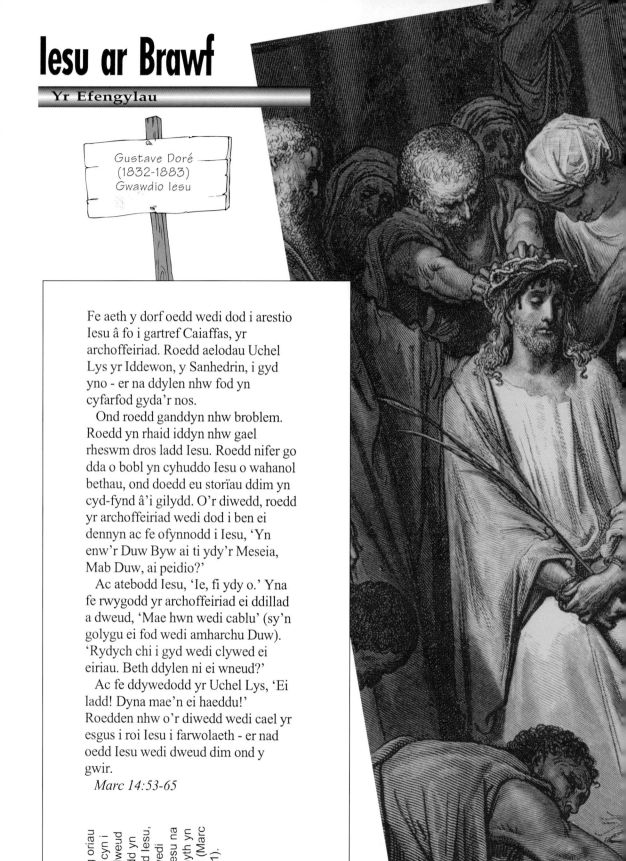

Iesu ar Brawf

Gustave Doré
(1832-1883)
Gwawdio Iesu

Fe aeth y dorf oedd wedi dod i arestio Iesu â fo i gartref Caiaffas, yr archoffeiriad. Roedd aelodau Uchel Lys yr Iddewon, y Sanhedrin, i gyd yno - er na ddylen nhw fod yn cyfarfod gyda'r nos.

Ond roedd ganddyn nhw broblem. Roedd yn rhaid iddyn nhw gael rheswm dros ladd Iesu. Roedd nifer go dda o bobl yn cyhuddo Iesu o wahanol bethau, ond doedd eu storïau ddim yn cyd-fynd â'i gilydd. O'r diwedd, roedd yr archoffeiriad wedi dod i ben ei dennyn ac fe ofynnodd i Iesu, 'Yn enw'r Duw Byw ai ti ydy'r Meseia, Mab Duw, ai peidio?'

Ac atebodd Iesu, 'Ie, fi ydy o.' Yna fe rwygodd yr archoffeiriad ei ddillad a dweud, 'Mae hwn wedi cablu' (sy'n golygu ei fod wedi amharchu Duw). 'Rydych chi i gyd wedi clywed ei eiriau. Beth ddylen ni ei wneud?'

Ac fe ddywedodd yr Uchel Lys, 'Ei ladd! Dyna mae'n ei haeddu!' Roedden nhw o'r diwedd wedi cael yr esgus i roi Iesu i farwolaeth - er nad oedd Iesu wedi dweud dim ond y gwir.

Marc 14:53-65

Ychydig oriau yn unig cyn i Pedr ddweud nad oedd yn adnabod Iesu, roedd wedi addo i Iesu na fyddai byth yn ei adael (Marc 14:27-31).

Pan oedd hyn yn digwydd y tu mewn, roedd rhywbeth arall yn mynd ymlaen y tu allan, yng nghyntedd tŷ'r archoffeiriad. Roedd Pedr, un o ddisgyblion Iesu, wedi dod i'r cyntedd i fod yn agos at Iesu. Mae'n debyg fod arno gywilydd iddo redeg i ffwrdd pan oedd ar Iesu ei angen.

Ond tra oedd yn eistedd yno wrth y tân yn ceisio cadw'n gynnes, fe ofynnodd rhywun i Pedr yn sydyn hollol, 'Wyt ti ddim yn un o ddisgyblion Iesu?' Roedd ar Pedr ofn am ei fod wedi'i roi mewn congl. Ac fe atebodd, 'Na!' Ond fe ddigwyddodd yr un peth ddwywaith wedyn, a'r trydydd tro roedd ar Pedr fwy o ofn nag erioed ac fe ddywedodd, 'Edrychwch, dydw i ddim hyd yn oed yn 'nabod Iesu.'

Ac yna fe ganodd ceiliog a chofiodd Pedr eiriau Iesu yn y Swper Olaf, 'Pedr, fe fyddi'n dweud dwyt ti ddim yn fy 'nabod i dair gwaith cyn i'r ceiliog ganu.' Rhedodd Pedr oddi yno, yn beichio crio. *Marc 14:66-72*

Mae hyn'na'n ofnadwy. Fedra i ddim diodda gweld Iesu yn cael ei wawdio fel'na!

Mi fedrai fod wedi galw ar fyddin o angylion i ddifa'i elynion, ond wnaeth o ddim.

Siwr iawn, roedd o'n frenin â mwy o gonsýrn amdanon ni nag am gael pŵer ac arian.

Waw! Felly dyna be ydi pŵer go iawn.

Iesu o flaen Pilat

Roedd y Sanhedrin wedi condemnio Iesu i farw, ond yn awr roedd ganddyn nhw broblem arall - dim ond gan y Rhufeiniaid roedd yr hawl i'w roi i farwolaeth. Felly roedd yn rhaid iddyn nhw berswadio'r Rhufeiniaid y dylen nhw ladd Iesu.

Fe aethon nhw â Iesu at Pontius Pilat, llywodraethwr Rhufeinig Jwdea. Fe ddywedon nhw wrth Pilat fod arnyn nhw eisiau iddo ladd Iesu. Wrth gwrs, fe ofynnodd Pilat, 'Pam?' ac ateb yr Iddewon oedd, 'Edrych, onibai ei fod yn droseddwr fydden ni ddim wedi dod â fo atat ti.' Felly dyma Pilat yn gofyn yr un cwestiwn i Iesu ag roedd yr archoffeiriad wedi'i holi iddo yn gynt, 'Ai ti ydy Brenin yr Iddewon, y Meseia?' ac eto fe atebodd Iesu, 'Ie.'

Doedd ar Pilat ddim eisiau condemnio Iesu i farwolaeth ond doedd arno chwaith ddim eisiau digio'r Iddewon. Felly fe feddyliodd y gallai fod yn dipyn o snichyn a rhoi dewis iddyn nhw rhwng Barabbas oedd yn droseddwr go iawn a Iesu; fe fyddai'n gadael i un ohonyn nhw fynd yn rhydd. Fe gafodd Pilat ei synnu pan ddewison nhw gael rhyddhau Barabbas.

Ioan 18:29-38

Fe roddodd Pilat gynnig ar un peth arall i geisio arbed Iesu rhag cael ei ladd - ei anfon at y Brenin Herod. Ond fe anfonodd Herod Iesu yn ôl ar unwaith. Doedd yntau ddim yn gweld unrhyw reswm dros ei ladd chwaith.

Roedd Pilat yn dal i fod yn awyddus i ryddhau Iesu ond fe ddechreuodd yr Iddewon weiddi nerth esgyrn eu pennau y bydden nhw'n dweud wrth yr ymerawdwr yn Rhufain am hyn. Roedd ar Pilat ofn colli ei swydd, felly yn y diwedd fe ildiodd iddyn nhw.

Fe fu'r milwyr Rhufeinig yn gwawdio Iesu: fe roddon nhw goron ddrain am ei ben a gwisg fel gwisg brenin amdano.

Luc 23:6-16

Hyd at ychydig o flynyddoedd yn ôl, yr unig le roedd neb wedi gweld enw Pontius Pilat oedd yn y Beibl. Yn ddiweddar fe gafwyd hyd i garreg yng Nghesarea â'i enw arni.

Roedd Pilat wedi gwylltio'r Iddewon unwaith eto trwy gymryd arian oedd i fod ar gyfer y Deml i godi pont ddŵr 25 milltir o hyd i gario dŵr i Jerwsalem.

Roedd pobl oedd yn cael eu croeshoelio yn marw o ddiffyg anadl pan oedden nhw wedi mynd yn rhy wan i fedru tynnu aer i mewn i'w hysgyfaint.

Rembrant (1606-1669)
Y Tair Croes,
Rijksprentenkabinet,
Amsterdam

Marwolaeth ar Groes

Un o'r ffyrdd mwyaf creulon i ladd rhywun ydy trwy ei groeshoelio: clymu neu hoelio person ar groes. Mae croeshoelio yn ffordd o boenydio person yn ogystal â'i ladd. Mae marwolaeth yn digwydd yn araf, araf iawn - fe all person gymryd dau neu dri diwrnod i farw, ac mae'r dyddiau hynny'n artaith.

Ambell dro fe fyddai'r Rhufeiniaid yn rhoi blocyn ar y groes i'r dioddefwr fedru hanner eistedd ar y groes ac ambell dro flocyn iddo fedru sefyll arno. Ond gwneud pethau'n waeth fyddai hynny, achos tra gallai dioddefwr gynnal peth o'i bwysau, fe fyddai ei waed yn dal i gylchdroi.

Pan oedd ar y Rhufeiniaid eisiau gwneud i berson farw yn gynt, fe fydden nhw'n torri'i goesau o dan y pengliniau â phastwn, fel na fedrai ei gynnal ei hun o gwbl. Yn fuan iawn fe fyddai ei galon yn rhoi'r gorau i guro.

Roedd y Rhufeiniaid yn croeshoelio caethweision a throseddwyr drwg iawn. Ymhen ychydig flynyddoedd fe fyddai'r Rhufeiniaid yn croeshoelio llawer o ddilynwyr Iesu, ac mae llawer yn credu bod yr Apostol Pedr wedi cael ei groeshoelio â'i ben i lawr.

Dyma, mae'n fwy na thebyg, y llawr y safodd Iesu arno yn ystod ei brawf. Mae milwyr

Rhufeinig wedi crafu'r gêm ar y llawr. Fe fyddai'r enillydd yn cael gwneud beth a fynnai i'r carcharor. (Fe aeth pethau mor ddrwg nes i'r gêm gael ei gwahardd yn y diwedd).

Y Croeshoeliad

Fe wnaethon nhw i Iesu gario'i groes ei hun i fryn y tu allan i furiau'r ddinas: enw'r bryn oedd Golgotha (enw arall ar Golgotha ydy Calfaria).

Yna fe gafodd ei groeshoelio. Ambell dro fe fyddai'r Rhufeiniaid yn clymu'r dioddefwr wrth y groes, ond yn aml fe fydden nhw'n curo hoelion trwy ei draed a'i ddwylo - a dyna wnaethon nhw i Iesu.

Roedd tair croes ar Golgotha. Roedd Iesu ar y groes ganol rhwng dau leidr. Roedd Pilat yn dal yn anhapus am fod yr Iddewon wedi'i berswadio i groeshoelio Iesu, felly fe dalodd y pwyth yn ôl iddyn nhw trwy roi arwydd sbeitlyd ar groes Iesu yn dweud, 'Brenin yr Iddewon.' Fe ysgrifennodd yr arwydd mewn tair iaith fel y gallai pawb ei ddarllen.   *Luc 23:26-27; Ioan 19:17-27*

Gair olaf Iesu ar y groes oedd 'Gorffennwyd!' Roedd Iesu wedi dod i achub y byd ac roedd ei waith bron ar ben. Roedd Satan wedi defnyddio pobl i ladd Iesu, ond pan fu Iesu farw fo a enillodd y frwydr rhwng Satan a Duw! Wrth farw, roedd Iesu yn dangos bod cariad Duw yn gryfach na chasineb Satan.   *Ioan 19:28-30*

Roedd y milwyr Rhufeinig wedi synnu bod Iesu wedi marw mor sydyn. Fe drywannodd un ohonyn nhw Iesu â gwaywffon, ac fe ddaeth gwaed a dŵr o'i ochr, ac roedd hynny'n profi ei fod wedi marw.   *Ioan 19:31-37*

Fe gafodd ffrindiau Iesu ganiatâd i'w gladdu mewn bedd - ogof fechan â charreg fawr gron yn cael ei rowlio o flaen y fynedfa i'w chau.

Y peth rhyfedd oedd i elynion Iesu gofio rhywbeth roedd ei ddisgyblion wedi'i anghofio. Fe gofion nhw fod Iesu wedi dweud y byddai'n codi eto ymhen tri diwrnod. Felly fe ofynnodd yr Iddewon i'r Rhufeiniaid roi milwyr i wylio'r bedd. Doedden nhw ddim yn gwir gredu y byddai Iesu yn dod yn ôl yn fyw, ond roedden nhw'n meddwl y byddai'r disgyblion yn debyg o geisio dwyn y corff fel y gallen nhw ddweud wrth bawb fod Iesu wedi dod yn ôl yn fyw.
Mathew 27:57-66

Gair Aramaeg ydy 'Golgotha', a gair Lladin ydy 'Calfaria'. Ystyr y ddau ydy 'penglog'.

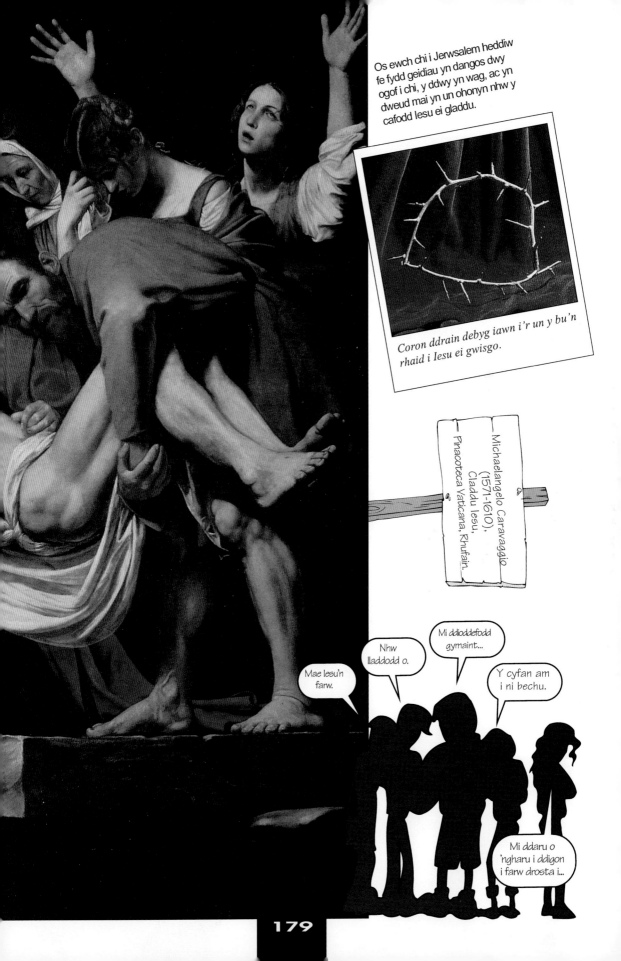

Os ewch chi i Jerwsalem heddiw fe fydd geidiau yn dangos dwy ogof i chi, y ddwy yn wag, ac yn dweud mai yn un ohonyn nhw y cafodd Iesu ei gladdu.

Coron ddrain debyg iawn i'r un y bu'n rhaid i Iesu ei gwisgo.

Michaelangelo Caravaggio (1571-1610), Claddu Iesu, Pinacoteca Vaticana, Rhufain.

Mae Iesu'n farw.

Nhw lladdodd o.

Mi ddioddefodd gymaint...

Y cyfan am i ni bechu.

Mi ddaru o 'ngharu i ddigon i farw drosta i...

Yr Atgyfodiad

Yr Efengylau

Roedd hi'n awr yn fore Sul, roedd Iesu wedi'i gladdu brynhawn Gwener, ac roedd hi'n dawel iawn yn Jerwsalem unwaith eto. Roedd y milwyr wrth y bedd yn edrych ymlaen at fynd adref. Ond yn sydyn, fe grynodd y ddaear, ac fe welodd y milwyr angel yn dod i lawr ac yn rowlio'r garreg oddi ar geg bedd Iesu. Roedden nhw wedi dychryn am eu bywyd ac fe redon nhw oddi yno nerth eu traed!

Pan glywodd arweinwyr yr Iddewon beth oedd wedi digwydd fe ddywedon nhw wrth y milwyr am ddweud eu bod wedi syrthio i gysgu a bod y disgyblion wedi dod a dwyn y corff. (Fe fyddai pawb yn gwybod mai celwydd oedd hynny, achos roedd unrhyw filwr Rhufeinig oedd yn syrthio i gysgu ar ddyletswydd yn cael ei ladd yn y fan a'r lle).

Y bobl gyntaf i ddod at y bedd ar y bore Sul wedi i'r milwyr ffoi oedd tair merch oedd yn ddilynwyr i Iesu. Fe ddaethon nhw a gweld bod y garreg drom wedi cael ei symud! Pan gerddon nhw i mewn, fe welson nhw ddyn ifanc (angel oedd hwn mewn gwirionedd) yn eistedd y tu mewn. Fe ddywedodd hwnnw, 'Peidiwch ag ofni! Mae Iesu wedi cyfodi! Ewch i ddweud wrth Pedr a'r disgyblion eraill.'

Felly fe aethon nhw a dweud wrth Pedr ac Ioan. Fe redon nhw at y bedd a gweld ei fod yn wag - roedd Iesu wedi cyfodi!
Mathew 28:1-16

Giotto (1266-1337)
Yr Atgyfodiad,
Capel yr Arena, Padua

Bedd â charreg gron yn rowlio o flaen yr agorfa i'w gau. Mae'r rhigol yn gogwyddo at i lawr, felly mae'n llawer anoddach agor y bedd na'i gau.

Fe welodd dros 500 o bobl Iesu wedi iddo atgyfodi (1 Corinthiaid 15:6).

Fe ymddangosodd Iesu i'w ddisgyblion lawer gwaith yn ystod yr wythnosau nesaf. Roedd un tro yn arbennig o bwysig i Pedr oedd wedi gwadu dair gwaith ei fod yn adnabod Iesu.

Roedd y disgyblion mewn cwch. Doedd Pedr ddim yn gallu bod yn llonydd yn hir, felly fe benderfynodd fynd i bysgota. Roedd y disgyblion yn dal heb ddeall mai dechrau oedd hyn, nid diwedd. Doedden nhw ddim yn gwybod y byddai neges Iesu yn mynd ar hyd a lled y byd i gyd.

Roedden nhw wedi bod yn pysgota trwy'r nos ond heb ddal dim. Yna, pan ddaethon nhw'n agos at y lan, fe welson nhw ddyn yn eistedd ar y traeth ac fe ddywedodd hwnnw wrthyn nhw am daflu eu rhwyd dros ochr arall y cwch. Fe wnaethon nhw hynny, ac ar unwaith roedd y rhwyd mor llawn o bysgod fel na fedren nhw'i thynnu i'r lan!

Yna fe ddywedodd Pedr, 'Yr Arglwydd sydd yna!' Fe neidiodd dros ochr y cwch a cherdded i'r lan. Iesu oedd yno, ac roedd brecwast yn barod ganddo iddyn nhw.

Ar ôl brecwast fe ofynnodd Iesu i Pedr, 'Pedr, wyt ti'n fy ngharu i yn fwy nag mae'r dynion hyn?' Ac fe ddywedodd Pedr, 'Ydw, Arglwydd, rwyt ti'n gwybod fy mod i'n dy garu di.' Yna fe ofynnodd Iesu yr un cwestiwn i Pedr ddwywaith wedyn, a'r tro olaf fe atebodd Pedr, 'Arglwydd, rwyt ti'n gwybod popeth; rwyt ti'n gwybod fy mod i'n dy garu di!' Wrth gwrs fe wyddai Iesu fod Pedr yn ei garu. Ond roedd Iesu am i Pedr wir sylweddoli ei fod o'n caru Iesu er ei fod wedi dweud, 'Dydw i ddim yn ei 'nabod o.' Ac roedd Iesu am i Pedr wybod ei fod o yn ei garu yntau a bod arno eisiau i Pedr ddal i fod yn ddisgybl iddo. *Ioan 21:1-12*

MAE IESU'N FYW!

Be ydi'r petha aur 'na ar 'u penna nhw?

Mi gysgodd y milwyr drwy'r Atgyfodiad!

Halos - dyna sut roedd arlunwyr yn arfer dangos mai pobl arbennig i Dduw oedd y rhain.

Doedd merched ddim yn cael bod yn dystion mewn llys Iddewig, ond fe wnaeth Duw ferched yn dystion cyntaf i atgyfodiad Iesu!

Yr Esgyniad

Actau

Roedd y disgyblion yn dal i'w chael yn anodd credu bod Iesu yn fyw. Fe welson nhw Iesu lawer gwaith yn ystod y deugain diwrnod ar ôl yr Atgyfodiad, ac fe ddysgodd Iesu fwy iddyn nhw am deyrnas Dduw.

Ond roedd y disgyblion yn dal heb ddeall mor wahanol oedd Iesu i'r Meseia roedd yr Iddewon yn ei ddisgwyl. Roedden nhw'n dal i boeni am y pethau anghywir - fe ofynnon nhw i Iesu, 'Wyt ti am wneud Israel yn deyrnas, yn wlad rydd eto?'

Atebodd Iesu, 'Mater i'r Tad ydy hynny. Ond fe fyddwch chi'n cael nerth pan ddaw yr Ysbryd Glân, nerth i ddweud wrth eraill amdana i ac am beth mae Duw wedi'i wneud - nid yn Jerwsalem yn unig ond ymhob man!'

Ymhen ychydig ddyddiau, pan oedd Iesu a'r disgyblion yn sefyll ar Fynydd Olewydd, fe aeth Iesu i'r nefoedd o flaen eu llygaid. Fe aeth y disgyblion yn ôl i Jerwsalem lle buon nhw a dilynwyr eraill Iesu (tua 120 i gyd) yn gweddïo ac yn disgwyl, fel roedd Iesu wedi dweud wrthyn nhw am wneud.   *Actau 1:1-11*

Yna'n sydyn un bore, dyma sŵn fel corwynt yn chwythu trwy'r tŷ. Roedd rhywbeth oedd yn edrych yn debyg i fflamau yn eistedd ar ben pob un ohonyn nhw. Dyma'r arwyddion oedd yn dangos bod yr Ysbryd Glân wedi dod, fel roedd Iesu wedi addo.

Roedd Jerwsalem yn llawn pobl, Iddewon oedd wedi dod yno o bob rhan o'r byd i ddathlu Gŵyl y Pentecost. Fe aethon nhw i weld o le roedd y sŵn yn dod ac fe ddaethon nhw i'r tŷ lle roedd dilynwyr Iesu, oedd yn edrych yn hapus ac yn gyffrous iawn, yn sgwrsio.

Fe gafodd pobl eraill eu codi o farw'n fyw, ond fe fuon nhw farw wedyn yn ddiweddarach. Ond nid felly Iesu!

Y peth rhyfeddol oedd bod yr Iddewon hyn oedd heb gael addysg yn moli Duw mewn ieithoedd doedden nhw ddim yn eu gwybod nes bod yr Iddewon o dramor i gyd yn eu deall.

Yna fe ddechreuodd Pedr siarad. 'Mae rhai ohonoch chi'n meddwl ein bod ni wedi meddwi, ond dydyn ni ddim - dim ond naw o'r gloch y bore ydy hi! Rydych chi'n gweld yma beth ddaru'r proffwyd Joel ei broffwydo. Mae Duw wedi anfon ei Ysbryd i ddangos bod Iesu, y gwnaethoch chi ei groeshoelio ychydig wythnosau yn ôl, yn fyw ac mai fo ydy'r Meseia, yr un rydych chi i gyd wedi bod yn ei ddisgwyl.'

Pan orffennodd Pedr, fe ofynnodd rhywun, 'Beth ddylen ni'i wneud?' Ac atebodd Pedr, 'Trowch oddi wrth y pethau drwg rydych chi wedi bod yn eu gwneud a chredwch yn Iesu, y Meseia. Ac i ddangos eich bod yn credu ynddo cymerwch eich bedyddio yn ei enw. Fe fydd eich pechodau yn cael eu maddau ac fe fyddwch yn derbyn yr Ysbryd Glân - fydd yn dangos i chi eich bod wedi gwneud y penderfyniad iawn!'

Fe gredodd tair mil o bobl ac fe gawson nhw'u bedyddio. Felly ar y diwrnod cyntaf, fe dyfodd yr eglwys o fod yn grŵp bychan fyddai'n medru cyfarfod mewn tŷ i fod yn un mor fawr fel mai'r unig le y gallen nhw i gyd gyfarfod hefo'i gilydd oedd cyntedd y deml!

Actau 2:1-24, 32-26, 41

Wyt ti'n meddwl gwnaiff hynny weithio?

Ti'n deud ei fod o hefo ni'n barod?

Cywir. Mae o hefo ni rŵan, hyd yn oed os nad ydan ni'n 'i weld o. Dyna pam fedrai'r cyfrifiadur mo'i ddangos.

Fe ddywedodd Iesu, '...yr wyf gyda chwi bob amser hyd ddiwedd y byd.' Mathew 28:20

Dwi wedi'i gael o! Defnyddio gorchymyn *Chwilio*'r cyfrifiadur i gael hyd i Iesu.

Mae'n werth rhoi cynnig amo.

Am fod Jwdas wedi'i ladd ei hun, fe ddewisodd y disgyblion rywun arall yn ei le ac i wneud eu nifer yn ddeuddeg eto (Actau 1:12-26).

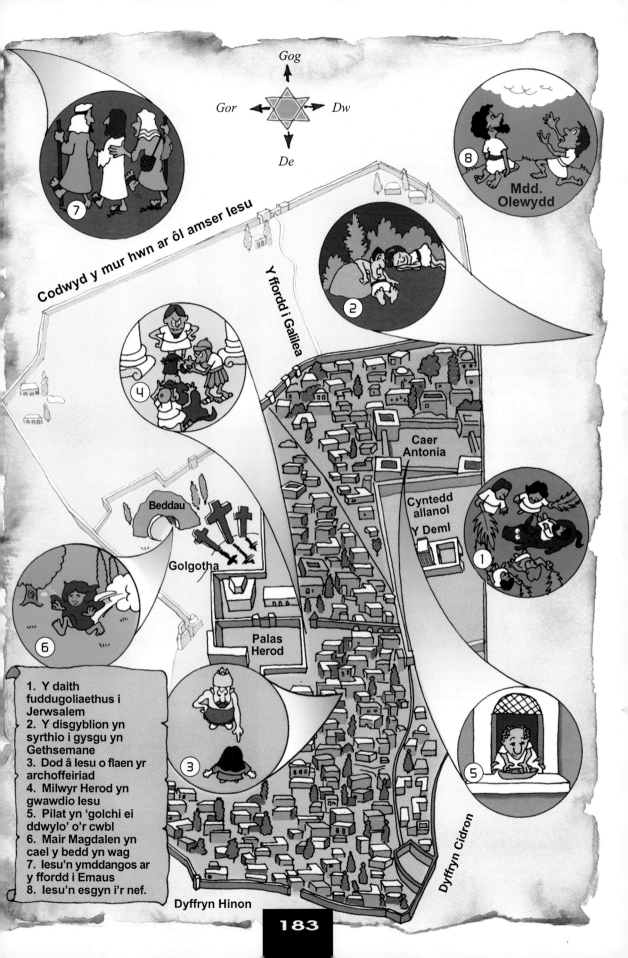

Gog

Gor — Dw

De

Codwyd y mur hwn ar ôl amser Iesu

Y ffordd i Galilea

Caer
Antonia

Cyntedd
allanol
Y Deml

Beddau

Golgotha

Palas
Herod

Mdd.
Olewydd

Dyffryn Cidron

Dyffryn Hinon

1. Y daith fuddugoliaethus i Jerwsalem
2. Y disgyblion yn syrthio i gysgu yn Gethsemane
3. Dod â Iesu o flaen yr archoffeiriad
4. Milwyr Herod yn gwawdio Iesu
5. Pilat yn 'golchi ei ddwylo' o'r cwbl
6. Mair Magdalen yn cael y bedd yn wag
7. Iesu'n ymddangos ar y ffordd i Emaus
8. Iesu'n esgyn i'r nef.

Yr Eglwys yn Cychwyn

Actau

Roedd yr eglwys yn Jerwsalem yn lle cyffrous. Roedd dilynwyr Iesu (ymhen rhai blynyddoedd wedyn y cawson nhw'u galw yn 'Gristnogion') yn rhannu popeth oedd biau nhw hefo'i gilydd fel nad oedd gan neb ormod na neb rhy ychydig.

Roedden nhw'n gweddïo hefo'i gilydd, yn canu hefo'i gilydd, yn bwyta hefo'i gilydd ac yn gwrando ar yr apostolion (dyna'r enw ar y disgyblion erbyn hyn) yn dysgu am Iesu.

Roedd yr apostolion yn gwneud gwyrthiau ac roedd pobl y tu allan i'r eglwys yn rhyfeddu at beth oedd yn digwydd. Doedd gan yr eglwys ddim pwyllgorau nac adeiladau mawr na rhaglenni teledu - ond bob dydd roedd pobl newydd yn ymuno â'r eglwys am fod y bobl oedd yno'n barod mor gyffrous ynglŷn â Iesu a beth roedd wedi'i wneud drostyn nhw.
Actau 2:42-47

Er enghraifft, un diwrnod roedd Pedr ac Ioan yn cerdded i gyntedd y deml. Roedd cardotyn yn eistedd wrth y fynedfa yno bob dydd. Ond ar y diwrnod hwn pan ofynnodd y dyn am arian, fe ddywedodd Pedr, 'Does gen i ddim arian, ond fe gei di beth sydd gen i. Yn enw Iesu, y Meseia, cerdda!' Fe neidiodd y dyn ar ei draed. Dan gerdded a neidio a moli Duw fe aeth hefo Pedr ac Ioan i gyntedd y deml. Roedd ei gyffro a'r sŵn roedd yn ei wneud wedi denu tyrfa dda, ac fe bregethodd Pedr ac Ioan i'r dyrfa. *Actau 3:1-10*

Roedd disgwyl i bob Iddew duwiol roi arian i'r tlawd a'r cloff; dyna pam roedd cymaint ohonyn nhw yn aros y tu allan i'r deml yn cardota.

Roedd y bobl wrth eu bodd yn gwrando ar Iesu yn pregethu, ond roedd yr arweinwyr Iddewig, yn arbennig y Phariseaid, yn anfodlon iawn.

Yn awr roedd y bobl yn gwrando'n braf ar ddilynwyr Iesu, ond roedd yr arweinwyr - yn arbennig y Sadwceaid nad oedden nhw'n credu mewn atgyfodiad - yn tarfu ar y disgyblion. Fe arestion nhw Pedr ac Ioan a'u rhoi yn y carchar dros nos.

Y bore wedyn fe ddaethon â nhw o flaen yr arweinwyr Iddewig a gofynnodd y rheiny iddyn nhw o ble roedden nhw wedi cael y gallu i wella'r cardotyn cloff. Fe fu Pedr, pysgotwr cyffredin heb gael addysg ac yn dod o Galilea, yn siarad yn ddi-ofn â'r arweinwyr Iddewig hyn ac fe ddywedodd wrthyn nhw mai gan Iesu roedden nhw wedi ei gael, Iesu yr un roedden nhw wedi'i groeshoelio a'r un roedd Duw wedi'i godi oddi wrth y meirw!

Roedd yr arweinwyr yn rhyfeddu at ddewrder Pedr. Fedren nhw ddim gwadu nad oedd rhywbeth wedi digwydd achos roedd y cardotyn yn sefyll wrth eu hochr. Felly yr unig beth fedren nhw'i wneud oedd dweud wrth Pedr ac Ioan am roi'r gorau i sôn am Iesu.

Ond fe ddywedodd Pedr ac Ioan wrthyn nhw ar ei ben na fydden nhw'n ufuddhau i'r gorchymyn am fod Duw wedi dweud wrthyn nhw am sôn am Iesu!   *Actau 4:1-22*

185

Roedd pawb yn yr eglwys yn sôn am Iesu wrth bob un oedd yn barod i wrando ac ymhen dim roedd gan Iesu 5,000 o ddilynwyr.

Roedd yr apostolion yn gwneud gwyrthiau, ac fe dyfodd yr eglwys mor fawr fel mai'r unig le yn Jerwsalem oedd yn ddigon mawr iddi gyfarfod oedd cyntedd y deml.

Roedd pobl yn adweithio i'r apostolion fel roedden nhw wedi adweithio i Iesu. Fe ddaethon nhw o bob cwr i glywed yr apostolion yn siarad ac fe ddaethon nhw â chleifion atyn nhw i gael eu hiacháu. Roedden nhw yn eu gosod i orwedd ar hyd ochrau'r ffyrdd hyd yn oed er mwyn i gysgod Pedr syrthio arnyn nhw. Ac roedden nhw i gyd yn cael eu gwella.

Actau 5:12-16

Y Via Dolorosa, 'Stryd Dioddefaint', lle, mae'n fwy na thebyg, y cerddodd Iesu ar ei ffordd i'r groes.

Roedd yr arweinwyr Iddewig yn mynd yn fwy a mwy anesmwyth. Fe roddon nhw'r apostolion yn y carchar - ond fe ddaeth angel Duw i'w gollwng yn rhydd, a'r diwrnod wedyn roedd yr apostolion wrthi'n pregethu eto. Roedd llawer o bobl yn gwrando arnyn nhw. Fe ddaeth nifer fawr o offeiriaid, hyd yn oed, yn ddilynwyr i Iesu!

O'r diwedd, fe aeth pethau i'r pen. Roedd Steffan, un o ddilynwyr Iesu, yn bregethwr grymus iawn ac yn gwneud gwyrthiau. Doedd beth roedd Steffan yn ei wneud ddim yn plesio'r arweinwyr, felly fe wnaethon nhw beth oedden nhw wedi'i wneud i Iesu: fe gawson nhw afael ar ddynion oedd yn barod i ddweud celwydd am Steffan a'i gyhuddo o iselhau Duw a Moses.

Pan ofynnodd y Sanhedrin i Steffan a oedd y cyhuddiadau yn gywir, fe bregethodd Steffan bregeth hir a gwych. Fe ddangosodd sut roedd arweinwyr Israel yn y gorffennol wedi ceisio cael gwared o'r proffwydi a'r bobl oedd yn sôn am Dduw. Ac meddai Steffan, 'Rydych chi'n gwneud yr un peth yn union.'

Roedd yr arweinwyr Iddewig mor wyllt wrtho nes iddyn nhw'i lusgo y tu allan i furiau'r ddinas a'i labyddio - taflu cerrig ato i'w ladd. Wrth farw fe weddïodd Steffan, fel roedd Iesu wedi gweddïo ar y groes, 'Arglwydd Iesu, derbyn fy ysbryd' ac 'Arglwydd, paid â dal y pechod hwn yn eu herbyn.' Fe faddeuodd i'w elynion pan oedd yn marw.

Un o'r bobl oedd yn gwylio Steffan yn marw oedd Pharisead ifanc o'r enw Saul. Roedd yn gofalu am ddillad y rhai oedd yn taflu'r cerrig. Roedd Saul yn falch bod Steffan yn cael ei labyddio. Doedd o ddim yn gwybod ar y pryd fod gan Dduw syrpréis mawr yn ei ddisgwyl - ymhen llawer o flynyddoedd fe fyddai pobl yn ceisio'i ladd yntau trwy daflu cerrig ato am ei fod yn pregethu am Iesu. (Rydyn ni'n adnabod Saul yn well wrth ei enw Lladin, Paul).

Actau 6:8-7:1; 7:51-8:1

BRAD, AROS

BAM! BAM!

Gadwch i mi gael gafael yn y Phariseaid 'na - aw! Be ydi hwn?

Wal anweledig!

Roedd yr un enw ar Saul ag ar frenin cyntaf Israel, ac roedd y ddau yn perthyn i lwyth Benjamin.

Tröedigaeth Saul

Yr Actau

Roedd llabyddio Steffan yn nodi cychwyn amser anodd iawn. Roedd yr arweinwyr Iddewig yn gwneud bywyd mor anodd ag y medren nhw i ddilynwyr Iesu ac yn taflu llawer ohonyn nhw i'r carchar.

O ganlyniad, fe adawodd llawer o ddilynwyr Iesu Jerwsalem a mynd i fyw i rannau eraill o Jwdea a Samaria. Fe aethon nhw â newyddion da Iesu hefo nhw ac felly roedd pobl y tu allan i Jerwsalem yn dechrau dod i wybod am Iesu ac am ei farwolaeth a'i atgyfodiad.
Actau 8:1-3

Pan glywodd Saul fod amryw o Gristnogion wedi symud i Damascus yn Syria (bron 200 milltir o Jerwsalem), fe ofynnodd am ganiatâd i fynd yno i arestio unrhyw Gristnogion y gallai gael gafael arnyn nhw a dod â nhw'n ôl i Jerwsalem i'w rhoi yn y carchar. Fe gafodd Saul ganiatâd swyddogol gan yr arweinwyr Iddewig ac fe aeth ar ei daith i Damascus.

Wrth iddo deithio, yn sydyn hollol fe ddisgleiriodd golau mawr o'r nefoedd, ac fe glywodd Saul lais yn holi, 'Saul, Saul, pam rwyt ti yn fy erlid i?' Ac fe atebodd Saul, oedd wedi syrthio ar y ddaear, 'Pwy wyt ti, Arglwydd?' Doedd hwn ddim yn gwestiwn hurt achos doedd Saul ddim yn credu bod Iesu yn fyw. Ond fe gafodd sioc fwya'i fywyd pan glywodd y llais yn dweud, 'Fi ydy Crist! Cod ar dy draed a dos i'r ddinas, ac fe gei di wybod yno beth i'w wneud.'

Pan gododd Saul ar ei draed, roedd yn ddall. Fe gafodd y dyn oedd wedi dod i Damascus i ddinistrio'r eglwys ei arwain gerfydd ei law i'r ddinas. *Actau 9:1-8*

Bwa hynafol yn ninas Tarsus, lle magwyd Paul.

Saul - erlidiwr Cristnogion

Wedi'i ddallu gan y goleuni!

Fe ddywedodd Tertullian, oedd yn byw tua 150 o flynyddoedd ar ôl Iesu, 'Gwaed y merthyron ydy had yr eglwys.' Ystyr hynny ydy bod yr eglwys yn tyfu ac yn cryfhau mewn cyfnod o erlid.

Ananias yn gweddïo dros Saul

Pawb yn cofleidio'i gilydd! Mae Saul yn Gristion!

Yna fe ddywedodd Duw wrth Ananias, Cristion yn Damascus, am fynd at Saul i'w helpu. Doedd Ananias ddim yn rhy siwr am hyn, ond fe ddywedodd Duw, 'Dos! Rydw i wedi dewis y dyn hwn i bregethu amdana i i bobl y tu allan i Israel ac i'w brenhinoedd, ac hefyd i bobl Israel. Ac fe ddangosa i iddo faint fydd o yn ei ddioddef drosta i.' Fe aeth Ananias, ac fe gafodd Saul ei olwg yn ôl.

Yn fuan fe aeth Saul i'r synagogau yn Damascus i bregethu mai Iesu ydy Mab Duw! Yn awr fe geisiodd yr Iddewon yn Damascus ladd Saul a bu'n rhaid iddo ffoi i Jerwsalem.

Actau 9:9-25

Doedd y Cristnogion yn Jerwsalem ddim yn rhy siwr a oedd Saul wedi cael tröedigaeth go iawn ai peidio. Roedden nhw'n meddwl mai tric oedd y cyfan i helpu Saul i wybod pwy oedd y Cristnogion er mwyn eu taflu i'r carchar. Ond yn y diwedd fe berswadiodd dyn o'r enw Barnabas yr eglwys fod Saul o ddifri ac wedi dod wyneb yn wyneb â Iesu go iawn.

Felly dyma'r Iddewon yn Jerwsalem yn ceisio lladd Saul. Ond fe anfonodd yr eglwys Saul i Tarsus, y ddinas lle cafodd ei fagu, ac fe fu yno am rai blynyddoedd.

Actau 9:26-31

Gobeithio na wnaiff hyn lanast ar y rhaglen!

Y dotia bach sy'n gneud y llunia electronig.

Be ydi picseli?

Falla byddai tynnu'r picseli 'ma yn ein helpu i osgoi'r wal anweledig a mynd yn ôl i rith holograffig llawn.

Dyn du o Ethiopia oedd y cyntaf y tu allan i genedl yr Iddewon i ddod yn ddilynwr i Iesu.

Pedr a Cornelius

Actau

Mae beth ddigwyddodd wedyn yn anodd i ni ei ddeall, ond mae'n bwysig iawn. Yr Iddewon oedd y bobl roedd Duw wedi'u dewis. Fe wnaeth Duw gyfamodau (cytunebau) yn gyntaf ag Abraham ac wedyn â phobl Israel ym Mynydd Sinai.

Fe wyddai'r Israeliaid eu bod yn arbennig a bod Duw yn eu caru mewn ffordd arbennig iawn. Fe wydden nhw mai Iddew fyddai'r Meseia ac y byddai'n dod er mwyn ei bobl, pobl Israel. Doedd Duw ddim wedi gwneud cyfamod â gweddill pobl y byd (roedd yr Iddewon yn galw pob un nad oedd yn Iddew yn 'Genedl-ddyn').

Ond doedd yr Iddewon ddim wedi bod yn gwrando yn ofalus iawn ar y proffwydi, a doedd y disgyblion ddim wedi bod yn gwrando'n ofalus iawn ar Iesu. Roedd y proffwydi wedi dweud y byddai'r Meseia yn dod ar gyfer yr holl fyd, nid er mwyn Israel yn unig.

Be ddigwyddodd?

O! na! rydan ni yn y bocs rheoli!

Un funud! Fe wna i gropian i lawr at yr allweddi a setlo petha!

Gylp! Clawstro-brogia.

Hyd yn hyn eglwys Iddewig oedd yr eglwys, ac roedd bron y cyfan o'r Cristnogion yn Iddewon. Yn awr roedd yn rhaid i Dduw roi ar ddeall i'r eglwys fod neges Iesu ar gyfer pawb, boed nhw'n Iddewon neu beidio.

Doedd yr eglwys ddim yn ei chael hi'n hawdd deall hynny. Roedd yn rhaid i Dduw argyhoeddi Pedr yn gyntaf, nad oedd hi ddim yn gwneud gwahaniaeth prun a oedd person yn Iddew, yn Roegwr neu o unrhyw genedl arall - fe allai dilynwyr Iesu bregethu'r newyddion da i bawb am fod Duw am i bawb wybod am Iesu a chredu ynddo.

Un diwrnod roedd Pedr yn eistedd ar do fflat tŷ yn ninas Jopa. Roedd arno eisiau bwyd, ac yn sydyn fe welodd len fawr yn dod i lawr o'r nefoedd a phob math o anifeiliaid ynddi. Ac fe glywodd Duw yn dweud, 'Dos yn dy flaen, Pedr, paratô rai o'r anifeiliaid hyn i'w bwyta.' Ond meddai Pedr, 'Go brin, Arglwydd! Dydw i erioed wedi bwyta dim aflan.'

Nid dweud bod yr anifeiliaid yn fudr roedd Pedr a bod angen eu golchi nhw. Roedd Cyfraith Moses yn dweud na ddylen nhw fwyta rhai mathau o anifeiliaid na'u haberthu i Dduw chwaith. Fe fyddai unrhyw un oedd yn bwyta anifail aflan (mochyn, er enghraifft) yn aflan ei hun ac felly ni allai blesio Duw.

Ond fe ddywedodd Duw wrth Pedr, 'Paid â galw unrhyw beth a wnes i yn aflan nac amhur.'

Fe ddigwyddodd hyn dair gwaith, a thra oedd Pedr yn dal i geisio meddwl beth oedd ystyr y weledigaeth, fe glywodd gnoc ar y drws, ac yno roedd dau o weision Cornelius, milwr Rhufeinig, wedi dod i ofyn i Pedr fynd i dŷ Cornelius i sôn am Iesu wrtho. Ond fyddai Iddew da byth yn mynd i dŷ rhywun nad oedd yn Iddew am fod pobl felly yn cael eu hystyried yn 'aflan'.

Yna'n sydyn fe ddeallodd Pedr beth oedd ystyr y weledigaeth. Roedd newyddion da Iesu ar gyfer Iddewon a rhai heb fod yn Iddewon hefyd. Fe aeth Pedr i dŷ Cornelius, a phan oedd yn siarad â Cornelius, fe ddaeth yr Ysbryd Glân ar bawb oedd yn gwrando. Fedrai neb amau yn awr nad oedd newyddion da Iesu ar gyfer pawb fel ei gilydd - Iddewon a rhai heb fod yn Iddewon, dynion a merched, bechgyn a genethod.
Actau 10:1-35, 44-48

Ond roedd y Cristnogion yn Jerwsalem yn dal yn ansicr, felly roedd yn rhaid i Pedr ddweud wrthyn nhw beth oedd wedi digwydd yn nhŷ Cornelius. Roedden nhw'n falch iawn bod Duw yn caru pobl eraill, nid Iddewon yn unig.
Actau 11:1-18

Hebreaid

Dydyn ni ddim yn gwybod pwy ysgrifennodd y llythyr at yr Hebreaid, ond fe wyddon ni pryd y cafodd ei ysgrifennu - mae'n debyg mai cyn i'r Rhufeiniaid ddinistrio'r deml yn Jerwsalem yn 70 OC.

Mae'r llythyr wedi'i ysgrifennu at Hebreaid (Iddewon) oedd wedi dod yn Gristnogion. Yn awr roedden nhw'n cael eu herlid a'u taflu i garchar - dim ond am eu bod yn Gristnogion! Fe allen nhw arbed eu bywydau a'u heiddo dim ond iddyn nhw wrthod Iesu a throi yn ôl at Iddewiaeth.

Mae'r llythyr yn ceisio perswadio'r Cristnogion Hebrëig hyn i beidio â throi cefn ar Iesu a mynd yn ôl at Iddewiaeth.

Mae'n dangos iddyn nhw dro ar ôl tro gymaint mwy ydy Iesu na phethau'r Hen Destament, nad oedd yn ddim ond cysgod o Iesu.

Mae'r llythyr hefyd yn rhybuddio'r Cristnogion Hebrëig beth fyddai'n digwydd pe baen nhw'n rhoi'r gorau i gredu yn Iesu.

Mae'n eu calonogi trwy ddweud wrthyn nhw faint y mae Duw yn eu caru ac yn eu hatgoffa o'r hanesion yn yr Hen Destament am bobl yn cael help gan Dduw pan oedd hi'n galed arnyn nhw.

Hebreaid 11:1-40

Roedd yr eglwys yn Jerwsalem wedi cael llonydd ers rhai blynyddoedd. Ond yna fe benderfynodd y Brenin Herod Agripa nad oedd yn hoffi'r Cristnogion ac fe ddechreuodd eu herlid.

Fe laddodd un o'r apostolion, Iago, brawd Ioan, a rhoi Pedr yn y carchar. Mae'n debyg y byddai'r brenin wedi lladd Pedr hefyd, ond roedd yr holl eglwys yn gweddïo drosto. Ar ganol nos fe ddaeth angel Duw a dweud wrth Pedr am ei ddilyn. Ac fe gerddodd Pedr hefo'r angel allan o'r carchar.

Aeth i'r tŷ lle roedd yr eglwys yn cynnal cyfarfod gweddi. Fedrai'r ferch a agorodd y drws ddim credu mai Pedr oedd yno ac fe gaeodd y drws yn glep yn ei wyneb!

Actau 12:1-19

Herod Agripa

Roedd y Brenin Herod Agripa yn ŵyr i'r Brenin Herod Fawr, yr un a gododd y deml newydd. Roedd teulu Herod yn un cymysgwch mawr. Roedd Herod Fawr wedi rhoi gorchymyn i ladd pob baban dan ddwyflwydd oed ym Methlehem.

Roedd ewythr Herod Agripa, Herod Antipas, wedi torri pen Ioan Fedyddiwr ac wedi rhoi'r pen ar blât i'w ferch, Salome.

Roedd tad Herod Agripa wedi'i ladd gan ei dad ei hun, Herod Fawr. Doedd y rhain ddim yn deulu dymunol.

Fe fu Herod Agripa ei hun farw pan oedd y bobl yn ceisio dweud wrtho ei fod yn dduw. Fe ddywed y Beibl, 'fe gafodd ei fwyta gan bryfed ac fe fu farw.'

Mathew 14:1-12; Actau 12:1-14; 19b-23

Darn arian â phen Herod Agripa arno.

Pedr oedd arweinydd yr eglwys yn Jerwsalem nes iddo ddod allan o'r carchar. Wedyn fe aeth yn genhadwr, ac fe gymerodd Iago, un o frodyr Iesu, ei le yn arweinydd yno.

Pan oedd yr eglwys yn Jerwsalem yn cael ei herlid, roedd Paul yn Antiochia, tua 350 o filltiroedd i'r gogledd o Jerwsalem. Roedd Barnabas, y dyn oedd wedi argyhoeddi'r eglwys yn Jerwsalem fod Paul yn wir ddilynwr i Iesu ac wedi helpu Paul i ddianc i Tarsus pan oedd yr Iddewon yn Jerwsalem yn awyddus i'w ladd, wedi mynd i Tarsus fel y gallai Paul fynd hefo fo i Antiochia.

Y no cafodd dilynwyr Iesu eu galw yn 'Gristnogion' am y tro cyntaf. O hynny allan dyna roedd pawb yn eu galw.

Pan oedd Paul a Barnabas wedi bod yn Antiochia am flwyddyn gyfan, fe ddywedodd Duw wrth yr eglwys yn Antiochia am anfon Paul a Barnabas ar daith hir i bregethu'r efengyl. Ar y pryd doedd Paul ddim yn gwybod mai hon fyddai'r daith gyntaf o leiaf dair taith hir. Yr enw ar y teithiau hyn ydy 'teithiau cenhadol' oherwydd Paul oedd y cenhadwr cyntaf i wledydd tramor.

Doedd y daith hon ddim yn rhy hir - tua 1,400 o filltiroedd. Fe gymerodd tua blwyddyn a hanner. Fe aeth Paul a Barnabas i Ynys Cyprus, ym Môr y Canoldir, lle bu dewin o'r enw Elymas yn ceisio'u cadw rhag siarad â llywodraethwr yr ynys. Roedd Paul yn ddig iawn, ac fe ddywedodd, 'Plentyn y diafol wyt ti a gelyn popeth sy'n dda!' Ac fe ddywedodd wrth Elymas y byddai'n ddall am ychydig. Pan gollodd Elymas ei olwg, fe ddaeth y llywodraethwr yn Gristion.

Actau 13:1-12

Fe barhaodd y ddau i deithio a phregethu, ond lle bynnag roedden nhw'n mynd, roedd yr Iddewon yn eu herbyn. Er enghraifft, fe ddaethon nhw i Lystra lle iachaodd Paul ddyn nad oedd erioed wedi cerdded. Pan welodd y dyrfa beth oedd Paul wedi'i wneud, roedden nhw'n meddwl mai duwiau oedd Paul a Barnabas: Paul yn Zeus, duw Groegaidd pwysig, a Barnabas yn Hermes, negesydd Zeus. (Fe fedrwch chi adnabod Hermes mewn hen luniau achos mae o bob amser yn gwisgo esgidiau digri ac adenydd arnyn nhw).

Hydyn oed pan oedd Paul a Barnabas yn dweud wrth y bobl nad Zeus a Hermes oedden nhw, roedd y bobl yn dal i fod yn awyddus i ddod ag aberthau iddyn nhw - roedd ganddyn nhw darw yn barod i'w ladd a'i aberthu iddyn nhw!

Ond yna fe ddechreuodd yr Iddewon oedd wedi dilyn Paul a Barnabas o Lystra siarad â'r dynion i'w pherswadio mai dynion drwg oedd Paul a Barnabas. Felly dyna'r union bobl oedd am eu gwneud yn dduwiau yn gwyllio ac yn taflu cerrig at Paul - fel roedd y bobl oedd am wneud Iesu yn frenin yn gweiddi 'Croeshoeliwch ef!' ymhen yr wythnos.

Ond fe ddaeth y Cristnogion o Lystra a sefyll yn gylch o gwmpas Paul a Barnabas, ac fe gododd Paul a mynd yn ei ôl i'r ddinas. Y diwrnod wedyn fe aeth Paul a Barnabas ymlaen ar eu taith. Roedd yna Gristnogion yn rhai o'r dinasoedd, ac felly roedden nhw'n apwyntio henuriaid, pobl fyddai'n medru arwain, yn yr eglwysi.

Actau 14:8-20

Y Gynhadledd yn Jerwsalem

Ar y dechrau roedd yr eglwys yn wynebu problemau o'r tu allan iddi hi ei hun, oddi wrth bobl nad oedden nhw am glywed am Iesu. Ond yn fuan fe gododd problem *o fewn* yr eglwys.

Rydych chi'n cofio i Dduw ddangos i Pedr fod yr efengyl ar gyfer pawb, prun a oedden nhw'n Iddewon ai peidio. Ond fe ddywedai rhai Iddewon Cristnogol, iawn, mae'r efengyl ar gyfer pawb ond mae'n rhaid i unrhyw un nad ydy o'n Iddew ddod yn Iddew yn gyntaf - rhaid iddyn nhw gael eu henwaedu a chadw holl gyfreithiau eraill Moses, ac yna dod yn Gristnogion.

Am fod llawer o Gristnogion yn ddryslyd ynglŷn â hyn, fe ddaeth yr holl apostolion at ei gilydd i gynhadledd yn Jerwsalem. Pedr ac Iago (brawd Iesu) oedd yn gyfrifol am y gynhadledd. Pedr a siaradodd yn gyntaf: 'Gwrandewch! Mae Duw yn achub Iddewon a Chenedl-ddynion yn yr un ffordd.

Fe wyddon ni hyn achos mae'n rhoi'r Ysbryd Glân i bawb, boed nhw'n Iddewon ai peidio. Mae pobl yn cael eu hachub trwy ras Duw, nid trwy gadw Cyfraith Moses!'

Fe ddywedodd Paul a Barnabas beth oedden nhw wedi'i weld Duw yn ei wneud wrth iddyn nhw deithio: roedd pobl yn cael eu hachub, heb gael eu henwaedu na chadw Cyfraith Moses.

Yn olaf fe siaradodd Iago a dweud: 'Gadewch i ni ysgrifennu llythyr i ddweud wrth bawb nad oes dim rhaid i bobl ddod yn Iddewon cyn dod yn Gristnogion. Mae yna rai pethau na ddylen nhw ddim eu gwneud, nid am fod y Gyfraith yn dweud wrthyn nhw am beidio, ond am mai pethau sy'n cael eu gwneud wrth addoli eilunod ydyn nhw, er enghraifft, bwyta gwaed.' Ac fe anfonon nhw'r llythyr yn egluro'u penderfyniad at yr eglwysi.

Actau 15:1-21

O, na! Mae'n edrych yn debyg i ni dorri ar draws trafodaeth ddiwinyddol bwysig!

Weithiodd y blits ddim. Be wnawn ni rŵan?

Os gweithiwn ni hefo'n gilydd, mi fedrwn deipio gorchymyn i'r cyfrifiadur.

Mae miloedd o hen lythyrau wedi'u hysgrifennu mewn Groeg ar bapurffwyn wedi'u canfod yn yr Aifft; mae llawer ohonyn nhw'n dechrau â'r un math o gyfarchiad â'r llythyrau yn y Beibl.

Ysgrifennu Llythyrau

Mae tri ar ddeg o'r ugain llythyr sydd yn Testament Newydd wedi'u hysgrifennu gan Paul.

Pan fyddai gan y bobl mewn unrhyw eglwys gwestiwn pwysig, fe fydden nhw'n anfon rhywun o'r eglwys i weld Paul neu fe fydden nhw'n anfon llythyr ato. Ac yna fe fyddai Paul yn anfon llythyr i ateb cwestiynau fel:

Oes rhaid i ni ddod yn Iddewon i gael ein hachub?

Oes rhaid i ni wneud gweithredoedd da i gael ein hachub?

Pa bryd mae Iesu yn mynd i ddod yn ôl?

Beth ddylen ni ei wneud â phobl sy'n dweud eu bod yn credu yn Iesu ond heb fod yn byw felly?

Fe ysgrifennodd Paul lythyrau hefyd i annog pobl i ddal ati i fod yn Gristnogion - hyd yn oed pan oedden nhw'n cael eu herlid. Roedd yn eu hatgoffa'n aml o faint roedd Iesu wedi'i ddioddef drostyn nhw.

Mae hi'n hawdd iawn anfon llythyr at rywun heddiw. Ond 2,000 o flynyddoedd yn ôl doedd yna ddim swyddfeydd post na blychau postio llythyrau. Roedd gan yr Ymerodraeth Rufeinig wasanaeth post, ond dim ond ar gyfer llythyrau swyddogol y llywodraeth. Roedd hi'n anodd iawn anfon llythyr at ffrind neu aelod o'r teulu.

Er enghraifft, pe baech chi'n byw yn Effesus ac am anfon llythyr at ffrind yn Rhufain, fe fyddai'n rhaid i chi gael gafael ar rywun oedd yn mynd i Rufain, ac fe fyddai'n rhaid i chi wneud yn siwr y byddai'r person hwnnw yn gwybod sut i ddod o hyd i'ch ffrind yn Rhufain. Fe allai hynny fod yn anodd gan nad oedd gan bobl gyfeiriadau fel sydd gennym ni heddiw.

Yr unig ffordd sicr i gael llythyr i ffrind oedd ei roi i rywun oedd yn eich adnabod chi ac yn adnabod eich ffrind. A dyna sut y cyrhaeddodd y rhan fwyaf o lythyrau'r Testament Newydd ben eu taith.

Yn amser Paul ar ddail papurfrwyn roedd y bobl yn ysgrifennu. Roedden nhw'n defnyddio inc a phin ysgrifennu wedi'i wneud o goesyn gwag yr hesg (math o welltyn) wedi naddu'n fain ar un pen.

Doedd Paul ddim yn ysgrifennu ei lythyrau ei hun. Adrodd eu cynnwys yr oedd a rhywun arall yn eu hysgrifennu. Darllenwch Rhufeiniad 16:22 i gael enw ysgrifennwr y llythyr at y Rhufeiniaid.

Mae'r sgrôl hon bron yn union yr un fath â'r un y darllenodd Iesu ohoni (Luc 4:16-20).

Galatiaid

Paul

Mae'n debyg i Paul ysgrifennu'r llythyr hwn at yr eglwysi yn Galatia yn yr un flwyddyn ag y cyfarfu Cynhadledd Jerwsalem, ac fe ysgrifennodd am yr un broblem ag roedden nhw wedi bod yn ei thrafod yn y gynhadledd: roedd rhai yn yr eglwys yn dweud bod yn rhaid i unrhyw un nad oedd wedi ei eni yn Iddew ddod yn Iddew cyn y gallai ddod yn Gristion.

Mae Paul yn defnyddio iaith gref i ddweud wrth yr eglwysi yn Galatia nad oedd y bobl oedd yn dweud bod yn rhaid dod yn Iddew cyn dod yn Gristion yn pregethu efengyl Iesu o gwbl, ond efengyl gwbl wahanol - a doedd hynny ddim yn iawn! *Galatiaid 1:6-10*

Yr unig beth sy'n bwysig ydy ein bod yn ymddiried yn Nuw ac yn credu bod Iesu wedi gwneud pethau'n iawn rhyngon ni a Duw. Dydy lliw croen na iaith na pha mor glyfar ydyn ni ddim yn gwneud yr un mymryn o wahaniaeth. *Galatiaid 3:26-29*

A phan ydyn ni'n ymddiried yn Nuw, fe fydd yr Ysbryd Glân yn gweithio yn ein bywyd i'n gwneud yn debycach i Iesu. *Galatiaid 5:22-26*

Doedd Paul ddim yn ysgrifennu ei lythyrau ei hun. Fel y rhan fwyaf o bobl bryd hynny, roedd yn adrodd cynnwys ei lythyrau a rhywun arall yn cofnodi ei union eiriau. Ar ddiwedd pob llythyr, roedd Paul yn arfer ysgrifennu ychydig o eiriau ei hunan, gan ddefnyddio llythrennau bras iawn (efallai am fod ei olwg yn ddrwg). Roedd yr ychydig eiriau hyn yn llawygrifen Paul ei hun yn profi mai oddi wrtho fo roedd y llythyr. *Galatiaid 6:11-18*

Pan gasglwyd llythyrau Paul at ei gilydd fe gawson nhw'u gosod yn ôl eu hyd, nid yn nhrefn eu hysgrifennu.

198

1 a 2 Pedr

Pedr

Dydy'r Beibl ddim yn dweud wrthyn ni beth ddigwyddodd i Pedr ar ôl Cynhadledd Jerwsalem, ond mae un o'r ddau lythyr a ysgrifennodd gennym ni.

O holl ddisgyblion Iesu, Pedr oedd yr un oedd yn dweud a gwneud pethau heb feddwl yn gyntaf - un byrbwyll iawn oedd o. (Darllenwch, er enghraifft, Ioan 18:10-11). Ond pan ysgrifennodd Pedr ei lythyrau roedd yn hŷn o lawer, yn ddoethach ac addfwynach. Roedd wedi dysgu bod Duw yn gweithio'n wahanol (ac weithiau'n arafach o lawer) nag ydyn ni'n ei hoffi.

Mae llythyr cyntaf Pedr ar gyfer Cristnogion sy'n cael eu herlid ac yn aml eu lladd - dim ond am eu bod yn Gristnogion. *1 Pedr 1:6-9*

Os bydd pethau'n mynd yn anodd, cofiwch nad ni a ddewisodd Dduw - Duw a'n dewisodd ni! A'r ffordd i 'ymladd yn ôl' ydy trwy fyw fel y dylai plant i Dduw - fel Iesu! *1 Pedr 2:9-25; 1 Pedr 3:8-12*

A phan gofiwch chi mor hawdd roedd Pedr yn gwylltio'n gacwn, fe welwch chi gymaint roedd Pedr wedi newid wrth sylwi sut mae'n dweud y dylen ni ymateb pan fyddwn ni'n gorfod wynebu amser caled dim ond am ein bod yn gwneud y peth iawn yn lle ildio i bwysau ein cyfoedion. *1 Pedr 3:13-17*

Mae Pedr hefyd yn sôn am beth sy'n mynd i ddigwydd ar ddiwedd amser. *2 Pedr 3:8-13*

Mae hyn yn rhoi ystyr newydd i'r llythyra!

Teipia hwn: CH-W-Y-DD-W-CH 'T-Ŵ-N-S, B-L-I-T-S-I-W-CH A-LL-A-N.

Wfft i 'nheipio 60 gair y funud i.

Erbyn i Pedr ysgrifennu ei ail lythyr, roedd llythyrau Paul yn destunau darllen poblogaidd gan Gristnogion (darllenwch 2 Pedr 3:15-16).

Fe gafodd dau o lythyrau'r Testament Newydd eu hysgrifennu gan ddau frawd Iesu: Iago a Jwdas. Ar y dechrau doedden nhw ddim yn credu mai Iesu oedd y Meseia, ond yn ddiweddarach roedden nhw ymhlith ei ddilynwyr. Roedd Iago yn arweinydd yn yr eglwys ac fe siaradodd yng Nghynhadledd Jerwsalem.
Ioan 7:1-5; Actau 15:12-21

Blits braf am newid.

Am ryddhad cael dŵad allan o'r bocs 'na.

Iago

Iago

Mae Iago yn ymarferol iawn. Fe ddywed ei lythyr wrthyn ni os ydyn ni yn gwir gredu yn Iesu ac os oes cariad yn ein calonnau, nid cymryd arnon ein bod yn ddilynwyr Iesu fyddwn ni trwy ddweud y pethau iawn (y pethau rydyn ni'n eu credu mae pobl am eu clywed), ond gwneud beth mae Iesu'n ei ddweud y dylen ni ei wneud. (Mae Iago yn ein hatgoffa bod Satan yn credu popeth sydd yn y Beibl am Iesu - ond mae Satan yn gwneud beth sy'n groes i ddymuniad Duw).

Fe fedrwch chi fynd i'r capel neu'r eglwys a gwrando ar bregethau ar hyd eich oes ond os ydych chi'n anwybyddu'r pethau mae Duw yn eu dweud wrthych chi am êu gwneud, rydych chi'n eich twyllo eich hun!
Iago 1:19-27

Dydy'r ffydd sydd yn eich pen yn unig ac heb wneud gronyn o wahaniaeth i'ch bywyd bob dydd yn ddim math o ffydd o gwbl.
Iago 2:14-16

Gwyliwch beth rydych chi'n ei ddweud ac yn peidio â'i ddweud!
Iago 3:1-12 - yn arbennig 9-12

Jwdas

Jwdas

Fe ddechreuodd Jwdas ysgrifennu llythyr calonnog - nes iddo glywed bod rhai pobl yn yr eglwys yn dysgu pethau anghywir am Iesu. Felly fe newidiodd ac ysgrifennu llythyr cryf a llym i'w rhybuddio.

Ond mae'r peth olaf mae Jwdas yn ei ddweud yn ei lythyr yn hyfryd iawn, ac mae'n siwr eich bod wedi'i glywed lawer gwaith (mae'n cael ei alw yn 'fendith apostolaidd' ambell dro). *Jwdas 24-25*

'Drychwch! Gwall sillafu!

Sut y gallai'r darllenydd proflenni fod wedi colli hwn'na? Gwell i ni gael gair hefo'n cyhoeddwr!

Ail Daith Paul

Roedd cynhadledd yr eglwys yn Jerwsalem drosodd ac roedd Paul wedi mynd yn ôl i Antiochia lle'r ysgrifennodd y llythyr at y Galatiaid. Ond ambell dro mae hi'n well siarad â phobl nag ysgrifennu atyn nhw, felly fe benderfynodd Paul wneud y ddau beth ac ymweld â'r eglwysi yn Galatia hefyd.

Am ei fod yn teithio beth bynnag, cystal iddo ymweld â rhai mannau eraill hefyd. Doedd Paul ddim wedi cynllunio pethau fel hyn, ond roedd y daith hon (sy'n cael ei galw yn ail daith genhadol) ddwywaith cyn hired â'r daith gyntaf (tua 2,800 o filltiroedd) ac fe gymerodd hi ddwy flynedd.

Silas oedd cyd-deithiwr Paul y tro hwn, nid Barnabas (roedd Paul a Barnabas wedi anghydweld â'i gilydd), ac fe ymunodd trydydd teithiwr hefo nhw: Timotheus, bachgen ifanc fyddai'n dod yn un o ffrindiau agosaf Paul ac yn helpiwr iddo.

Ddigwyddodd dim byd cynhyrfus yn ystod rhan gyntaf y daith trwy Galatia. Ond pan ddaethon nhw i Troas ar lan y Môr Egeaidd, fe gafodd Paul freuddwyd: fe ddaeth dyn o Facedonia, y wlad oedd gyferbyn â Troas dros y môr, gan erfyn ar Paul, 'Tyrd drosodd i Facedonia i'n helpu ni!'
Actau 16:1-10

Mae'n debyg i Paul deithio ar droed neu ar gefn mul, gan fynd tuag ugain milltir y dydd.

Felly fe groesodd Paul, Silas a Timotheus y môr a glanio yn Ewrop. Y ddinas fawr gyntaf yno oedd Philipi. Roedd pethau mor gynhyrfus yno ag y buon nhw o ddigynnwrf ar ran gyntaf y daith. Yr un gyntaf i ddod yn Gristion yn Philipi oedd Lydia, gwraig fusnes.

Actau 16:11-15

Roedd popeth yn iawn hyd yn hyn. Ond un diwrnod fe ddaeth Paul a Silas ar draws caethferch oedd wedi'i meddiannu gan ysbryd drwg oedd yn ei helpu i broffwydo'r dyfodol. Fe bwyntiodd hi at Paul a Silas a gweiddi, 'Gweision i'r Duw Goruchaf ydy'r dynion hyn sy'n dweud wrthoch chi sut i gael eich achub!' Ac roedd hi'n gwneud hyn bob dydd, nes o'r diwedd i Paul droi a dweud wrth yr ysbryd drwg am ddod allan ohoni yn enw Iesu Grist. Ac, wrth gwrs, dyna ddigwyddodd.

Ond yn awr fedrai hi ddim gwneud arian i'w pherchnogion trwy ddweud ffortiwn. Roedd arnyn nhw eisiau dial. Fe gyhuddon nhw Paul a Silas o ddysgu pethau oedd yn groes i'r gyfraith.

Fe gafodd Paul a Silas eu curo a'u taflu i'r carchar. Yn y carchar, roedd Paul a Silas yn gweddïo a chanu emynau! Yn sydyn, fe ddigwyddodd daeargryn mawr ac ysgwyd yr adeilad i gyd, fe agorodd drysau'r carchar yn y fan ac fe syrthiodd y cadwynnau oddi ar bawb.

Yn ôl cyfraith Rhufain roedd ceidwad carchar oedd yn colli'i garcharorion yn colli'i fywyd. Felly pan welodd y ceidwad fod drysau'r carchar yn agored roedd yn meddwl bod y carchar yn wag ac fe benderfynodd ei ladd ei hun yn hytrach na chael ei ladd yn ddiweddarach.

Ond fe ddywedodd Paul, 'Paid ag anafu dy hun - rydyn ni i gyd yma!' A phan ddywedodd Paul a Silas y newyddion da am Iesu wrtho, fe ddaeth o a'i deulu yn Gristnogion.

Y diwrnod wedyn fe anfonodd cyngor y ddinas rywun i'r carchar i ddweud wrth y ceidwad fod Paul a Silas yn rhydd i fynd. Ond fe ddywedodd Paul a Silas, 'Dim perygl! Rydych chi wedi'n curo ni'n gyhoeddus heb ein gosod ar brawf ac wedi'n taflu i'r carchar. Ond rydyn ni'n ddinasyddion Rhufeinig ac rydyn ni'n mynnu bod cyngor y ddinas yn dod yma ac yn ein tywys ni allan o'r carchar.'

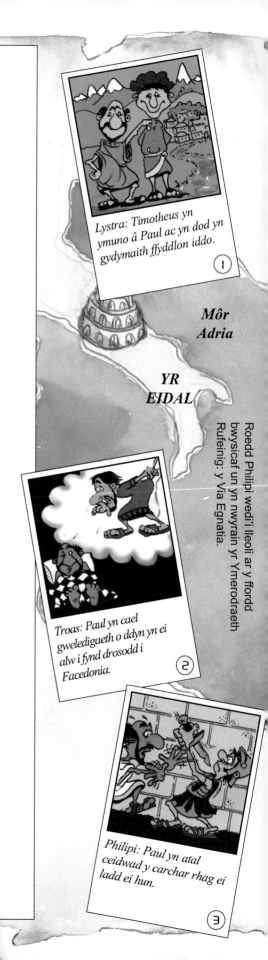

Lystra: Timotheus yn ymuno â Paul ac yn dod yn gydymaith ffyddlon iddo. ①

Môr Adria

YR EIDAL

Roedd Philipi wedi'i lleoli ar y ffordd bwysicaf un yn nwyrain yr Ymerodraeth Rufeinig: y Via Egnatia.

Troas: Paul yn cael gweledigaeth o ddyn yn ei alw i fynd drosodd i Facedonia. ②

Philipi: Paul yn atal ceidwad y carchar rhag ei ladd ei hun. ③

Roedd ofn ar gyngor y ddinas. Doedden nhw ddim wedi sylweddoli bod Paul a Silas yn ddinasyddion Rhufeinig (doedden nhw ddim wedi holi!) ac roedd cyfraith Rhufain yn llym iawn - doedd dinesydd Rhufeinig ddim i gael ei guro na'i anfon i garchar heb ei roi ar brawf. Felly fe ddaeth cyngor y ddinas i'r carchar ac yn wylaidd iawn fe ofynnon nhw i Paul a Silas adael y ddinas - ac fe wnaethon nhw hynny er mawr ryddhad i'r cyngor. *Actau 16:16-40*

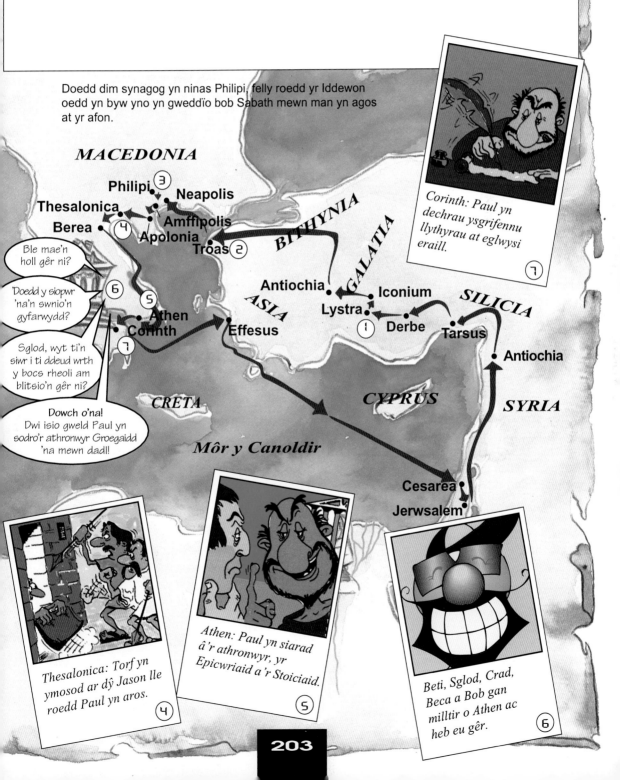

Doedd dim synagog yn ninas Philipi, felly roedd yr Iddewon oedd yn byw yno yn gweddïo bob Sabath mewn man yn agos at yr afon.

Corinth: Paul yn dechrau ysgrifennu llythyrau at eglwysi eraill. ⑦

MACEDONIA

Philipi ③ Neapolis
Thesalonica
Amffipolis
Berea ④ Apolonia
Troas ②

BITHYNIA
GALATIA
Antiochia
Lystra Iconium
SILICIA
Derbe Tarsus
Antiochia
SYRIA

ASIA
Effesus

Athen ⑤
Corinth ⑦

Ble mae'n holl gêr ni?

'Doedd y siopwr 'na'n swnio'n gyfarwydd? ⑥

Sglod, wyt ti'n siwr i ti ddeud wrth y bocs rheoli am blitsio'n gêr ni?

Dowch o'na! Dwi isio gweld Paul yn sodro'r athronwyr Groegaidd 'na mewn dadl!

CRETA
CYPRUS

Môr y Canoldir

Cesarea
Jerwsalem

Thesalonica: Torf yn ymosod ar dŷ Jason lle roedd Paul yn aros. ④

Athen: Paul yn siarad â'r athronwyr, yr Epicwriaid a'r Stoiciaid. ⑤

Beti, Sglod, Crad, Beca a Bob gan milltir o Athen ac heb eu gêr. ⑥

203

Roedd yr eglwys yn dal i gynyddu, ac roedd yr Iddewon yn mynd yn genfigennus o'r Cristnogion. Yn Thesalonica roedd nifer go dda wedi dod yn Gristnogion, ond fe gododd yr Iddewon helynt yno a rhoi'r bai ar Paul a Silas, felly fe benderfynon nhw adael y ddinas.

Actau 17:1-9

Yn y ddinas nesaf, Berea, fe gymerodd y bobl neges Paul a Silas o ddifri. Ond fe ddaeth yr Iddewon o Thesalonica i Berea a cheisio codi helynt yno. Felly fe adawodd Paul a Silas a mynd i Athen.

Actau 17:10-15

Yn Athen fe welodd Paul lawer iawn o ddelwau i bob math o dduwiau. Roedd ar yr Atheniaid gymaint o ofn anghofio rhyw dduw a gwneud y duw hwnnw'n flin trwy beidio â'i addoli nes iddyn nhw godi allor 'I Dduw heb enw.'

Felly fe aeth Paul i fyny i Areopagus, y lle roedd yr holl athronwyr yn cyfarfod, a dweud, 'Fe welais i allor "I'r Duw heb enw" yn eich dinas - ac rydw i am ddweud wrthoch chi am y Duw hwnnw.' Ac fe bregethodd iddyn nhw am Iesu a sut roedd Duw wedi'i godi o farw, ond doedd dim llawer o'r Atheniaid yn credu Paul.

Actau 17:16-34

Pan gyrhaeddodd Paul y ddinas nesaf, Corinth, fe gymerodd seibiant oddi wrth deithio ac aros yno am flwyddyn a hanner, yn pregethu ac ysgrifennu llythyrau. Mae dau lythyr a ysgrifennodd Paul o Gorinth ar gael o hyd: fe ysgrifennodd y ddau at yr eglwys yn Thesalonica, y ddinas lle roedd yr Iddewon wedi codi helynt fawr nes bod yn rhaid i Paul a Silas ymadael oddi yno.

O Gorinth fe deithiodd Paul a Silas yn ôl i Antiochia, gan aros am ychydig yn Jerwsalem.

Athronwyr oedd yn credu na ddylai pobl ddoeth ddim teimlo pleser na phoen oedd y Stoiciaid.

Athen, Groeg Poblogaeth-25,000, duwiau-534

Pam yr holl dduwiau?

Sglod, gwna'n siwr y bydd ein gêr yn blitsio hefo ni tro nesa.

Dŵr. Rhowch ddŵr i mi, rywun.

Pan welodd Paul y Parthenon (y deml ar ben y bryn) yn Athen am y tro cyntaf, roedd hi dros 500 mlynedd oed. Yn 1687, roedd rhywun yn ddigon twp i gadw powdwr gwn ynddi hi, ac fe ffrwydrodd hwnnw.

1 a 2 Thesaloniaid

Paul

Pan gychwynnodd Paul yr eglwys yn Thesalonica, dim ond ychydig wythnosau a gafodd i ddysgu'r Cristnogion newydd cyn iddo gael ei daflu allan o'r ddinas. *Actau 17:1-9*

Un o'r pethau nad oedd Paul wedi sôn amdano wrth y Thesaloniaid oedd beth sy'n digwydd ar ôl i Gristion farw. Roedd Paul wedi clywed gan ei ffrind, Timotheus, fod rhai o'r Cristnogion yn Thesalonica yn drist iawn am fod rhai o'u ffrindiau wedi marw. Roedden nhw'n meddwl mai dyna'u diwedd.

Felly fe ysgrifennodd Paul ei lythyr i ddweud wrthyn nhw fod Iesu yn dod yn ôl ac mai dim ond wedi 'syrthio i gysgu' mae'r Cristnogion sydd wedi marw, am y byddan nhw'n cael eu codi'n fyw eto pan ddaw Iesu yn ôl! *1 Thesaloniaid 4:13-18*

Ambell dro fe fydd pobl yn clywed gwirionedd gwerth chweil ond yn camddeall pethau. Wedi i'r bobl yn Thesalonica ddarllen llythyr Paul fe ddywedodd rhai ohonyn nhw, 'O wel, os ydy Iesu yn dod yn ôl beth bynnag, pam ddylwn i boeni am waith nac am waith ysgol - cystal i mi fwynhau bywyd nes daw Iesu yn ôl!'

Felly dyma'r bobl hyn yn gadael eu gwaith, er eu bod i fod i ddarparu bwyd ar eu cyfer eu hunain a'u teuluoedd. A fu hi fawr o dro nad oedden nhw wedi mynd yn brin o arian ac na fedren nhw fforddio prynu bwyd chwaith. Felly dyna nhw'n dechrau poeni pobl eraill yn yr eglwys a begera am fwyd.

Pan ddaeth Timotheus at Paul yn Corinth a dweud hyn wrtho, fe ysgrifennodd Paul ei ail lythyr at y Thesaloniaid. Fe ddywedodd wrthyn nhw na fyddai Iesu yn dod yn ôl nes i'r Anghrist (y dyn yn erbyn Iesu) ymddangos. Ac am nad oedd yr Anghrist wedi ymddangos eto, fe fyddai amser yn mynd heibio cyn i Iesu ddod yn ei ôl. *2 Thesaloniaid 2:1-4*

Felly, meddai Paul, ewch yn ôl at eich gwaith a byddwch yn bobl gyfrifol! Gweithiwch a gwnewch eich gorau. *2 Thesaloniaid 3:6-15*

Trydedd Daith Paul

Actau

Fe aeth Paul ar drydedd daith hir, bron cyn hired â'r ail. Ar y drydedd daith genhadol hon fe deithiodd Paul tua 2,700 o filltiroedd mewn pedair blynedd.

Fe aeth yn ôl i rai o eglwysi Galatia ac Asia Leiaf (Twrci heddiw). Un o'r dinasoedd yr aeth Paul iddi oedd Effesus lle roedd teml hardd i'r dduwies Diana (oedd hefyd yn cael ei galw yn Artemis). Roedd pobl Effesus, nid yn unig yn falch iawn o'u teml, ond hefyd roedden nhw'n gwneud arian da o'r bobl oedd yn dod i'w gweld hi ac yn prynu modelau arian bychan ohoni.

Pan oedd Paul yn pregethu am Iesu, roedd Demetrius, un o'r gofaint arian, yn ofni y câi ei fusnes ei ddifetha pe bai gormod o bobl yn credu yn Iesu, felly fe gododd helynt. Fe aeth yr holl bobl i'r theatr (fe fedrwch weld ei adfeilion yno heddiw), er nad oedden nhw'n gwybod yn iawn beth oedd yr helynt. Yn ffodus, fe fedrodd clerc y ddinas dawelu'r dyrfa ac fe fedrodd Paul fynd yn ei flaen ar ei daith.   *Actau 19:23-41*

Yn Troas, yn union cyn mynd dros y dŵr i Philipi, fe siaradodd Paul â'r eglwys - hyd hanner nos. Fe wnaeth un dyn ifanc, Eutychus, rywbeth na ddylech chi byth ei wneud wrth eistedd wrth ffenest agored ar y trydydd llawr: fe syrthiodd i gysgu a chwympo allan o'r ffenest. Fe laddodd y cwymp Eutychus, ond fe roddodd Paul ei fywyd yn ôl iddo - ac yna fe ddaliodd ati i siarad nes i'r wawr dorri (ac rydych chi'n meddwl bod y gwasanaethau yn hir heddiw!) *Actau 20:7-12*

Fe aeth Paul yn ei flaen i Philipi a Corinth. Ar ei ffordd yn ôl fe arhosodd eto yn Effesus i ffarwelio â'r eglwys yno. Fe wyddai Paul y byddai pethau'n anodd iawn pan gyrhaeddai Jerwsalem ar ddiwedd y daith hon ac y gallai'n hawdd gael ei roi yn y carchar - ac felly, wrth gwrs, y bu hi. *Actau 20:22-24*

Roedd teml Diana yn Effesus bedair gwaith mwy na'r Parthenon yn Athen (tudalen 204)

Môr Adria

Rhufain

YR EIDAL

SICILIA

Jerwsalem: Milwyr Rhufeinig yn achub Paul rhag cael ei ladd gan y dorf.

④

Amser maith cyn dyddiau Paul roedd seren wib wedi syrthio ar Effesus, ac roedd y bobl yn credu mai Diana oedd wedi dod yno ar ymweliad.

Effesus: Demetrius yn beio Paul am iddo ladd ei fusnes yn gwneud delwau o Diana. ①

Ambell dro roedd Paul yn wan a blinedig iawn, ond darllenwch 2 Corinthiaid 12:9-10. ②

Philipi: dyn ifanc yn syrthio i gysgu ac yn disgyn allan o'r ffenest tra oedd Paul yn pregethu. ③

Cesarea: Paul yn cael ei gludo i Gesarea gan filwyr Rhufeinig ar gefn ceffylau. ⑤

Beti, Sglod, Crad, Beca a Bob o dan y map hwn, rhwng y tudalennau. ⑥

Tecs oedd hwn'na! Dwi'n gwbod yn iawn! Fo a'i £9.99.

Ble rydan ni?

Dw i'n meddwl bod y bocs rheoli wedi drysu rhwng ein hadroddiad ni a rhith holograffig. Rydan ni o dan dudalenna'r adroddiad!

CNOC! CNOC! CNOC!

1 a 2 Corinthiad

Paul

Dydy Cristnogion ddim yn berffaith. Ac am mai pobl amherffaith sydd yn yr eglwys, does yna ddim eglwysi perffaith chwaith. Roedd yr eglwys yn Corinth ymhell o fod yn berffaith.

Roedd problemau mawr iawn yno. Roedd pobl yn dadlau ac yn anghytuno â'i gilydd o hyd. Roedd rhai pobl mor filain fel mai prin roedden nhw'n siarad â'r sawl oedd yn eistedd agosaf atyn nhw yn yr eglwys. Roedd yna lawer o anfoesoldeb yn yr eglwys, roedd pobl yn meddwi yn Swper yr Arglwydd, ac roedd hi'n anhrefn llwyr yn y gwasanaethau.

Yn ei lythyr cyntaf at y Corinthiaid, fe ddywedodd Paul wrthyn nhw nad oedd eu cwerylon o fawr bwys o'u cymharu â'r pethau gwych oedd yn gyffredin ganddyn nhw: roedden nhw i gyd yn caru Iesu, ac roedd Duw wedi rhoi bendithion ardderchog i'r eglwys yn Corinth.

Yn union fel mae gan eich corff wahanol aelodau, meddai Paul, felly mae llawer o wahanol bobl yn yr eglwys - mae rhai yn glyfar, rhai heb fod mor glyfar, rhai yn olygus, rhai heb fod mor olygus, rhai yn glên, rhai heb fod mor glên - ond maen nhw i gyd yn perthyn i'r un corff (yr eglwys).
1 Corinthiad 12:12-31

Y peth pwysicaf a ddywedodd wrthyn nhw oedd mai un ffordd yn unig oedd yna i bawb fedru cytuno yn yr eglwys - roedd yn rhaid iddyn nhw ddysgu caru ei gilydd.
1 Corinthiad 13:1-13

Hon ydy pennod fawr cariad. Os ydych chi'n meddwl nad ydy hi'n ymarferol iawn, darllenwch hi i weld sut mae hi'n berthnasol i'ch bywyd chi:

- Dydy cariad ddim yn gwthio i'r blaen - mae'n aros ei dro.
- Mae cariad yn chwilio am y pethau da mewn pobl eraill.
- Does ar gariad ddim eisiau beth sydd gan rywun arall bob amser, a dydy o ddim yn bostio am beth sydd ganddo fo.

Rhaid i ti neud rhywbeth ynglŷn â Tecs, Sglod. Mae o'n mynnu gneud llanast o'n rhaglen ni!

CNOC!

Dw i'n gwbod! Dwi'n gwbod!

Oes 'na olau o'n blaena ni?

Mae'r llythyr cyntaf a ysgrifennodd Paul at yr eglwys yn Corinth wedi mynd ar goll. Yn ôl pob golwg, doedd o'n cynnwys dim mae hi'n bwysig i ni ei wybod.

- Mae cariad yn gwrtais, hyd yn oed pan fydd person arall yn anghwrtais.
- Dydy cariad ddim bob amser yn mynnu bod yn gyntaf.
- Dydy cariad ddim yn ddig am bethau bychain, a dydy o ddim yn cofio'r troeon y cafodd ei frifo gan eraill.
- Dydy cariad ddim yn hapus pan fydd rhywun arall yn methu ond mae'n hapus hefo'r gwir.
- Fe fydd cariad bob amser yn amddiffyn eraill, yn arbennig y rheiny sy'n cael eu bwlio neu eu pryfocio.
- Mae cariad bob amser yn credu'r gorau am eraill, mae'n ddibynadwy ac yn ddiffuant.

Roedd yna ddysgeidiaeth anghywir yn yr eglwys yn Corinth hefyd. Roedd rhai pobl yn dweud nad oedd atgyfodiad y meirw ddim yn bod, ond mae Paul yn dangos, os oedd y bobl hynny'n iawn, yna mae Cristnogaeth yn gelwydd.

1 Corinthiaid 15:3-8, 12-19

Wedi i'r Corinthiaid ddarllen llythyr cyntaf Paul, fe roddon nhw'r gorau i ddadlau, cywir? Anghywir! Fel mater o ffaith, fe waethygodd y dadlau. Roedd Paul yn teimlo mor ddrwg am hyn nes iddo fynd ar daith sydyn i Corinth i weld a fyddai'r bobl yn gwrando arno'n bersonol. Ond weithiodd hynny ddim chwaith.

Yn y diwedd fe anfonodd Paul ei ffrind da, Titus, yno. Dan arweiniad Duw, fe gafodd Titus ffordd i gael y Cristnogion yn Corinth i roi'r gorau i'w dadlau, i wrando ar Paul, ac i garu ei gilydd unwaith eto.

Roedd Paul mor falch bod y problemau yn Corinth wedi'u datrys nes iddo ysgrifennu llythyr arall: 2 Corinthiaid. Dyma un o'i lythyrau hapusaf a mwyaf cyffrous. Mae'n diolch i Dduw lawer gwaith drosodd am ddatrys y problemau yn yr eglwys yn Corinth.

Ac am fod Paul wedi clywed bod llawer o'r Cristnogion yn Jerwsalem yn brin o fwyd, fe ofynnodd i'r Cristnogion yn Corinth a lleoedd eraill eu helpu trwy roi arian iddyn nhw i brynu bwyd. Roedd Paul yn eu hannog i fod yn hael hefo'r pethau roedd Duw wedi'u rhoi iddyn nhw.

2 Corinthiaid 9:6-15

Mae yna ferf mewn Groeg 'korinthiazo' sy'n golygu 'bod yn ddrwg fel un o bobl Corinth', neu mewn geiriau eraill 'byw bywyd llawn pechod'!

Mwy o adfeilion - sori! Dyma'r cyfan sydd ar ôl o ddinas borthladd Corinth fawr.

Dwi wedi llwyddo! Ffordd hyn, bawb!

Rhufeiniaid

Paul

Fe ysgrifennodd yr apostol Paul y llythyr hwn at yr eglwys yn Rhufain, prif ddinas yr Ymerodraeth Rufeinig, yr ymerodraeth fwyaf roedd y byd erioed wedi'i gweld.

Roedd Rhufain yn ddinas wych i fyw ynddi - os oeddech chi'n gyfoethog. Ond roedd y rhan fwyaf o bobl Rhufain yn dlawd, ac roedd mwy na hanner y boblogaeth o filiwn o bobl yn gaethweision.

Pan ysgrifennodd Paul y llythyr hwn, Nero oedd ymerawdwr Rhufain. Dyn creulon oedd Nero - roedd wedi llofruddio'i fam ei hun! Saith mlynedd wedi i Paul ysgrifennu'r llythyr hwn at y Rhufeiniaid, fe ddigwyddodd tân yn un o'r slymiau yn Rhufain gan ddinistrio hanner y ddinas. Yn fuan roedd sibrydion ar led mai Nero oedd wedi cychwyn y tân er mwyn gwneud lle i brojectau adeiladu newydd. Fe benderfynodd Nero feio'r Cristnogion, a dyna pryd y dechreuodd yr erlid o ddifri ar y Cristnogion. Fe gafodd llawer ohonyn nhw eu lladd am ddim ond bod yn Gristnogion.

Dydy'r llythyr at y Rhufeiniaid mo'r llyfr hawsaf yn y Beibl i'w ddarllen. Ond mae'n llyfr gwych oherwydd mae Paul yn dweud wrth y Rhufeiniaid yn union beth ydy'r efengyl.

Mae pob un, waeth pa mor dda ydy o neu hi, wedi pechu ac anufuddhau i Dduw. *Rhufeiniaid 1:1-18 Rhufeiniaid 3:23*

Sut y gallwn ni gael ein derbyn gan Dduw? Nid trwy gadw Cyfraith Moses nac unrhyw set arall o reolau. Does dim gwahaniaeth pa mor galed yr ymdrechwn ni, fe fyddwn yn siwr o wneud pethau na ddylen ni. *Rhufeiniaid 2:12*

Yr unig ffordd i ni ddod i berthynas â Duw ydy trwy dderbyn cyfiawnder Duw, trwy gredu i Iesu farw yn ein lle! Does dim arall y medrwn ni ei wneud i gymodi â Duw.

Rhufeiniaid 3:21-24
Rhufeiniaid 5:10-11

Pan ddown ni i gredu yn Iesu, fyddwn ni'n berffaith ar unwaith? Yng ngolwg Duw, byddwn. Ond fe fyddwn ni'n dal i wneud pethau na ddylen ni, fel y gwyddai Paul yn dda. Doedd o, yn sicr, ddim yn berffaith.

Rhufeiniaid 7:15, 19, 24-25

Felly beth sy'n digwydd wedyn? Y newyddion gorau o'r cwbl ydy na fedr dim - dim hyd yn oed pechod - ein gwahanu oddi wrth Dduw byth eto!

Rhufeiniaid 8:1-2, 26-39

Yn rhan olaf y rhan fwyaf o'i lythyrau mae Paul yn rhoi arweiniad ar sut y dylai Cristnogion fyw, ac fe wna hynny yn y llythyr hwn hefyd. Er enghraifft, un peth ymarferol iawn mae'n ei ddweud ydy na ddylen ni chwerthin am ben neb nac edrych i lawr ar rywun sydd heb fod cystal â ni am wneud rhywbeth, neu heb fod mor olygus; rhaid i ni eu trin fel y bydden ni'n dymuno cael ein trin pe baen ni yn eu lle!

Rhufeiniaid 15:1,7

Bob! Dw wedi'i gael o! Rhyw fath o ddiffyg yn y rhaglen gyfrifiadurol ydi Tecs!

Rho'n harian yn ôl i ni, y cena electronig drwg!

Gan bwyll, Bob!

Hei, griw! Anghofiwch Tecs! Mi drown ni'r tudalen!

Tu mewn i'r Colisewm yn Rhufain. Roedd yr ystafelloedd sydd yn y llun o dan lawr yr arena. Yn yr ystafelloedd hyn roedd y gladiatoriaid, y llewod a'r Cristnogion yn disgwyl nes ei bod yn amser iddyn nhw fynd i'r arena i ymladd a chael eu lladd.

Carchar y Mamertinum yn Rhufain, lle treuliodd Paul flynyddoedd olaf ei fywyd yn ôl pob sôn.

MAMERTINUM
LA PRIGIONE DEI SS APOSTOLI
PIETRO E PAOLO
IL PIU ANTICO CARCERE DI ROMA
XXV SECOLI DI STORIA

Bwa Titus yn Rhufain a adeiladwyd er clod i'r cadfridog a drechodd Jwdea a dinistrio Jerwsalem yn 70 OC. Yn ddiweddarach fe ddaeth Titus yn ymerawdwr Rhufain.

Fi! Rydach chi'n sôn amdana i? Be sy'n bod? Dim ond Tecs ydw i, Tecs y dyn busnes!

Arestio Paul

Actau

Ar ôl ei drydedd daith fe aeth Paul yn ôl i Jerwsalem. Fe ddywedodd wrth yr apostolion ac wrth yr eglwys yn Jerwsalem am y pethau gwych roedd Duw wedi'u cyflawni yn ystod ei deithiau.

Ond roedd yr apostolion yn pryderu y byddai'r Iddewon yn debyg o godi helynt pan ddeuen nhw i wybod bod Paul yn Jerwsalem. Ac roedden nhw'n llygad eu lle.

Fe welodd rhai Iddewon o Asia Leiaf Paul yn pregethu ac fe ddechreuon nhw gynnwrf trwy wneud cyhuddiad celwyddog yn ei erbyn - dweud ei fod yn siarad yn erbyn y Gyfraith a'r deml, ac wedi dod â Groegiaid i'r deml (roedd hyn, wrth gwrs, yn cael ei wahardd yn llwyr).

Fe aeth pethau mor ddi-drefn nes bod yr Iddewon yn barod i ladd Paul. Fe gafodd ei achub gan filwyr Rhufeinig oedd yng nghaer Antonia, caer oedd wedi'i chodi wrth ochr y deml.

Wedi i'r Rhufeiniaid arestio Paul, fe fu'r capten yn ceisio canfod pam roedd yr Iddewon mor filain wrth Paul. Ond fedrai'r capten ddim gwneud na phen na chynffon o beth oedd yn mynd ymlaen, felly fe roddodd orchymyn i fynd â Paul i'r pencadlys - roedd y dyrfa mor wyllt nes bod rhaid i'r milwyr gario Paul trwy ei chanol!   *Actau 21:27-36*

Fe ofynnodd Paul am ganiatâd i annerch y dyrfa oddi ar risiau'r baracs, ond gwneud pethau'n waeth wnaeth hynny. Bloeddiodd y dyrfa, 'Ymaith ag o! Mae o'n warth!'

Yna fe orchmynnodd y capten i Paul gael ei chwipio a'i holi, ond pan oedd y milwyr yn sefyll yn barod a'r chwip yn eu dwylo, meddai Paul, 'Ydych chi ddim yn torri'r gyfraith wrth chwipio dinesydd Rhufeinig sydd heb sefyll ei brawf a'i gael yn euog?'

Actau 22:23-29

214

Roedd y capten wedi cael braw, ac fe ryddhaodd Paul a gwahodd y Sanhedrin i ddod i'w holi. Felly dyma Paul (yn cael ei amddiffyn gan y milwyr Rhufeinig) yn sefyll o flaen y Sanhedrin.

Hyd hynny, roedd yr holl gynnwrf wedi'i achosi gan yr Iddewon oedd am gael gwared â Paul. Ond wrth sefyll o flaen y Sanhedrin, Paul oedd yr un a achosodd helynt. Fe wyddai Paul o'r gorau fod yna ddau grŵp yn y Sanhedrin: y Phariseaid oedd yn credu mewn bywyd ar ôl marwolaeth, a'r Sadwceaid nad oedd ddim yn credu mewn bywyd ar ôl marwolaeth. Felly meddai Paul, 'Rydw i yn sefyll yma oherwydd fy ngobaith yn atgyfodiad y meirw.' Ac fe ddechreuodd y ddau grŵp o ysgolheigion gweryla'n ffyrnig ymhlith ei gilydd - ac nid â geiriau yn unig. Fe aeth pethau mor boeth fel y penderfynodd y capten Rhufeinig mai gwell fyddai iddo fynd â Paul oddi yno cyn i'r ddau grŵp ei larpio!

Actau 22:30-23:11

Model o Jerwsalem fel roedd hi yn amser Iesu, yn edrych o'r de-orllewin. Mae'r deml yn y cefndir. I'r chwith o'r deml mae Caer Antonia a'i phedwar tŵr sgwâr. Yno y safodd Iesu o flaen Pilat ac yno yr aeth y Rhufeiniaid â Paul.

Pan siaradai Paul â'r Rhufeiniaid byddai'n gwneud hynny mewn Groeg (neu efallai mewn Lladin); pan siaradai â'r Iddewon byddai'n siarad Aramaeg (iaith oedd yn debyg i Hebraeg).

Be wnes i? Be wnes i?

Mae hi'n ddigon drwg i mi syrthio ar fy mhen. Oedd raid i ti syrthio arno fo hefyd?

Sori, Crad.

Mae ama i angen doctor.

Doctor! Dyna hi! Feirws yn y cyfrifiadur ydi Tecs! Mi wna i lunio rhaglen doctor ar ddisgen i'w setlo fo!

Rŵan, rwyt ti'n siarad.

Ond roedd yr Iddewon yn dal i fod yn awyddus i ladd Paul. Roedden nhw'n cynllunio i ofyn i'r Rhufeiniaid ddod â Paul o flaen y Sanhedrin yr ail dro, ac ar y ffordd fe fydden nhw'n ymosod yn annisgwyl ac yn ei ladd.

Ond fe glywodd nai Paul am y cynllwyn a dweud wrth y capten Rhufeinig. Fe anfonodd y capten Paul at y rhaglaw Rhufeinig yn Cesarea, dinas roedd Herod Fawr wedi'i chodi a'i henwi ar ôl yr ymerawdwr Cesar. (Roedd y bobl oedd am ladd Paul wedi tyngu na fydden nhw'n bwyta nac yn yfed nes iddyn nhw lwyddo. Os cadwon nhw'u haddewid rhaid eu bod wedi marw o newyn).

Actau 23:12-35

Fe ddaethon nhw â Paul o flaen Ffelix, y llywodraethwr, ac fe wrandawodd ar y cyhuddiadau yn ei erbyn. Fe wyddai yn ei galon nad oedd Paul ddim yn euog. Ond wnaeth o ddim gollwng Paul yn rhydd. Yn lle hynny, roedd yn gobeithio y byddai Paul yn cynnig llwgrwobrwy iddo. Pan na wnaeth o hynny, fe gafodd ei gadw'n disgwyl gan Ffelix - am ddwy flynedd.

Actau 24:24-27

Dyma ni...dwi wedi teipio'r rhestr gorchmynion i mewn...gwnewch a pheidiwch, cewch a chewch chi ddim, cyfreithiau a rheolau ac ati...

Hei, chi. Dr. Mos yma. Mae Dr. Mos yn dweud am gymryd dwy 'dabled' garreg a galw arno yn y bore...

Be sy, Doc?

Yna fe ddaeth llywodraethwr newydd yn lle Ffelix, Ffestus. Am fod Ffestus yn newydd, roedd arno eisiau ennill ffafr yr Iddewon. a meddyliodd, 'Pam na wna i anfon Paul yn ôl i Jerwsalem?' Ond fe wyddai Paul pe bai hynny'n digwydd y byddai'r Iddewon yn siwr o'i ladd. Felly fe wnaeth Paul ddefnydd o'i hawl fel dinesydd Rhufeinig i apelio at y llys Rhufeinig uchaf, yr ymerawdwr ei hun.
Actau 25:1-12

Roedd hyn yn golygu nad oedd gan neb ond yr ymerawdwr yn Rhufain hawl i wrando achos Paul. Ac er bod Ffestus y llywodraethwr a'r Brenin Herod Agripa yn cytuno y dylid gollwng Paul yn rhydd, roedd hi'n rhy hwyr - roedd yn rhaid i Paul fynd i Rufain.

Ond doedd y ddwy flynedd yn Cesarea ddim wedi bod yn wastraff amser. Roedd Paul wedi medru sôn am Iesu a'r efengyl wrth y milwyr Rhufeinig, wrth ddau lywodraethwr Rhufeinig ac wrth y Brenin Herod Agripa.

Hei, Sglod, mae map arall yn dod i'r golwg. Gawn ni ddefnyddio'r rhaff 'ma yn lle blitsio?

Od iawn.

Dos, Mos!

Mae Dr. Mos fel petai o'n llwyddo!

Mae Dr. Mos yn deud dy fod yn hen gena bach o feirws. Mae'n deud, 'Tyrd yma, y cena bach drwg. Mi ro i driniaeth i dy rannau drwg!'

Na, na. Plîs. Fedra i ddim diodda nodwyddau!

Gobeithio nad ydw i'n pechu yn erbyn eich rhieni chi, ond roeddwn i am ddangos y llun hwn i chi i brofi bod cymeriadau'r Beibl yn bobl go iawn hefyd. Dyna chi wedi dyfalu - tŷ bach hynafol yn Philipi ydy hwn. Rhaid ei fod yn lle oer iawn yn y gaeaf!

Yn ninas Cesarea mae rhai o'r adfeilion gorau o adeiladau o'r hen fyd.

217

Taith Paul i Rufain

Actau

Fe fu bron i Paul fethu cyrraedd Rhufain. Y ffordd gyntaf i gyrraedd Rhufain oedd ar long, felly dyma Paul a'i geidwad Rhufeinig (canwriad oedd hwn) yn ogystal â'r Meddyg Luc (a ysgrifennodd efengyl Luc a llyfr yr Actau) yn cychwyn ar long ar draws Môr y Canoldir.

Roedd rhan gyntaf y daith yn rhwydd, achos roedd y llong yn medru cadw'n glòs at y lan. Ond pan geision nhw groesi i Cyprus, roedd gwynt cryf yn eu cadw'n ôl, ac roedd hi'n llawer hwyrach na'r disgwyl arnyn nhw'n cyrraedd Cyprus.

Ac yn awr roedd yn rhaid iddyn nhw groesi'r môr agored i Melita - tua 400 milltir o daith. Doedd hi ddim yn daith ddrwg ym misoedd yr haf ond roedd hi'n beryglus iawn ym mis Hydref, pan allai'r stormydd fod yn enbyd. Fe rybuddiodd Paul y bobl ar y llong y gallai hi gael ei dryllio pe baen nhw'n hwylio ymlaen o Cyprus i Melita. Ond fe anwybyddon nhw Paul.

Ac yn sicr ddigon, fe gawson nhw'u dal gan y gwyntoedd a'u cario ar draws y môr am tua 600 milltir ac ymhell o dir. Roedd y teithwyr i gyd, 276 ohonyn nhw, wedi dychryn yn arw, ond fe addawodd Paul na fyddai neb yn colli ei fywyd, - dim ond y llong a gâi ei dinistrio.

A dyna fel y bu hi. Fe aeth y llong yn sownd ar fanc tywod o fewn golwg i arfordir ynys Melita. Fe nofiodd y rheiny oedd yn medru nofio i'r lan, ac fe gydiodd y gweddill mewn styllod o'r cwch (oedd wedi'i chwalu'n ddarnau) a nofio i'r tir.

Roedd hi'n bwrw ac yn oer ar Melita, ac fe wnaethon nhw dân i'w cadw'u hunain yn gynnes. Ond pan gydiodd Paul mewn coed tân, fe ddaeth neidr wenwynig o'u canol a'i frathu yn ei law. Roedd pawb yn disgwyl i Paul chwyddo neu syrthio'n farw ar unwaith, ond ddigwyddodd dim byd - felly fe feddyliodd pobl yr ynys mai un o'r duwiau oedd. Wrth gwrs, fe ddywedodd Paul wrthyn nhw eu bod yn methu'n arw; fe bregethodd yr efengyl ac iacháu llawer o bobl sâl.

Actau 27:1-28:10

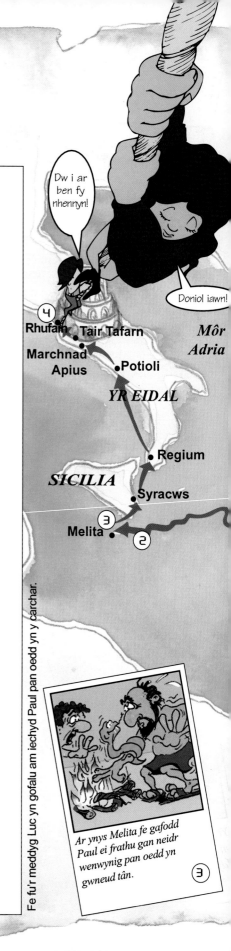

Dw i ar ben fy nhennyn!

Doniol iawn!

Rhufain · Tair Tafarn

Môr Adria

Marchnad Apius

Potioli

YR EIDAL

Regium

SICILIA

Syracws

Melita

Ar ynys Melita fe gafodd Paul ei frathu gan neidr wenwynig pan oedd yn gwneud tân.

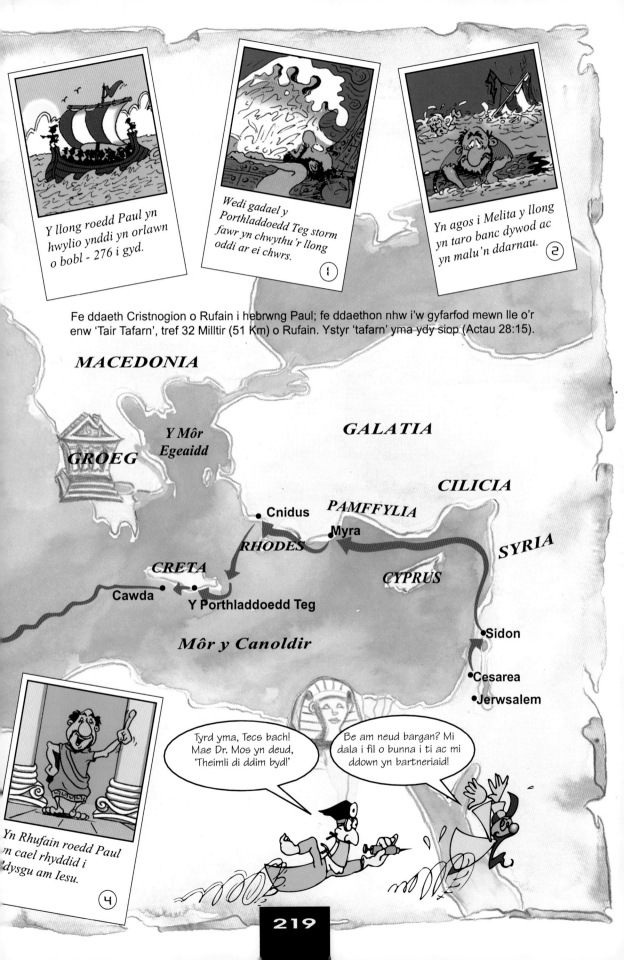

Y llong roedd Paul yn hwylio ynddi yn orlawn o bobl - 276 i gyd.

Wedi gadael y Porthladdoedd Teg storm fawr yn chwythu'r llong oddi ar ei chwrs. ①

Yn agos i Melita y llong yn taro banc dywod ac yn malu'n ddarnau. ②

Fe ddaeth Cristnogion o Rufain i hebrwng Paul; fe ddaethon nhw i'w gyfarfod mewn lle o'r enw 'Tair Tafarn', tref 32 Milltir (51 Km) o Rufain. Ystyr 'tafarn' yma ydy siop (Actau 28:15).

MACEDONIA

GALATIA

Y Môr Egeaidd

GROEG

CILICIA

PAMFFYLIA

Cnidus

Myra

RHODES

SYRIA

CRETA

CYPRUS

Cawda

Y Porthladdoedd Teg

Môr y Canoldir

Sidon

Cesarea

Jerwsalem

Yn Rhufain roedd Paul yn cael rhyddid i ddysgu am Iesu. ④

Tyrd yma, Tecs bach! Mae Dr. Mos yn deud, 'Theimli di ddim byd!'

Be am neud bargan? Mi dala i fil o bunna i ti ac mi ddown yn bartneriaid!

219

Effesiaid

Paul

Fe ysgrifennodd Paul y llythyr at yr Effesiaid pan oedd yn y carchar yn Rhufain. Mae'n llythyr hyfryd sy'n dechrau (ar ôl y cyfarch arferol) â'r frawddeg hiraf yn y Beibl. (Mae'r Beibl Cymraeg Newydd yn ei rhannu yn frawddegau llai ond os edrychwch chi yn yr hen gyfieithiad fe welwch chi mai un frawddeg ydy hi).

Mae'r frawddeg yn un mor hir am fod Paul yn llawn cyffro ynglŷn â'r pethau mae Iesu wedi'u gwneud droson ni nes ei fod yn torri ar ei draws ei hun o hyd. Roedd Paul bron yn baglu ar draws ei eiriau ei hun wrth ysgrifennu'r gân fawr o fawl - ac yntau'n eistedd yn y carchar!

Effesiaid 1:3-14

Yn hanner cyntaf y llythyr mae Paul yn sôn yn ddi-baid am y pethau ardderchog sydd gennym ni yng Nghrist, ac yn yr ail hanner mae'n dweud wrthyn ni'n garedig ac yn addfwyn sut y dylen ni fyw fel Cristnogion. *Effesiaid 4:25-32*

Mae hefyd yn siarad â rhieni a phlant, ac ar ddiwedd y llythyr yn disgrifio 'arfogaeth Duw'.

Effesiaid 6:1-4
Effesiaid 6:10-18

Y cyfan sydd ar ôl o'r theatr fawr yn Effesus, lle bu bron i Paul gael ei ladd gan y dorf ddig (t 206). Dyma'r llun olaf o adfeilion - dwi'n addo!

220

Philipiaid

Paul

O'r carchar yn Rhufain yr ysgrifennodd Paul y llythyr at y Philipiaid hefyd. Dydy bod mewn carchar ddim yn rheswn dros fod yn hapus, ond yn y llythyr hwn mae Paul yn sôn mwy am lawenydd nag yn yr un o'i lythyrau eraill.

Pwrpas Paul yn ei fywyd oedd pregethu am Iesu i unrhyw un oedd yn barod i wrando arno - a hyd yn oed i rai nad oedden nhw'n dymuno gwrando. Fyddai Paul ddim wedi cael pregethu ym mhalas yr ymerawdwr Nero yn Rhufain - fe fyddai wedi cael ei daflu allan neu, yn fwy na thebyg, wedi'i ladd.

Ond fe ganiataodd Duw i Paul gael ei roi yn y carchar, ac yn awr roedd Paul yn hapus achos roedd wedi medru sôn am Iesu wrth rai o'r bobl ym mhalas Nero! Ac roedd esiampl Paul yn help i Gristnogion eraill yn Rhufain i beidio â bod yn swil, ond i sôn am Iesu wrth eraill.

Philipiaid 1:12-14

Fe ysgrifennodd Paul at yr eglwys yn Philipi i ddweud 'Diolch' am arian roedden nhw wedi'i anfon iddo i brynu rhai anghenion pan oedd yn y carchar.

Mewn emyn hyfryd, fe ddywed Paul wrthyn ni y dylen ni ddynwared Iesu, oedd wedi rhoi popeth i fyny i ddod, nid yn unig yn fod dynol, ond i farw ar y groes er ein mwyn ni!

Philipiaid 2:5-11

Fe ddylen ni ddysgu peidio â phryderu ond i ymddiried yn Nuw.

Philipiaid 4:4-7

Ac fe ddylen ni lenwi'n meddyliau â phethau da - nid â sbwriel!

Philipiaid 4:8-9

Colosiaid

Paul

Yn Colosae roedd rhai pobl yn dysgu pethau anghywir am Iesu, felly fe ysgrifennodd Paul atyn nhw i'w hatgoffa mai yn Iesu Grist mae'r unig ffordd i achubiaeth, a bod beth wnaeth o yn ddigon!

Colosiaid 1:15-23

Mae Paul hefyd yn egluro beth ydy ystyr byw fel Cristion. (Gyda llaw, dydy bod yn addfwyn ac amyneddgar ddim yn golygu bod yn ddi-asgwrn-cefn! Mae'n golygu eich rhoi eich hun yn esgidiau pobl eraill a'u trin nhw fel yr hoffech chi gael eich trin). *Colosiaid 3:12-14*

Ac at ddiwedd y llythyr mae hefyd yn sôn am berthynas rhwng Cristnogion.

Colosiaid 3:18-4:1

Fe gafodd y llythyr hwn at yr eglwys yn Colosae a'r llythyr at Philemon, ffrind Paul, eu danfon i Colosae yr un pryd.

Darllen
Rhufeiniaid 7:8-10!

Philemon

Bob, pam maen nhw'n rhedeg ar ein hola ni?

Paul

Llythyr personol ydy hwn, wedi'i ysgrifennu gan Paul at ei ffrind, Philemon, yn Colosae. Roedd gan Philemon, oedd yn Gristion, gaethwas o'r enw Onesimus nad oedd o'n Gristion. Un diwrnod fe fu Onesimus yn dwyn oddi ar Philemon ac wedyn fe redodd i ffwrdd, yr holl ffordd i Rufain, lle cyfarfu â Paul, rywsut. Fe ddywedodd Paul wrtho am Iesu ac fe ddaeth Onesimus yn Gristion.

Fe ddywedodd Paul wrth Onesimus fod yn rhaid iddo fynd yn ôl at Philemon. Mae'n siwr bod hyn yn codi ofn ar Onesimus, achos roedd caethweision oedd wedi rhedeg i ffwrdd yn cael eu lladd gan eu perchnogion yn aml.

Felly dyma Paul yn ysgrifennu'r llythyr hwn i ofyn i Philemon gymryd Onesimus yn ôl - 'nid fel caethwas mwyach, ond yn frawd annwyl'! Ac fe ddywedodd Paul wrth Onesimus y byddai o'i hun yn talu unrhyw ddyled oedd ar Onesimus iddo am y pethau roedd wedi'u dwyn.

(Gyda llaw, ystyr 'Onesimus' ydy 'buddiol').   *Philemon 1-25*

Mae Dr. Mos yn deud, 'Mi fyddwch yn gaethion i ni!'

Glywsoch chi hyn'na, blantos?

Brysiwch! Dim ond 'chydig o lyfra eto ac mi fyddwn ni allan o'r Beibl!

Maen nhw'n mynd i falu cyfrifiadur dad!

Mae llyfr yr Actau yn gorffen ar ganol hanes Paul, ac yntau dan gaethiwed mewn tŷ. Efallai bod Luc yn bwriadu ysgrifennu trydydd llyfr, ar ôl efengyl Luc a llyfr yr Actau. Hen dro na wnaeth o hynny, oherwydd efallai y byddai'r trydydd llyfr wedi dweud wrthyn ni sut y cafodd Paul ei ryddhau a mynd ar bedwaredd daith genhadol, ymhellach i'r gorllewin, o bosibl, y tro hwn: i Sbaen. Mae'r cyfan a wyddon ni am Paul ar ôl iddo gael ei ryddhau o'r carchar yn dod o'r llythyrau a ysgrifennodd at ei ffrindiau Timotheus a Titus.

Ond ar ôl ei bedwaredd daith genhadol fe gafodd Paul ei roi yn ôl yn y carchar yn Rhufain, y tro hwn mewn carchar go iawn, lle tebycach i ddwnjwn yn wir. Ac yno fe gafodd ei roi i farwolaeth, tua thri deg o flynyddoedd wedi iddo gyfarfod Iesu ar y ffordd i Damascus a thua dwy flynedd cyn i'r Rhufeiniaid ddinistrio'r deml yn Jerwsalem yn 70 OC.

1 a 2 Timotheus

Paul

Roedd gan Paul feddwl mawr o Timotheus, oedd fel mab iddo.
Philipiaid 2:19-22

Roedd Timotheus wedi bod yn teithio hefo Paul am ychydig, ac yn awr roedd Timotheus yn weinidog ar eglwys ifanc. Roedd yna lawer o bethau am fod yn weinidog nad oedd Timotheus yn eu gwybod, a fyddai Paul ddim ar gael i'w helpu. Felly fe ysgrifennodd Paul lythyr ato i roi cyngor iddo ar bethau fel beth i'w wneud ynglŷn â phobl yn yr eglwys oedd yn achosi problemau, sut i ddewis henuriaid a diaconiaid da, a sut i ofalu am y nifer mawr o wragedd gweddwon yno.

Y peth pwysicaf a ddywedodd Paul wrth Timotheus am fod yn weinidog oedd y dylai ei ddull o'i hun o fyw fod yn esiampl i'r eglwys. Roedd ar Paul eisiau i'r Cristnogion yn Effesus edrych ar Timotheus a dweud, 'Efallai bod Timotheus yn ifanc, ond wrth edrych arno rydyn ni'n gweld sut y dylai Cristion fyw.'

Ac fe roddodd Paul gyngor ymarferol ardderchog i bawb, er enghraifft, beth i'w wneud pe bai gennych chi lawer o arian neu eiddo.
1 Timotheus 6:17-19

Pan oedd Paul yn ysgrifennu 1 Timotheus roedd wedi'i ryddhau o'r carchar yn Rhufain ac roedd yn rhydd i deithio eto. Ond pan ysgrifennodd 2 Timotheus ddwy flynedd wedyn roedd pethau'n wahanol iawn. Roedd yr Ymerawdwr Nero wedi rhoi'r bai ar y Cristnogion am y tân a ddinistriodd hanner dinas Rhufain (mae'n bosibl mai Nero ei hun oedd wedi cynneu'r tân). Roedd Cristnogion yn cael eu harestio a'u lladd ymhob cwr. Fe gafodd Paul hefyd ei arestio a'i roi yn ôl yn y carchar yn Rhufain, y tro hwn ar res yr angau!

Felly pan ysgrifennodd Paul 2 Timotheus fe wyddai efallai mai hwn fyddai'r llythyr olaf iddo ei ysgrifennu. Mae'n dweud wrth Timotheus fod pethau'n mynd yn fwy a mwy anodd i'r Cristnogion, ond fe ddylai Timotheus ddal i gredu yn Iesu a phregethu'r efengyl - nid dweud beth roedd pobl am ei glywed, ond y gwir.
2 Timotheus 4:1-5

BLITS!

Titus

Paul

Roedd Titus yn gyfrifol am amryw o eglwysi ar ynys Creta, ac fe ysgrifennodd Paul y llythyr at Titus yr un pryd â'r llythyr cyntaf at Timotheus pan oedd yn rhydd o'r carchar.

Mae Paul yn dweud wrth Titus sut i ddelio â phobl oedd yn achosi problemau. Roedd yna i bob golwg bobl ar ynys Creta oedd yn dysgu athrawiaeth ffug, ac roedd llawer o bobl yn yr eglwys yn gwrando ar y bobl hyn. Roedd yn rhaid i Titus ddysgu sut i rwystro'r rhain.

Ac mae Paul yn sôn wrth Titus am wneud beth sy'n dda. *Titus 3:1-8*

1, 2, a 3 Ioan

Ioan

Mae'n debyg mai o Effesus, lle bu'n weinidog am flynyddoedd, yr ysgrifennodd yr apostol Ioan ei dri llythyr. Wyddon ni ddim i sicrwydd pryd yr ysgrifennodd o nhw, ond mae'n debyg mai pan oedd yn hen ŵr, ryw ugain mlynedd ar ôl i Pedr a Paul farw. Efallai mai Ioan oedd yr olaf o'r apostolion i farw.

Sôn am gariad a maddeuant mae'r rhan fwyaf o'i lythyr cyntaf. Goleuni ydy Duw, ac fe ddylen ni fyw yng ngoleuni Duw. Un ffordd o fyw yng ngoleuni Duw ydy trwy garu eraill.

1 Ioan 1:5-10   1 Ioan 2:7-11

Mae caru eraill yn golygu gwneud pethau ymarferol, nid teimlo rhywbeth yn unig!

1 Ioan 3:16-20

Ar y diwedd, mae Ioan yn gwneud yn gwbl glir beth ydy neges yr efengyl. Cariad ydy Duw, ac fe ddangosodd ei gariad trwy anfon Iesu.

1 Ioan 4:7-11   1 Ioan 5:10-12

Llythyrau byrion iawn wedi'u hysgrifennu at unigolion ydy dau lythyr arall Ioan. Ynddyn nhw mae'n sôn am roi croeso a llety i Gristnogion o ddinasoedd eraill (doedd hi ddim bob amser yn hawdd cael hyd i le diogel i aros mewn dinas ddieithr).

Be ydi hwn? Ffilm iasoer?

Dydi'r bois yna ddim yn llusgo'u traed o gwbwl.

Nac ydyn - rydan ni mewn gweledigaeth o lyfr y Datguddiad!

Mae Dr. Mos yn deud, 'MAMI!'

Blantos! Pwyswch y botwm blitsio rŵan!

Roedd yr awdur Rhufeinig Pliny yn synnu bod dau Gristion yn medru dangos cariad at ei gilydd ac heb erioed gyfarfod o'r blaen!

Datguddiad

Mae'r Testament Newydd yn dod i ben mewn gweledigaeth drawiadol - a'r addewid y bydd Duw yn gwneud popeth yn newydd.

Yr apostol Ioan a gafodd y weledigaeth hon pan oedd ar ynys Patmos, ym Môr y Canoldir, lle roedd wedi cael ei alltudio am ei fod yn Gristion. Fe roddodd Duw y weledigaeth hon i Ioan er mwyn i Gristnogion eraill gael gwybod, pa mor ddrwg bynnag roedd pethau, mai Duw fyddai'n ennill yn y diwedd.

Pan fyddwch chi'n darllen Datguddiad, rhaid i chi gofio bob amser mai gweledigaeth sydd yma, rhywbeth a welodd Ioan. Er enghraifft, yn Datguddiad 12:3 rydych yn darllen am 'ddraig fflamgoch anferth â saith pen ganddi a deg corn a saith coron ar ei phennau. Roedd ei chynffon yn ysgubo hanner y sêr o'r awyr a'u taflu i'r ddaear.' Darlun ydy'r ddraig o'r nerthoedd mawr fydd yn ymladd yn erbyn Duw ac yn ceisio rhwystro'i gynllun rhag digwydd.

Ond nid sôn am effeithiau arbennig mewn ffilm mae Ioan! Mae'r boen a'r dioddef yn real iawn, ac mae'r bobl sy'n dioddef ac yn marw yn bobl go iawn.

Yr unig ffordd i gael syniad am lyfr y Datguddiad ydy ei ddarllen. Llythyrau gan Iesu at saith o eglwysi Asia Leiaf ydy'r tair pennod gyntaf. Ac yna mae'r weledigaeth yn dechrau, yn y nef.

Datguddiad 4:1-11

Yn llaw dde Duw mae sgrôl ac ysgrifen arni a honno wedi'i selio â saith sêl. Mae'r sgrôl yn cynnwys cynllun Duw i wneud popeth yn newydd. Ond yn gyntaf, rhaid i'r seliau gael eu torri er mwyn agor y sgrôl ac i gynllun Duw gael ei wireddu. Dim ond y Llew o lwyth Jwda, sef Iesu, fedr agor y seliau.

Datguddiad 5:1-13

Mae'r tair pennod ar ddeg nesaf yn sôn am y pethau dychrynllyd fydd yn digwydd wrth i'r seliau gael eu torri. Fe fydd rhyfeloedd a heintiau a bydd llawer o bobl yn marw. Ambell dro fe fydd hi'n edrych fel pe bai Satan yn ennill y dydd.

Patmos ydy'r ynys hardd hon. Yno y cafodd yr apostol Ioan y weledigaeth fwyaf rhyfeddol ac arswydus a gafodd neb erioed.

Mae hi gen i! Mae 'na raglen diogelu ffeiliau sy'n cael ei galw yn Dr. Gras fedr gadw Mos a Tecs rhag dinistrio'n rhaglen ni.

Mae Groeg y Datguddiad yn aml yn sâl, efallai oherwydd bod Ioan ar ei ben ei hun ac heb neb i'w helpu i ysgrifennu Groeg da.

Yr Eglwys mewn Helynt

Wedi'r Beibl

Yn ôl y sôn
mae hyd
coridorau'r
claddgelloedd
yn 500 milltir.
Fe wyddon ni
am 35 o
gladdgelloedd.

Pan gafodd llyfr y Datguddiad ei ysgrifennu tua 90 OC (hynny ydy, tua naw deg o flynyddoedd wedi geni Iesu) roedd yna lai o eglwysi yn y byd i gyd nag sydd yna heddiw mewn un ddinas fawr fel Caerdydd. Roedd y rhan fwyaf o'r eglwysi hynny mewn dinasoedd o gwmpas rhan ddwyreiniol Môr y Canoldir, ardaloedd yn perthyn i'r Ymerodraeth Rufeinig.

Doedd hi ddim yn hawdd bod yn Gristion yn y dyddiau hynny. Am fwy na 200 mlynedd fe fu ymerawdwyr Rhufain yn erlid Cristnogion am nad oedden nhw'n barod i addoli'r ymerawdwr - fe wydden nhw mai addoli Duw yn unig ddylen nhw. Fe laddwyd llawer o Gristnogion, rhai yn y Colisewm yn Rhufain, arena enfawr lle roedden nhw'n dod â Christnogion ambell dro i gael eu lladd gan lewod tra byddai miloedd o bobl yn gwylio ac yn curo dwylo.

Yr unig le roedd hi'n ddiogel i'r Cristnogion gyfarfod yn Rhufain oedd yn y claddgelloedd, neuaddau ac ystafelloedd mawr dan y ddaear lle roedd pobl yn cael eu claddu. Doedd y Rhufeiniaid ddim yn mynd i'r claddgelloedd am fod cyrff y meirw yno, ond doedd dim ofn ar y Cristnogion am y gwydden nhw fod Iesu wedi trechu marwolaeth.

Ond doedd dim gwahaniaeth pa mor galed roedd yr ymerawdwr Rhufeinig yn ceisio cael gwared o'r eglwys, roedd mwy a mwy o bobl yn dod yn Gristnogion a mwy a mwy o eglwysi yn cael eu sefydlu yn yr Ymerodraeth Rufeinig.

Dyma sut mae claddgell yn edrych mewn gwirionedd.

Yr Ymerawdwr Cystennin

Wedi'r Beibl

Yna fe ddigwyddodd rhywbeth hollol annisgwyl: tua'r flwyddyn 300 fe ddaeth yr Ymerawdwr Cystennin yn Gristion ei hun.

Yn awr roedd gan yr eglwys broblem wahanol iawn. Yn lle erlid y Cristnogion roedd yr Ymerawdwr Cystennin am i bawb ddod yn Gristnogion. Felly, fe ddaeth llaweroedd o bobl yn Gristnogion, nid am fod arnyn nhw eisiau credu yn Iesu ond am fod arnyn nhw eisiau swydd dda neu eisiau byw mewn lle braf.

Tua 500 mlynedd wedi i Gystennin ddod yn Gristion, fe fu'r Ymerawdwr Siarlymaen yn ymladd yn erbyn llwythau paganaidd yn y lle sydd yn awr yn Ogledd Ewrop ac yn eu gorfodi i droi yn Gristnogion. Roedd unrhyw un oedd yn gwrthod yn cael ei ladd. Y Cristnogion oedd yn gwneud yr erlid yn awr! A'r gwaethaf oedd nad oedd hi'n hawdd gwybod pwy oedd yn credu yn Iesu o ddifri a phwy nad oedd am fod pob un yn cael ei alw yn Gristion.

Eglwys bren hynafol yn Heddel yn Norwy. Mae ffurf eglwysi yn amrywio mewn gwahanol rannau o'r byd.

Fe gafodd yr eglwys gadeiriol fawr yn Rheims, Ffrainc, ei chwblhau bron i 800 mlynedd yn ôl, yn ystod y cyfnod oedd yn cael ei alw yn Oesoedd Canol neu Oesoedd Tywyll.

Tri symbol Cristnogol cynnar oedd y bugail da, angor (oedd yn sefyll dros y groes), a cholomen yn cario cangen olewydd yn ei phig (yn arwydd o heddwch).

Ydach chi'n Gristion?

Ydw, dwi'n Gristion. Ydach chi'n Gristion?

Ydw, dwi'n Gristion. Ydach chi'n Gristion? Os nad ydach chi, mi fyddwn yn eich lladd chi!

Os felly, dwi'n Gristion!

Dyma fath o eglwys sy'n gyffredin yn y wlad yn America. Mae hon yn South Woodbury yn Vermont, UDA.

Eglwys y Santes Soffia yn Istanbul, Twrci, ydy'r adeilad mawr coch. Codwyd hi yn 537 OC. Fe gafodd y tyrrau pigfain eu hychwanegu ati yn ddiweddarach pan drowyd hi'n fosg Islamaidd.

Ond roedd gan yr eglwys broblem arall eto. Roedd yna Gristnogion yn credu pethau am Dduw a Iesu oedd yn wahanol i beth roedd yr apostolion wedi'u dysgu. Felly ar ôl i'r Ymerawdwr Cystennin ddod yn Gristion, fe gyfarfu'r eglwysi amryw o weithiau i geisio gwneud yn glir unwaith ac am byth beth ddylai Cristnogion ei gredu.

Roedd ar yr eglwys angen datganiad byr ond clir o'r holl bethau y dylai Cristnogion eu credu, rhestr fyddai'n hawdd ei dysgu ar y cof. Yr enw ar ddatganiad fel hyn ydy 'credo'. Y credo mwyaf enwog ydy Credo'r Apostolion sy'n cael ei ddarllen mewn llawer o eglwysi ar ddydd Sul.

229

Credo'r Apostolion

Credaf yn Nuw

Tad Hollalluog, gwneuthurwr nefoedd a daear

ac yn Iesu Grist, ei un Mab ef

ein Harglwydd ni

Yr hwn a gaed trwy yr Ysbryd Glân

A aned o Fair Forwyn

Dioddefodd dan Pontius Pilat;

fe'i croeshoeliwyd,

bu farw ac fe'i claddwyd; disgynnodd at y meirw.

Atgyfododd y trydydd dydd.

Beth Ydy Ei Ystyr?

Un Duw yn unig sydd. Mae'r Beibl yn dweud wrthyn ni ei fod yn dri pherson: y Tad, y Mab (Iesu) a'r Ysbryd Glân.

Mae Duw y Tad yn hollalluog - does neb yn gryfach na Duw. Fe greodd y bydysawd ei hun allan o ddim. Ac fe greodd bobl yn arbennig, i fod yn debyg iddo fo.

Pan oedd Adda ac Efa yn byw yng Ngardd Eden, fe fwyton nhw o'r goeden roedd Duw wedi dweud wrthyn nhw am beidio â bwyta ohoni. Am iddyn nhw fod yn anufudd i Dduw, mae pawb yn awr yn bechaduriaid. Rydyn ni'n haeddu marw oherwydd ein pechodau. Ond fe anfonodd Duw ei Fab, Iesu, i'r byd i'n hachub ni rhag ein pechodau.

Pan fyddwn ni'n dweud mai Iesu ydy ein Harglwydd, rydyn ni'n dweud bod ganddo hawl i ddweud wrthyn ni beth i'w wneud, ac rydyn ni'n addo bod yn ufudd iddo.

Pan anwyd Iesu i'r byd (rydyn ni'n cofio'i eni ar y Nadolig), doedd ganddo ddim tad dynol am mai Duw oedd ei Dad.

Ond roedd gan Iesu fam ddynol, Mair. Fe roddodd hi enedigaeth i Iesu yn union fel unrhyw fam arall.

Fe ddysgodd Iesu lawer o bethau am Dduw a'i deyrnas, ac fe iachaodd lawer o bobl. Ond roedd yna lawer iawn o bobl yn ei gasáu oherwydd beth roedd yn ei wneud a'i ddweud. Yn y diwedd fe gafodd ei arestio gan ei elynion a'i roi ar brawf, er nad oedd erioed wedi cyflawni unrhyw drosedd yn ei fywyd. Fe ganiataodd Pontius Pilat, llywodraethwr Rhufeinig Palesteina, i Iesu gael ei roi i farwolaeth.

Fe fu Iesu farw yn un o'r dulliau mwyaf creulon: marw ar groes. Fe gafodd ei groeshoelio ar Ddydd Gwener y Groglith.

Fe fu Iesu farw mewn gwirionedd ac fe gafodd ei gladdu mewn bedd. Fe fu farw dros ein pechodau ni: hynny ydy, fe fu Iesu farw yn ein lle ni. Does dim angen i ni ofni marw mwy.

Ar Sul y Pasg, wedi bod yn y bedd am dri diwrnod, fe ddaeth Iesu'n fyw eto. Mae'n awr yn fyw am byth. Doedd neb wedi gwneud hyn o'i flaen. Fe brofodd Iesu ei fod yn gryfach na marwolaeth a Satan.

230

Esgynnodd i'r nefoedd,	Ddeugain diwrnod ar ôl ei atgyfodiad, fe aeth Iesu yn ôl adref at ei Dad yn y nefoedd.
ac y mae'n eistedd ar ddeheulaw'r Tad.	Beth mae Iesu'n ei wneud yn awr yn y nefoedd? Mae'n eistedd ar orsedd wrth ochr Duw. Mae'n rheoli popeth sy'n digwydd yn y byd hwn, ac mae'n gofalu am ei bobl i gyd, yn eich cynnwys chi a fi!
Daw eto i farnu'r byw a'r meirw.	Ryw ddiwrnod fe ddaw Iesu yn ôl i'r ddaear hon. Pan ddigwydd hyn, fe fydd pob un sydd wedi credu ynddo fo yn codi o farw ac yn mynd i'r nefoedd hefo fo. Fe fydd ei holl elynion yn cael eu taflu i Uffern.
Credaf yn yr Ysbryd Glân,	Ar y Pentecost (Sulgwyn), fe anfonodd Iesu ei ysbryd at ei eglwys. Mae'r Ysbryd Glân yn byw ynon ni ac yn ein helpu i fod yn ufudd i Dduw a'i Fab Iesu.
yr Eglwys Lân Gatholig,	Os ydyn ni'n credu yn Iesu, rydyn ni'n perthyn i'w eglwys. Mae Iesu am i ni ddweud wrth eraill amdano fo ac felly gynyddu maint ei eglwys. Nid 'Catholig Rufeinig' ydy ystyr 'Catholig' yng Nghredo'r Apostolion ond 'byd eang' - mae eglwys Iesu yn cynnwys Cristnogion ymhobman: pryd bynnag roedden nhw'n byw, y maen nhw'n byw ac y byddan nhw'n byw!
cymundeb y saint,	Fe ddylai Cristnogion ymhobman garu a helpu ei gilydd, am ein bod i gyd yn rhan o'r un teulu.
maddeuant pechodau,	Roedd Duw yn ddig wrthyn ni am ein bod i gyd wedi pechu. Ond oherwydd ei ras, mae wedi addo maddau'r pechodau hynny os gofynnwn ni i Iesu ddod i'n calonnau.
atgyfodiad y corff,	Pan fyddwn yn marw, fe fydd ein cyrff yn cael eu claddu mewn bedd neu eu hamlosgi, ond fe fyddwn ni ein hunain hefo Iesu. Ac yn union fel y cododd Iesu o farw, ryw ddiwrnod fe fydd pawb sy'n credu ynddo yn codi o farw ac yn cael cyrff newydd, perffaith.
a'r bywyd tragwyddol.	Pan ddaw Iesu yr ail dro a mynd â ni i'n cartref yn y nefoedd, mae'n addo y byddwn yn byw am byth. Fyddwn ni ddim yn marw byth eto!
Amen.	Gair Hebraeg yn golygu rhywbeth fel 'Bydded felly' ydy 'Amen'. Pan fyddwch chi'n dweud 'amen' ar ddiwedd gweddi, rydych yn dweud 'Ydw, rydw i'n credu y medri di, Arglwydd, wneud hyn'. Ar ddiwedd y Credo hwn ei ystyr ydy, 'Ie, dyna rydw i'n ei gredu!'

Nid yr apostolion a ysgrifennodd Gredo'r Apostolion ond mae'n grynodeb o beth roedden nhw'n ei gredu.

Am fod yr awyr a'r môr yn las dwi'n credu dylen ni baentio'n heglwysi'n las!

Na! Dowch chi yma!

Ond Bob, dwi'm yn meddwl bod ots be ydy lliw d'eglwys di.

Amen!

Yr Eglwys yn Ymrannu

Wedi'r Beibl

Erbyn y flwyddyn 1000 roedd yr eglwys wedi rhannu'n ddau grŵp oedd wedi torri'r naill a'r llall allan o'r eglwys! Esgob Rhufain (y Pab) oedd arweinydd un grŵp ac felly fe alwyd y grŵp hwnnw yn Eglwys Babyddol. Esgob Caer Cystennin (y Patriarch) oedd arweinydd y grŵp arall a'r enw arno ydy Eglwys Uniongred y Dwyrain am fod yr eglwysi yn y grŵp hwn yn rhan ddwyreiniol Ewrop. (Mewn rhai dinasoedd mawr fe welwch chi eglwysi Uniongred Groeg ac eglwysi Uniongred Rwsia, a dyna'r ddau brif grŵp yn Eglwys Uniongred y Dwyrain).

Yn yr eglwysi yn y gorllewin fe enillodd y pabau fwy a mwy o awdurdod. Roedden nhw bron fel brenhinoedd. Roedd gan ambell un fyddin i ymladd drostyn nhw hyd yn oed. Roedd gan lawer ohonyn nhw fwy o ddiddordeb mewn bod yn gyfoethog nag mewn dilyn dysgeidiaeth Iesu a helpu pobl eraill i fod yn Gristnogion da. Ond fe ddylen ni gofio bod yna lawer o offeiriaid a mynachod oedd yn cymryd diddordeb mewn pobl, yn arbennig y tlawd, ac yn ceisio'u helpu.

Yn y cyfamser...

Drychwch, mae'r wal anweledig yn chwalu! Mae'r plantos wedi dechra ffraeo!

Mae Dr. Mos yn deud, 'Amdanyn nhw.'

Eglwys gadeiriol hardd Sant Basil ym Moscow. Fe gafodd ei chwblhau yn 1554 ac mae'n sefyll yn nesaf at y Kremlin.

Ro'n i'n meddwl ein bod ni'n credu mewn coch?

Ydan, mae coch yn iawn ond mae pinc yn berffaith!

Dwi'n meddwl dylech chi gredu mewn lliw mwy brenhinol fel piws.

Ti'n meddwl hynny?

Dw i'n meddwl bod yn well gen i felyn.

Fe wna i grediniwr ohonot ti, wir!

Bblllllbbxxxhhh.

Ydw i'n ddigon coch i'r eglwys goch?

Ond fe ddwedodd Dr. Gras wrthon ni am beidio â ffraeo. Rydan ni i fod i gydweithio!

232

Tua 1500 fe ddigwyddodd newid mawr yn yr eglwys. Roedd y pab wedi dechrau dysgu'r bobl pe baen nhw'n talu arian i'r eglwys yn Rhufain y byddai eu pechodau yn cael eu maddau. Roedd mynach o'r Almaen, Martin Luther, wedi astudio'r Beibl a darganfod bod y pab yn methu: mae Duw yn maddau ein pechodau oherwydd beth mae Iesu wedi'i wneud droson ni - does dim y medrwn ni ei wneud ond dweud 'diolch yn fawr' wrth Dduw. Fe ddechreuodd Luther ysgrifennu a phregethu am beth roedd wedi'i ddarganfod, ac yn fuan fe drodd y pab Luther o'r eglwys - ond roedd llawer o bobl yn gwrando arno ac felly y dechreuodd y Diwygiad Protestannaidd. (Mae'n cael ei alw yn 'Brotestannaidd' am fod Luther a'i ddilynwyr yn protestio yn erbyn y problemau yn yr Eglwys Babyddol).

Yn y 500 mlynedd ar ôl y Diwygiad Protestannaidd, mae'r eglwysi Protestannaidd wedi bod yn ymrannu i lawer iawn o wahanol eglwysi. Mae yna eglwysi Lutheraidd, Presbyteraidd, Bedyddiedig, Esgobol, Methodistaidd, Pentecostalaidd a llaweroedd eraill - weithiau gyferbyn â'i gilydd ar y stryd.

Yn yr Eglwys Fore pan oedd y Cristnogion yn cael eu herlid roedd hi'n amlwg pwy oedd yn Gristion a phwy nad oedd. Ond wedi i'r Ymerawdwr Cystennin ddod yn Gristion, fe ddaeth bron bawb arall yn Gristion, ond doedd y ffaith bod rhywun yn perthyn i eglwys ddim yn golygu bod y person hwnnw/honno'n gwir gredu yn Iesu. Pan fyddwn ni'n sefyll o flaen gorsedd Duw fydd o ddim yn gofyn i ni i ba eglwys rydyn ni'n perthyn, ond a ydyn ni'n credu yn ei Fab!

Mae'r eglwys frics clai hon yn Taos Pueblo, Mecsico Newydd, yn dangos sut gall pobl o fewn un wlad fynegi eu ffydd mewn ffyrdd amrywiol (cymharwch chi â'r eglwys wen ar dudalen 227).

233

Beth ydy'r Beibl?

Y Beibl ydy'r llyfr sy'n dweud wrthyn ni
- Pwy ydy Duw
- Sut un ydy Duw
- Beth mae Duw wedi'i wneud, yn ei wneud ac y bydd yn ei wneud
- Beth ddylen ni'i wneud.

Ond nid sôn am Dduw yn unig mae'r Beibl, mae hefyd wedi dod oddi wrth Dduw. Gair Duw ydy'r Beibl. Mae'n dweud popeth sydd arnon ni angen ei wybod am sut i ddod yn iawn hefo Duw (cael ein hachub) a sut i ryngu bodd (plesio) Duw. Mae'r apostol Paul yn dweud bod yr Ysgrythur (enw arall ar y Beibl) wedi cael ei ysbrydoli ac yn ein dysgu beth sy'n wir, sut y gallwn ddeall beth sy'n iawn a beth sydd heb fod yn iawn yn ein bywydau, sut i gerdded y llwybr union, ac mae'n ein helpu i wneud beth sy'n iawn (2 Timotheus 3:16-17).

Fe fedrai Duw fod wedi rhoi llyfr o ddiwinyddiaeth i ni, llyfr na fedrai neb ond pobl glyfar wedi cael addysg ei ddeall. Neu fe allai fod wedi rhoi llyfr o reolau i ni yn dweud wrthyn ni beth i'w wneud a beth i beidio.

Yn lle hynny, fe roddodd Duw lyfr i ni yn cynnwys llawer o wahanol bethau: hanesion, barddoniaeth, llythyrau, cyfreithiau, diarhebion, a llawer mwy. Fedr neb byth wybod a deall popeth sydd yn y Beibl. Ond fe fedr pawb ddeall hanesion, ac fe fedr pawb ddeall bod Duw yn dweud wrthyn ni yn y Beibl ei fod yn ein caru'n fawr iawn.

Fe gymerodd Duw fwy na 1,500 o flynyddoedd i ysgrifennu'r Beibl ac fe ddefnyddiodd fwy na phedwar deg o bobl. Roedd rhai o'r bobl hynny'n gyfoethog, rhai yn dlawd. Yn eu plith roedd brenhinoedd, beirdd, proffwydi, cerddorion, athronwyr, ffermwyr, athrawon, offeiriad, gwladweinydd, bugail, casglwr trethi, meddyg a physgotwyr. Fe ysgrifennon nhw'r Beibl ar dri chyfandir: Asia, Ewrop ac Affrica, mewn palasau a charcharau, mewn dinasoedd ac yn yr anialwch, mewn cyfnodau o ryfel a heddwch.

Yng Nghaerfyrddin y cafodd y Beibl Cymraeg cyntaf ei argraffu yng Nghymru yn 1770.

Sut y Cawson Ni'n Beibl?

Fe ysgrifennwyd y Beibl ymhell cyn i bapur gael ei ddyfeisio. Fe gafodd llyfrau cynharaf y Beibl eu hysgrifennu ar gerrig clai fflat neu ar groen sych anifeiliaid (oedd yn cael ei alw yn 'femrwn') neu efallai ar ddalennau o bapurfrwyn wedi'u gwneud o'r planhigyn papurfrwyn sy'n debyg i welltyn. Roedd y crwyn neu'r papurfrwyn yn cael eu gludio wrth ei gilydd i wneud rholyn hir neu sgrôl.

Roedd y Beibl wedi'i ysgrifennu rai miloedd o flynyddoedd cyn i wasg argraffu gael ei ddyfeisio tua 1450. Un o'r llyfrau cyntaf i gael ei brintio oedd y Beibl, ac erbyn hyn roedd mwy a mwy o bobl yn medru fforddio prynu eu Beibl eu hunain.

Ond yna fe gododd problem arall. Doedd y rhan fwyaf o bobl ddim yn medru darllen y Beibl yn yr ieithoedd y cafodd ei ysgrifennu ynddyn nhw (Hebraeg, Aramaeg a Groeg), felly roedd yn rhaid cyfieithu'r Beibl i ieithoedd y medrai'r bobl eu deall.

Roedd hyn yn wir cyn amser Iesu. Roedd y rhan fwyaf o Feibl yr Iddewon (ein Hen Destament ni) wedi'i ysgrifennu mewn Hebraeg ac roedd llawer o Iddewon, yn arbennig y rheiny oedd yn byw y tu allan i Balesteina, wedi anghofio'u Hebraeg; Groeg roedden nhw'n ei siarad fwyaf. Felly fe gyfieithwyd yr Hen Destament i'r iaith Roeg tua 200 o flynyddoedd cyn amser Iesu. Yr enw ar y cyfieithiad hwnnw ydy y Septuagint.

Yna, wedi amser Iesu, pan ledodd yr eglwys trwy'r Ymerodraeth Rufeinig, fe gyfieithwyd y Beibl i'r Lladin am mai dyna'r iaith roedd pobl yn ei siarad.

Pan ddyfeisiwyd y wasg argraffu, dim ond ysgolheigion oedd yn gwybod Lladin, felly roedd gofyn cyfieithu'r Beibl i'r ieithoedd roedd pobl yn eu siarad: Almaeneg, Ffrangeg, Saesneg, Cymraeg ac ati er mwyn i'r bobl gyffredin fedru ei ddarllen drostyn nhw'u hunain.

Y fersiwn Gymraeg gyntaf o'r Beibl oedd cyfieithiad yr Esgob William Morgan yn 1588. Yna fe ddaeth fersiwn Richard Davies yn 1620 a'r Beibl Bach yn 1630. Mae iaith y rhain yn ymddangos yn anodd i ni heddiw. Mae hynny'n wir am y fersiwn Saesneg Awdurdodedig hefyd sef Fersiwn y Brenin Iago a ymddangosodd yn 1611.

Erbyn heddiw, mae yna lawer o fersiynau mewn Saesneg modern ac mae gennym ni yng Nghymru y Beibl Cymraeg Newydd a gyhoeddwyd yn 1988, bedwar can mlynedd ar ôl cyfieithiad yr Esgob Morgan.

Yr Esgob Athanasiws o'r Aifft oedd y cyntaf i restru llyfrau'r Testament Newydd fel maen nhw gennym ni heddiw a hynny yn 367 OC.

A be am y sistem gyfrifiadurol gwerth miliynau o bunnau sy'n eiddo i dad Sglod? Ai dyma ddiwedd y rhaglen, crashio llywodraeth y compiwtar, atal holograffi?

Tiwniwch i'r dudalen nesa, 'r un amser, 'r un llyfr, i weld fydd ein harwyr holograffig ni'n trechu!

Beibl yr Iddewon

Beibl yr Iddewon (y Beibl roedd Iesu yn ei ddefnyddio) ydy ein Hen Destament ni. Y pum llyfr cyntaf (Genesis, Exodus, Lefiticus, Numeri, Deuteronomium) ydy'r rhai pwysicaf yn eu golwg; hefo'i gilydd mae'n nhw'n cael eu galw yn Llyfrau'r Gyfraith, neu mewn Hebraeg, y Torah. Mewn synagogau heddiw mae'r sgrôl sy'n cynnwys y Torah yn cael ei chadw mewn blwch arbennig sy'n cael ei alw yn arch ac sy'n sefyll mewn lle o anrhydedd. Yr enwau ar y rhannau eraill o Feibl yr Iddewon ydy'r Proffwydi a'r Ysgrifeniadau. Fe fu'r Iddewon yn gofalu am Air Duw am ganrifoedd lawer, a dyna pam mae'r Hen Destament ar gael i ni heddiw!

Fe gyhoeddodd Thomas Jefferson, yn yr America, argraffiad o'r Testament Newydd heb y cyfeiriadau at bethau gwyrthiol am nad oedd yn credu iddyn nhw ddigwydd.

Mae hon yn joban i...

A, maen nhw'n cydweithio eto. Rŵan fe fedra i 'u helpu nhw eto!

SIWPER BROGO

Fe ddywedodd William Salesbury am y Beibl, 'Rhaid ei gael yn iaith y bobl.'

Canon y Beibl

Teitl arall ar y chwe deg chwech o lyfrau yn ein Beibl ni ydy Canon y Beibl. Y chwe deg chwe llyfr hynny, o Genesis hyd Datguddiad, ydy'r unig lyfrau sy'n rhan o Air Duw sydd wedi'i ysbrydoli. Doedd y rhan fwyaf o'r bobl a ysgrifennodd y llyfrau hynny ddim yn gwybod y byddai eu gwaith yn dod yn rhan o'r Beibl, ond fe sylweddolodd yr eglwys eu bod yn arbennig. Roedd Iesu yn dyfynnu o Feibl yr Iddewon (ein Hen Destament ni) ac yn ei gwneud yn gwbl glir ei fod yn Air Duw. Fe sylweddolodd yr eglwys fod gwaith rhai o'r apostolion a'r bobl oedd yn gweithio hefo'r apostolion (er enghraifft, Luc) yn arbennig - roedden nhw wedi'u hysbrydoli ac fe ddylen nhw ddod yn rhan o'r Canon.

Yr Apocryffa

Mae rhagor na chwe deg chwech o lyfrau mewn rhai Beiblau. Yr enw ar y llyfrau ychwanegol hynny ydy'r Apocryffa. Llyfrau ydyn nhw na chawson nhw mo'u derbyn o gwbl gan yr eglwys fel rhan o'r Canon ond roedd ar rai eglwysi eisiau eu cadw hefo'r Beibl am eu bod yn werth chweil. Yn yr Apocryffa mae llyfrau'r Macabeaid sy'n adrodd hanes y cyfnod rhwng yr Hen Destament a'r Testament Newydd.

Pwy rydach chi'n 'i feddwl mae Tecs yn ei gynrychioli? (Genesis 3 a Rhufeiniaid 7-8)

Wedi drysu eto!

Fe gafodd un o'r llawysgrifau Groeg pwysicaf o'r Testament Newydd ei chanfod ym Mynachlog y Santes Catrin wrth droed Mynydd Sinai yn y 1800au.

Sgroliau'r Môr Marw

Ar hyd glannau'r Môr Marw mae llethrau serth yn llawn ogofâu sy'n uchel oddi wrth y ddaear. Doedd neb yn sylwi rhyw lawer arnyn nhw cyn 1947 pan gafwyd hyd i nifer fawr o jariau pridd yn un o'r ogofâu. Yn y jariau hynny roedd sgroliau, hen lyfrau oedd wedi'u hysgrifennu tua amser Iesu. Roedd 'Sgroliau'r Môr Marw' wedi cael eu cuddio yn yr ogofâu gan grŵp o grefyddwyr Iddewig pan ddaeth y Rhufeiniaid a dinistrio Jerwsalem yn 70 OC. Copi o Eseia oedd un o'r sgroliau a hwnnw rai cannoedd o flynyddoedd yn hynach na'r copi o Eseia roedden ni'n gwybod amdano cyn 1947! Y peth rhyfeddol oedd bod testun sgrôl y Môr Marw o Eseia bron yr un fath yn union â'r testun sydd gennym ni. Mae Duw wedi cadw'i Air heb ei newid wrth iddo gael ei gopïo am gymaint o flynyddoedd.

Arweiniad i'r Darllen

Dyma'r rhannau o'r Beibl y cawson ni'r rhan fwyaf o'n gwybodaeth ar gyfer yr Athro Alffa ohonyn nhw (mae o'n eu galw nhw'n 'ffynonellau'). Hefyd, roedden ni am i chi gael siawns i ddarllen y rhannau gwych hyn drosoch eich hun neu hefo'ch teulu.

Felly at eich Beibl a dechrau darllen. A pheidiwch â phoeni nad ydy'r realiti holograffig ddim gennych chi - mae'ch dychymyg chi'n gweithio cystal bob tamaid.

Dyma rai awgrymiadau ar gyfer y darlleniadau Beiblaidd rhag ofn bod yna unrhyw ddryswch:

- Mae'r rhan fwyaf o'r darlleniadau yr un rhai ag a roeson ni yn ein hadroddiad.
- Dydy pob darlleniad ddim yr un hyd (fe fedrwch ddarllen rhai mewn ychydig o funudau, fe fydd eraill yn cymryd mwy).
- Fe fedrwch dicio'r darlleniad ar ôl ichi ei orffen (fe gewch foddhad mawr wrth wneud!).
- Fe welwch chi nad ydy pob darlleniad yn dod yn nhrefn y Beibl. Er enghraifft, fe welwch chi fod llyfr y Diarhebion yn dod ynghanol 1 Brenhinoedd. Y rheswm am hyn ydy bod y darlleniadau yn nhrefn amser, ac roedd Diarhebion (yn rhannol, beth bynnag) wedi'i ysgrifennu gan y Brenin Solomon, y cewch chi ei hanes yn 1 Brenhinoedd. I wneud pethau'n llai dryslyd, rydyn ni wedi gosod darlleniadau nad ydyn nhw yn eu trefn arferol yn y Beibl mewn blychau llwyd. (Edrychwch ar dudalennau 130 a 131 am well eglurhad).
- Darllenwch y tudalennau yn ein hadroddiad ochr yn ochr â'r darlleniadau o'r Beibl - fe gewch gymaint o hwyl, fe fydd eich pen yn byrstio!

Bob

239

Yr Hen Destament

Dechrau (a'r diwedd bron) i bopeth (Tudalennau 14-20)

❑ Dechrau popeth (ond Duw)   Genesis 1:1-23
❑ Y bobl gyntaf (Adda ac Efa)   Genesis 2:4-25
❑ Y pechod cyntaf ('Y Cwymp')   Genesis 3:1-24
❑ Y mwrdwr cyntaf (Cain ac Abel)   Genesis 4:1-16

Y Dilyw (Tudalennau 20-21)

❑ Noa yn gwneud cwch yn ei ardd gefn   Genesis 6:5-22
❑ Duw yn anfon y Dilyw   Genesis 7:1-24
❑ Yr Arch yn glanio a Duw yn rhoi'r enfys Genesis 8:1-22; 9:8-17

Tŵr Babel (Tudalennau 22-23)

❑ Tŵr Babel   Genesis 11:1-9

Abraham ac Isaac (Tudalennau 24-26)

❑ Duw yn dweud wrth Abraham am fynd i Ganaan Genesis 12: 105
❑ Abraham a Lot   Genesis 13-14
❑ Duw yn gwneud cyfamod (cytundeb) ag Abraham Genesis 15:1-6
❑ Hagar ac Ismael   Genesis 16:1-16
❑ Sodom a Gomorra   Genesis 18:1-33; 19:1, 12-29
❑ Geni Isaac   Genesis 21:1-7
❑ Anfon Hagar ac Ismael ymaith   Genesis 21:8-20
❑ Duw yn gofyn i Abraham aberthu Isaac   Genesis 22:1-19

Jacob ac Esau (Tudalen 27)

❑ Esau yn gwerthu ei enedigaeth fraint am bryd o gawl Genesis 25:19-34
❑ Jacob yn twyllo Esau i gael bendith Isaac iddo'i hun Genesis 27:1-40
❑ Breuddwyd Jacob   Genesis 27:41-28:22

Joseff (Sut yr aeth yr Israeliaid i'r Aifft) (Tudalennau 28-35)

❑ Brodyr Joseff yn ei werthu'n gaethwas   Genesis 37:1-36
❑ Breuddwydion Pharo am y gwartheg   Genesis 41:1-40
❑ Joseff yn rheolwr yr Aifft   Genesis 41:41-57
❑ Joseff yn dysgu gwers i'w frodyr   Genesis 42:1-46:4
❑ Jacob yn marw   Genesis 49:29-50:1
❑ Joseff yn marw   Genesis 50:15-29

Moses (Sut y daeth yr Israeliaid o'r Aifft) (Tudalennau 36-39)

❑ Yr Eifftiaid yn gwneud bywyd yn ddiflas i'r Israeliaid   Exodus 1:1-22
❑ Geni Moses a'i fagu yn llys Pharo   Exodus 2:1-10
❑ Moses yn lladd Eifftiwr ac yn gorfod ffoi i Midian   Exodus 2:11-25
❑ Duw yn siarad â Moses o'r berth yn llosgi   Exodus 3:1-4:17
❑ Moses yn mynd yn ôl i'r Aifft   Exodus 4:18-20; 27-31
❑ Pharo yn gwneud bywyd yn galetach fyth i'r Israeliaid   Exodus 5:1-6:12
❑ Y plâu ofnadwy   Exodus 7:14-11:8
❑ Y Pasg cyntaf   Exodus 12:1-13; 29-30

O'r Aifft i'r anialwch (Tudalennau 40-42)

❑ Yr Israeliaid yn gadael yr Aifft (Yr Ecsodus)   Exodus 12:31-42
❑ Croesi'r Môr Coch rhwng muriau o ddŵr   Exodus 13:17-14:31
❑ Beth ddigwyddodd i'r Israeliaid pan gwynon nhw am y bwyd   Exodus 16:1-35

Duw yn rhoi'r Gyfraith yn Sinai (Tudalennau 43-44, 48)

❑ Duw yn siarad â'r Israeliaid o Fynydd Sinai   Exodus 19:1-25
❑ Duw yn rhoi'r Deg Gorchymyn ar lechi   Exodus 20:1-21

Y llo aur (Tudalennau 45-46)

❑ Yr Israeliaid yn addoli'r llo aur a Duw yn malu'r llechi   Exodus 32:1-35
❑ Duw yn rhoi llechi newydd i Moses   Exodus 34:1-35
❑ Mae beth wnewch chi'n gwneud gwahaniaeth!   Exodus 26:3-22

Y Tabernacl (Tudalennau 46-47)

❑ Y Tabernacl   Exodus 35:4-19
❑ Arch y Cyfamod (mae un cufydd yn 18 modfedd)   Exodus 37:1-11
❑ Codi'r tabernacl   Exodus 40:1-38
❑ Y fendith fawr   Numeri 6:22-27

Y deuddeg sbïwr; deugain mlynedd arall yn yr anialwch (Tudalennau 49-52)

❑ Yr Israeliaid yn cwyno am y bwyd eto   Numeri 11:1-25; 31-35
❑ Anfon sbïwyr i edrych o gwmpas Canaan;
   yr Israeliaid yn llwfr ac heb ymddiried yn Nuw   Numeri 13:1-14:45
❑ Y sarff bres   Numeri 21:1-9
❑ Balaam a'r asyn yn siarad   Numeri 22:1-6; 20-41; 23:7-12

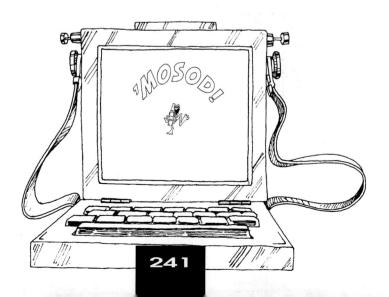

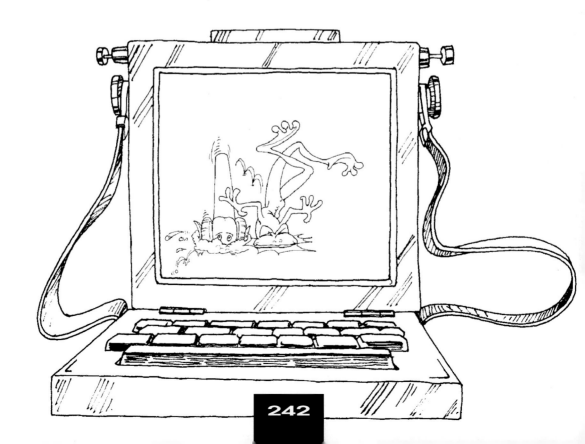

Samuel, y Barnwr olaf (Tudalennau 68-71)

❑ Geni Samuel a mynd â fo i fyw yn y tabernacl   1 Samuel 1:1-28
❑ Duw yn galw Samuel ganol nos   1 Samuel 3: 1-21
❑ Yr Israeliaid yn defnyddio'r arch yn fasgot - a'r Philistiaid
    yn ei chymryd   1 Samuel 4:1-11
❑ Duw yn argyhoeddi'r Philistiaid i roi'r arch yn ôl   1 Samuel 5:1-12; 6:10-12;
                                                                6:21-7:1
❑ Y Philistiaid yn ofni taranau   1 Samuel 7:7-11

Saul, brenin cyntaf Israel (Tudalennau 72-73)

❑ Yr Israeliaid yn gofyn am frenin   1 Samuel 8:1-22
❑ Saul yn colli asynnod ac yn cael ei eneinio'n frenin   1 Samuel 9:1-10:1; 10:17-27
❑ Y brenin yn cuddio tu ôl i'r paciau   1 Samuel 10:17-27
❑ Y brenin a geisiodd dwyllo Duw   1 Samuel 15:1-34

Dafydd a Saul (Tudalennau 74-80)

❑ Samuel yn eneinio Dafydd i fod yn frenin newydd   1 Samuel 16:1-13
❑ Dafydd yn gerddor llys i Saul   1 Samuel 16:14-23
❑ Dafydd yn trechu Goliath, y cawr o Philistia   1 Samuel 17:1-58
❑ Saul yn gweld mai Dafydd fyddai'r brenin nesaf   1 Samuel 18:1-16
❑ Dafydd a Jonathan - stori am gyfeillgarwch mawr   1 Samuel 20:1-42
❑ Cyfle i Dafydd ladd Saul   1 Samuel 24:1-22
❑ Saul a dewines Endor   1 Samuel 28:1-25
❑ Saul yn ei ladd ei hun   1 Samuel 31:1-5

Hanes Job (Tudalen 79)

❑ Sut y cafodd Job ei adael ar y domen   Job 1:1-2:13
❑ Job yn flin wrth ei ffrindiau   Job 12:2-3; 16:2-5;19:2-3
❑ Job yn erfyn am i rywun siarad â Duw ar ei ran -
    ond mae'n dal i ymddiried yn Nuw   Job 9:32-33; 19:25
❑ Duw yn dweud wrth Job nad ydy o mor glyfar ag mae'n ei feddwl   Job 38:1-21
❑ Diwedd hapus   Job 42:1-16

Dafydd o'r diwedd yn frenin (Tudalennau 80-87)

❑ Dafydd o'r diwedd yn frenin   2 Samuel 5:1-12
❑ Dod ag arch y cyfamod i Jerwsalem   2 Samuel 6:1-23
❑ Addewidion gwych Duw i Dafydd   2 Samuel 7:11b-16
❑ Esiampl o ganu Dafydd   Salm 18:1-19
❑ Pechod Dafydd hefo Bathseba   2 Samuel 11:1-27
❑ Dafydd yn gofyn am faddeuant   2 Samuel 12:1-14
❑ Gweddi Dafydd am faddeuant   Salm 51
❑ Hanes Absalom   2 Samuel 18:5-17; 19:4

Salmau - llyfr emynau pobl Dduw (Tudalennau 82-83)

❑ Y gân fawr am ddaioni Duw   Salm 23
❑ Salm i'w gweddïo pan ydych yn edifarhau   Salm 32
❑ Salm ar gyfer diolch   Salm 100
❑ Salm i foli Duw   Salm 103
❑ Salm pan fyddwch yn drist   Salm 130

Y Brenin Solomon (Tudalennau 88-97)

- ❏ Solomon yn gofyn i Dduw am ddoethineb — 1 Brenhinoedd 3:1-15
- ❏ Doethineb Solomon — 1 Brenhinoedd 4:29-34
- ❏ Y baban y bu bron iddo gael ei dorri yn ei hanner — 1 Brenhinoedd 3:16-28
- ❏ Rhestr negeson dyddiol Solomon — 1 Brenhinoedd 4:20-28
- ❏ Solomon yn codi'r deml — 1 Brenhinoedd 5:1-6:37
- ❏ Solomon yn gwneud argraff ar Frenhines Seba — 1 Brenhinoedd 10:1-13
- ❏ Camgymeriad mawr Solomon — 1 Brenhinoedd 11:1-14

Rhannu'r deyrnas (Tudalennau 98-99)

- ❏ Marw Solomon a rhannu'r deyrnas yn ddwy — 1 Brenhinoedd 11:14-12:33

Diarhebion, llyfr doethineb a synnwyr cyffredin (Tudalennau 90-91)

- ❏ Rhai o ddiarhebion Solomon — Diarhebion 1:1-7; 3:5-6;
- ❏ — Diarhebion 10:1-12, 18;
- ❏ — Diarhebion 15:5 16-18:
- ❏ — Diarhebion 17:9, 17, 22

Pregethwr: bywyd fel pe na bai'n gwneud synnwyr (Tudalen 95)

- ❏ Weithiau does dim mewn bywyd fel pe bai'n werth ei wneud — Pregethwr 1:1-14
- ❏ Amser ar gyfer popeth — Pregethwr 3:1-8
- ❏ Hyd yn oed os nad oes dim yn gwneud synnwyr, carwch Dduw a byddwch yn ufudd iddo — Pregethwr 12:1, 9-14

Caniad Solomon (Tudalennau 96-97)

- ❏ Cân serch hyfryd (hyd yn oed os ydych yn meddwl ei bod yn sentimental) — Caniad Solomon 2:1-17

Israel (teyrnas y gogledd) (Tudalennau 100-109)

- ❏ Y Brenin Ahab o deyrnas y gogledd — 1 Brenhinoedd 16:29-33
- ❏ Elias, y proffwyd a borthwyd gan adar — 1 Brenhinoedd 17:1-24
- ❏ Elias yn gwneud sbort o broffwydi Baal — 1 Brenhinoedd 18:16-45
- ❏ Ahab yn cael gwinllan Naboth trwy dwyll a mwrdwr — 1 Brenhinoedd 21
- ❏ Hanesion aflednais am farw Ahab a Jesebel — 1 Brenhinoedd 22:29-38
- ❏ — 2 Brenhinoedd 9:30-37
- ❏ Elias yn mynd i'r nef mewn cerbyd — 2 Brenhinoedd 2:1-18
- ❏ Eliseus, y proffwyd moel — 2 Brenhinoedd 2:23-25
- ❏ Eliseus a'r jar olew diddarfod — 2 Brenhinoedd 4:1-7
- ❏ Eliseus a'r fwyell yn nofio ar wyneb y dŵr — 2 Brenhinoedd 6:1-7
- ❏ Eliseus a'r bachgen marw yn tisian — 2 Brenhinoedd 4:8-37
- ❏ Naaman: trochi saith tro mewn afon fwdlyd — 2 Brenhinoedd 5:1-27
- ❏ Eliseus yn arwain byddin — 2 Brenhinoedd 6:8-23
- ❏ Diwedd teyrnas y gogledd; y bobl yn cael eu symud i Asyria - byth i ddychwelyd — 2 Brenhinoedd 17:1-9

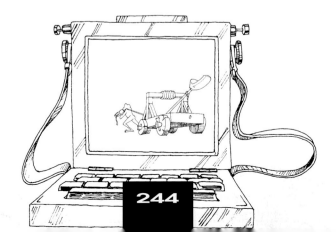

Pobl Jwda yn Babilonia (Tudalen 118)

❏ Cân hiraeth am Jerwsalem   Salm 137:1-6

Daniel yn llys brenin Babilonia (Tudalennau 120-123)

❏ Daniel ifanc yn llys brenin Babilon   Daniel 1:1-21
❏ Nebuchadnesar yn breuddwydio am ddelw anferth ddychrynllyd   Daniel 2:1-49
❏ Ffrindiau Daniel yn cerdded yn fyw o'r ffwrnais   Daniel 3:1-30
❏ Y brenin fu'n pori   Daniel 4:28-37
❏ Yr ysgrifen ar y mur   Daniel 5:1-31
❏ Daniel yn ffau'r llewod   Daniel 6:1-28

Eseciel yn rhoi addewidion Duw i'r Iddewon yn Babilonia

(Tudalennau 124-125)

❏ Gweledigaeth ryfedd Eseciel o'r olwynion a'r creaduriaid   Eseciel 1:1-28
❏ Proffwydoliaethau Eseciel yn erbyn pawb
   (darllenwch y penawdau yn unig)   Eseciel 25-32
❏ Yr esgyrn yna, yr esgyrn yna, yr esgyrn sychion yna   Eseciel 37:1-14

Caniatáu i'r bobl fynd yn ôl i Jerwsalem (Tudalennau 126-129)

❏ Cyrus, Brenin Syria, yn penderfynu caniatáu i'r Israeliaid
   fynd adref   2 Cronicl 36:22-23;
❏   Esra 1:1-4
❏ Y bobl yn dechrau ailgodi'r deml   Esra 3:7-13
❏ Gorffen y deml o'r diwedd   Esra 6:1-12
❏ Yr arweinwyr yn penderfynu ailgodi muriau Jerwsalem   Nehemeia 2:1-20
❏ Gwrthwynebiad   Nehemeia 2:1-20
❏ Gorffen y muriau   Nehemeia 6:15-19
❏ Esra yn darllen Cyfraith Duw i'r holl bobl   Nehemeia 8:1-18

Esther, y frenhines a fentrodd ei bywyd i achub ei phobl ei hun

(Tudalen 127)

❏ Sut y daeth Esther yn frenhines   Esther 2:1-11, 17-23
❏ Sut y cadwodd Esther yr Iddewon ym Mhersia rhag cael eu lladd Esther 3:1-9:4

246

Y Testament Newydd

Fe fyddai darllen tudalennau 132 i 141 cyn dechrau darllen o'r Testament Newydd yn help i chi. Maen nhw'n egluro'r holl bethau a ddigwyddodd rhwng diwedd yr Hen Destament a dechrau'r Testament Newydd.

Geni Ioan Fedyddiwr (tudalen 144)

Geni Iesu (Tudalennau 145-146)

Iesu yn blentyn (Tudalennau 146-147)

Iesu ac Ioan Fedyddiwr (Tudalennau 148-149)

Iesu yn dechrau pregethu a dysgu (Tudalennau 150-153)

Rhai o ddamhegion Iesu (Tudalennau 154-155)

- ❑ Y Samariad trugarog — Luc 10:30-37
- ❑ Y mab colledig — Luc 15:11-32
- ❑ Y dyn cyfoethog a Lasarus — Luc 16:19-31
- ❑ Yr adeiladwyr doeth a ffôl — Mathew 7:24-27
- ❑ Yr heuwr a'r had — Marc 4:3-8, 14-20
- ❑ Y ddafad golledig — Luc 15:4-7
- ❑ Y deg darn aur — Luc 19:12-27
- ❑ Dameg yr efrau (y chwyn) — Mathew 13:24-30

Rhai o wyrthiau Iesu (Tudalennau 158-161)

- ❑ Troi'r dŵr yn win — Ioan 2:1-11
- ❑ Adfer bywyd dyn ifanc — Luc 7:11-16
- ❑ Ffydd y canwriad — Luc 7:1-10
- ❑ Iesu yn tawelu'r storm — Marc 4:35-41
- ❑ Geneth wedi marw a dynes sâl — Marc 5:21-43
- ❑ Iesu yn porthi'r pum mil — Marc 6:32-44
- ❑ Iesu yn cerdded ar y dŵr — Mathew 14:22-33
- ❑ Iesu yn iacháu'r dyn dall o'i enedigaeth — Ioan 9:1-34
- ❑ Y darn arian yng ngheg y pysgodyn — Mathew 17:24-27
- ❑ Iacháu deg o rai gwahanglwyfus, ond un yn unig yn dweud 'diolch' — Luc 17:11-19
- ❑ Y ddalfa wyrthiol o bysgod — Luc 5:1-11
- ❑ Y dyn cloff oedd yn methu cyrraedd y pwll — Ioan 5:1-15
- ❑ Yr ysbrydion aflan a'r moch — Mathew 8:28-34
- ❑ Iesu yn iacháu ar y Sabath — Mathew 12:9-14
- ❑ Iesu yn codi Lasarus o farw — Ioan 11:1-46

Rhai o'r pethau a ddysgodd Iesu (Tudalen 162)

- ❑ Y Gwynfydau — Mathew 5:1-12
- ❑ Y Bregeth ar y Mynydd — Mathew 5:33-48
- ❑ Y Bregeth ar y Mynydd: Rhoi a gweddïo — Mathew 6:1-15
- ❑ Y Bregeth ar y Mynydd: Ble mae eich trysor? — Mathew 6:19-24
- ❑ Y Bregeth ar y Mynydd: Peidiwch â phryderu — Mathew 6:25-34
- ❑ Y Bregeth ar y Mynydd — Mathew 7:1-29
- ❑ Gorffwys i'r rhai blinedig — Mathew 11:25-30
- ❑ Y gorchymyn mwyaf — Marc 12:28-34
- ❑ Gweddi — Luc 11:1-13

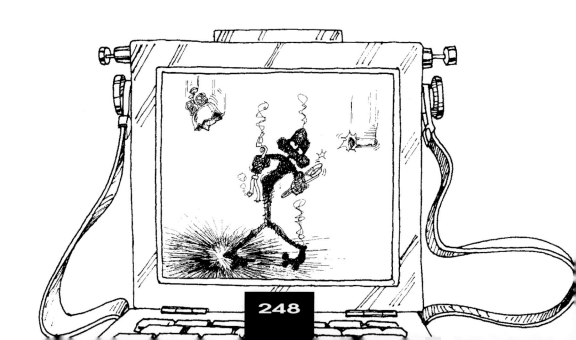

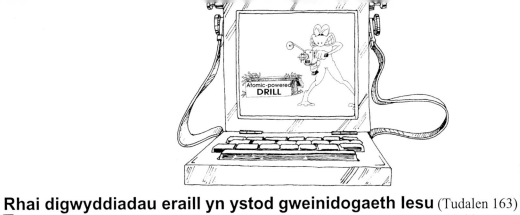

Rhai digwyddiadau eraill yn ystod gweinidogaeth Iesu (Tudalen 163)

Iesu a'r Phariseaid (Tudalennau 164-169)

Y Swper Olaf (Tudalennau 170-171)

Yng Ngardd Gethsemane (Tudalen 172)

Iesu ar brawf o flaen y Sanhedrin Iddewig (Tudalennau 173-175)

Iesu ar brawf o flaen y llywodraethwr Rhufeinig, Pontius Pilat (Tudalen 176)

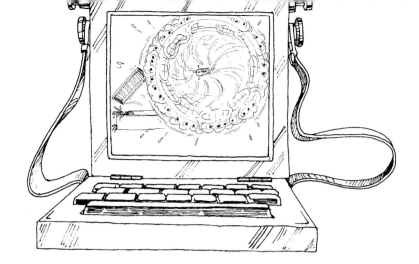

Y Croeshoelio (Tudalennau 177-178)

- ❑ Y Croeshoelio — Ioan 19:17-27
- ❑ — Luc 23:26-43
- ❑ Marwolaeth Iesu — Marc 15:33-39
- ❑ — Ioan 19:28-37

Claddu Iesu (Tudalen 178)

- ❑ Claddu Iesu a gosod milwyr wrth y bedd — Mathew 27:57-66

Yr Atgyfodiad (Tudalennau 180-181)

- ❑ Y merched wrth y bedd — Ioan 20:1-18
- ❑ Iesu yn ymddangos ar y ffordd i Emaus — Luc 24:13-35
- ❑ Iesu yn ymddangos i'w ddisgyblion — Luc 24:36-43
- ❑ Iesu a Thomas yr amheuwr — Ioan 20:24-29
- ❑ Iesu yn cyfarfod ei ddisgyblion ar lan y llyn — Ioan 21:1-25

Yr Esgyniad (Tudalen 182)

- ❑ Iesu yn cael ei gymryd i'r nef — Actau 1:1-11

Yr Ysbryd Glân yn disgyn (Pentecost) (Tudalen 183)

- ❑ Y diwrnod y daeth yr Ysbryd Glân — Actau 2:1-24, 32-41

Yr Eglwys Fore (Tudalennau 184-187)

- ❑ Dyddiau cyntaf yr eglwys — Actau 2:42-47
- ❑ Pedr yn iacháu'r dyn cloff — Actau 3:1-10
- ❑ Pedr ac Ioan yn cael gorchymyn i roi'r gorau i bregethu — Actau 4:1-22
- ❑ Yr apostolion yn iacháu llawer o bobl — Actau 5:12-16
- ❑ Erlid yr apostolion — Actau 5:17-42
- ❑ Llabyddio Steffan — Actau 6:8-7:1; 7:51-8:1

Saul (Paul yn ddiweddarach) yn cyfarfod Iesu (Tudalennau 188-189)

- ❑ Tröedigaeth Saul — Actau 8:1-13; 9:1-19
- ❑ Saul yn pregethu am Iesu a'r Iddewon am ei ladd! — Actau 9:19-25
- ❑ Yr eglwys yn Jerwsalem yn amheus o Saul — Actau 9:26-31

Gweledigaeth Pedr a'i ddihangfa o'r carchar (Tudalennau 190-193)

- ❑ Gweledigaeth Pedr: y newyddion da bod Iesu ar gyfer paw — Actau 10:1-35, 44-48; 11:1-18
- ❑ Pedr yn dianc o'r carchar — Actau 12:1-23

Y llythyr at yr Hebreaid (Cristnogion Iddewig) (Tudalen 192)
❑ Hebreaid 11:1-40

Taith genhadol gyntaf Paul (Tudalennau 194-195)
❑ Elymas y dewin   Actau 13:1-12
❑ Gwneud Paul a Barnabas yn dduwiau yn Lystra
    - ond yna taflu cerrig atyn nhw   Actau 14:8-20

Y Gynhadledd yn Jerwsalem (Tudalen 196)
❑ Oes raid i bobl ddod yn Iddewon cyn dod yn Gristnogion?   Actau 15:1-21

Llythyr Paul at y Galatiaid (Tudalen 198)
❑ Galatiaid 1:6-10;   ❑ 3:26-29;   ❑ 5:22-26;   ❑ 6:11-18

Dau lythyr Pedr (Tudalen 199)
❑ 1 Pedr 1:6-9;   ❑ 2:9-25;   ❑ 3:8-12;   ❑ 3:13-17
❑ 2 Pedr 3:3-18

Llythyr Iago, brawd Iesu (Tudalen 200)
❑ Iago 1:9-27;   ❑ 2:14-26;   ❑ 3:1-12

Llythyr Jwdas (Tudalen 200)
❑ Jwdas 24-25

Ail daith genhadol Paul (Tudalennau 201-204)
❑ Paul yn gweld y dyn o Facedonia mewn breuddwyd   Actau 16:1-10
❑ Lydia, Cristion cyntaf Ewrop   Actau 16:11-15
❑ Paul a Silas yn y carchar   Actau 16:16-40
❑ Yr Iddewon yn codi helynt yn Thesalonica   Actau 17:1-9
❑ Llawer yn credu yn Berea   Actau 17:10-15
❑ Paul yn pregethu yn Athen   Actau 17:16-34

Llythyr Paul at y Thesaloniaid (Tudalen 205)
❑ 1 Thesaloniaid 4:13-18
❑ 2 Thesaloniaid 2:1-4;   ❑ 3:6-15

Trydedd daith genhadol Paul (Tudalennau 206-207)
❑ Terfysg yn Effesus   Actau 19:23-41
❑ Y dyn yn cysgu ac yn syrthio allan o'r ffenest yn ystod
    pregeth hir   Actau 20:7-12
❑ Paul yn ffarwelio ag eglwys Effesus   Actau 20:22-24

Llythyrau Paul at y Corinthiaid (Tudalennau 208-209)
- ❑ 1 Corinthiaid 12:12-13; ❑ 13:1-13; ❑ 15:3-8, 12-19
- ❑ 2 Corinthiaid 9:6-15

Llythyr Paul at y Rhufeiniaid (Tudalennau 210-211)
- ❑ Rhufeiniaid 1:18-23; ❑ 2:12; ❑ 3:21-24; 5:10-11; ❑ 7:15, 19, 24-25;
- ❑ 8:1-2, 26-39; ❑ 15:1, 7

Arestio Paul yn Jerwsalem (Tudalennau 212-213)
- ❑ Y dyrfa am ladd Paul sy'n cael ei achub trwy gael ei arestio   Actau 21:27-36
- ❑ Chwipio Paul   Actau 21:37-22:29
- ❑ Paul yn cael y Phariseaid a'r Sadwceaid i anghytuno   Actau 22:30-23:11

Paul ar Brawf (Tudalennau 214-215)
- ❑ Paul o flaen Ffelix a Ffestus, y llywodraethwyr Rhufeinig   Actau 23:12-35; 24:24-27
- ❑ Paul yn apelio at Cesar ac am gael ei anfon i Rufain   Actau 25:1-12

Taith Paul i Rufain (Tudalen 216)
- ❑ Llongddrylliad   Actau 27:1-28:10
- ❑ Paul yn pregethu yn Rhufain   Actau 28:11-24, 30-31

Llythyr Paul o'r carchar at yr Effesiaid (Tudalen 218)
- ❑ Effesiaid 1:3-14; ❑ 4:25-32; ❑ 6:1-4; ❑ 6:10-18

Llythyr Paul o'r carchar at y Philipiaid (Tudalen 219)
- ❑ Philipiaid 1:12-14; ❑ 2:5-11; ❑ 4:4-9

Llythyr Paul o'r carchar at y Colosiaid (Tudalen 219)
- ❑ Colosiaid 1:15-23; ❑ 3:12-14; ❑ 3:18-4:1

Lythyr Paul o'r carchar at Philemon (Tudalen 220)
- ❑ Philemon 1-25

Llythyrau Paul at ei ffrind, Timotheus (Tudalen 221)
- ❑ 1 Timotheus 6:17-19
- ❑ 2 Timotheus 4:1-5

Llythyr Paul at ei ffrind, Titus (Tudalen 221)
- ❑ Titus 3:1-8

Tri llythyr yr Apostol Ioan (Tudalen 222)
- ❑ 1 Ioan 2:7-11; ❑ 3:16-20; ❑ 4:7-11; ❑ 5:10-12

Llyfr y Datguddiad (Tudalennau 223-224)
- ❑ Gorsedd Duw yn y nef   Datguddiad 4:1-11
- ❑ Yr Oen (Iesu) ydy'r unig un a fedr agor llyfr y bywyd   Datguddiad 5:1-13
- ❑ Cân o fawl   Datguddiad 19:5-8
- ❑ Duw yn sychu dagrau!   Datguddiad 21:1-5

Mynegai

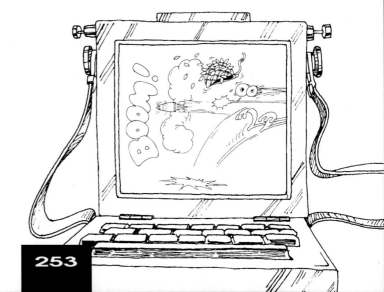

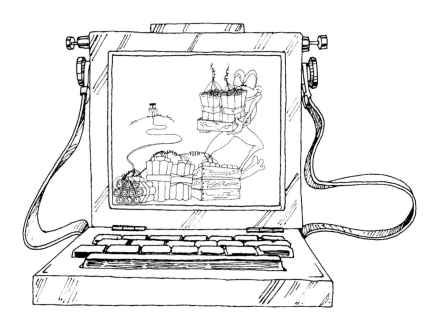

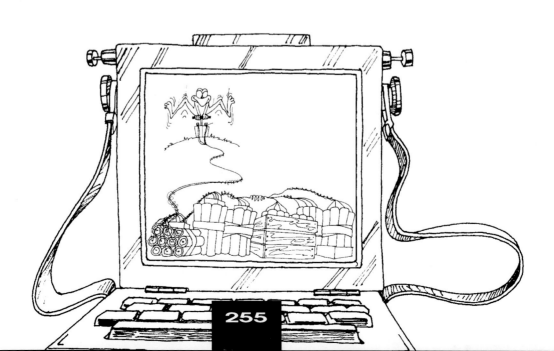

Cydnabod y ffotograffau: